高等职业教育精品教材财经系列

会计信息化岗位应用

（用友 ERP-U8V10.1 版）

夏秀娟　张　静　编　著

电子工业出版社
Publishing House of Electronics Industry
北京·BEIJING

内 容 提 要

本书是研究信息环境下财务管理业务和供应链管理业务的处理方法和处理流程的著作，着重介绍会计电算化软件的基本工作原理、工作流程和岗位应用。

本书内容分两个部分：上篇是"ERP 财务管理系统"，重点介绍"系统应用基础""总账系统""薪资管理系统""固定资产系统""财务报表系统" 5 个工作任务的操作方法；下篇是"ERP 供应链管理系统"，介绍"供应链系统初始管理""采购与应付款管理系统""销售与应收款管理系统""库存与存货管理系统""各系统月末结账" 5 个工作任务的操作方法。各任务通过引入任务实例，进行任务分析、任务处理和任务测评，使学员在学习任务相关知识的同时完成会计工作岗位的技能训练。

本书通过模拟企业一个月的日常业务，以用友 ERP-U8V10.1 软件为蓝本，结合大量的图例与说明，讲解日常业务的操作步骤和方法，理论联系实际，有较强的理论指导和实践操作意义。本书既适用于用友 ERP-U8V10.1 软件的财务人员培训，也适用于职业技术院校财经类会计相关专业师生的实践教学，还可作为企业信息化管理人员的阅读参考用书。

未经许可，不得以任何方式复制或抄袭本书之部分或全部内容。
版权所有，侵权必究。

图书在版编目（CIP）数据

会计信息化岗位应用：用友 ERP-U8V10.1 版 / 夏秀娟，张静编著. —北京：电子工业出版社，2021.1
ISBN 978-7-121-40297-5

Ⅰ. ①会… Ⅱ. ①夏… ②张… Ⅲ. ①会计信息－财务管理系统－高等学校－教材 Ⅳ. ①F232

中国版本图书馆 CIP 数据核字（2020）第 265961 号

责任编辑：贾瑞敏
印　　刷：保定市中画美凯印刷有限公司
装　　订：保定市中画美凯印刷有限公司
出版发行：电子工业出版社
　　　　　北京市海淀区万寿路 173 信箱　邮编 100036
开　　本：787×1 092　1/16　印张：17　字数：435.2 千字
版　　次：2021 年 1 月第 1 版
印　　次：2021 年 1 月第 1 次印刷
定　　价：54.00 元

凡所购买电子工业出版社图书有缺损问题，请向购买书店调换。若书店售缺，请与本社发行部联系，联系及邮购电话：（010）88254888，88258888。
质量投诉请发邮件至 zlts@phei.com.cn，盗版侵权举报请发邮件至 dbqq@phei.com.cn。
本书咨询联系方式：（010）88254019，jrm@phei.com.cn。

前　言

　　职业技术教育的宗旨是着重于职业素质和岗位能力的培养。本书以会计职业所需知识来确定理论知识的范围与深度，以会计岗位所需技能作为本书的训练目标，依据任务资料，结合软件特色，对软件的操作方法和操作步骤做了系统的引导性描述。

　　学生通过实践操作能够更加全面、深刻地领会和理解财务软件各主要子系统的基本原理及各子系统之间的关系，掌握各子系统具体业务的操作方法，以尽快适应企业工作岗位的需要。

1. 学习建议

　　根据培训时间和不同层次人员的学习要求，实践课时可以根据具体学习对象进行调整。教学组织可以根据书中内容，选择不同的学习方案完成相应的岗位训练。

　　建议一，系统应用基础、总账系统和财务报表系统；

　　建议二，系统应用基础、总账系统、薪资管理系统、固定资产系统和财务报表系统；

　　建议三，系统应用基础、总账系统、薪资管理系统、固定资产系统、采购与应付款管理系统、销售与应收款管理系统、库存与存货管理系统和财务报表系统。

　　教师可以采用"理论与实践一体化"的教学模式，根据任务驱动法的 4 个环节进行教学：第一步，引入任务实例；第二步，进行任务分析，分析所要完成的工作任务，同时融入相关知识；第三步，任务处理，教师演示任务处理操作步骤，学员在教师的指导下完成工作任务；第四步，任务测评，本书提供业务环节任务的处理结果，学员可以对比分析自己的任务完成情况，从而引领学员实现从基础技能训练到岗位综合能力的突破，逐步提高学员的岗位职业能力。

2. 本书特色

　　（1）适用和实用并举。书稿理论部分内容精简、实践部分操作步骤详细、图例说明直观，能引导学员自主操作训练；练习内容从易到难，适合不同层次学员的需要；引入某企业一个月的会计任务实例，进行任务描述、任务分析、任务处理和任务测评，启发学员在学习任务相关知识的同时完成会计工作岗位的技能训练。

　　（2）角色和岗位训练递进。书稿内容分两个部分，即财务管理系统和供应链管理系统，学员可以根据专业要求和自己的能力水平分阶段进行模拟训练。学习任务 1~5 进行角色模拟，一名学员分别扮演不同角色进行基本会计业务处理，训练学员的电算化基本操作技能；学习任务 6~10 进行岗位模拟训练，分岗位完成购销存业务及相应的往来核算和存货核算，培养学员的会计岗位信息化处理能力。

　　（3）独立性和延续性并存。上、下篇任务既可以分开独立操作也可以导入上篇数据来完成下篇的操作任务进行组合延续操作。整合供应链业务部分内容，将前后有联系的同一笔供应链业务按照时间发生的顺序进行归集处理，使学员能明晰供应链业务处理流程，便于查找已经填写的业务单据和已经处理的会计业务；明确当前需要填写的业务单据及相应的会计核算处理，实现财务业务一体化处理。

　　本书提供电子课件、任务处理准备账套、理论单元考核试卷，有此需要的教师可登录华信教育资源网（www.hxedu.com.cn）免费下载。本书的文字部分由夏秀娟老师完成，截图、插图及图下标注在夏秀娟老师的指引下，由张静和何赛两位老师完成。

感谢用友新道科技有限公司和金华康源科技有限公司的支持。

电子软件操作类图书步骤细节较多,编者时间、精力有限,书中难免存在疏忽与差错,恳请广大读者批评指正。

编　者

目　录

上篇　ERP 财务管理系统

学习任务 1　系统应用基础 (2)
- 1.1　会计软件概述 (2)
  - 1.1.1　会计软件 (2)
  - 1.1.2　会计软件的主要功能 (2)
  - 1.1.3　会计软件的选择 (4)
- 1.2　系统应用平台 (7)
  - 1.2.1　系统管理 (7)
  - 1.2.2　基础设置 (10)
- 任务实例 1　系统基础设置 (11)
  - 任务准备 (11)
  - 任务处理 1　角色和用户管理 (11)
  - 任务处理 2　建立账套 (13)
  - 任务处理 3　设置用户权限（见表 1.4） (18)
  - 任务处理 4　设置基础档案 (19)
  - 任务处理 5　客商信息设置 (24)
  - 任务处理 6　账套管理 (26)

学习任务 2　总账系统 (28)
- 2.1　总账系统概述 (28)
  - 2.1.1　总账系统主要功能 (28)
  - 2.1.2　总账系统与其他子系统的关系 (29)
  - 2.1.3　总账系统的业务处理流程 (30)
- 2.2　总账系统初始设置 (30)
  - 2.2.1　设置基础参数 (30)
  - 2.2.2　设置会计科目 (30)
  - 2.2.3　设置凭证类别 (31)
  - 2.2.4　设置外币及汇率 (32)
  - 2.2.5　设置项目目录 (32)
  - 2.2.6　设置结算方式 (32)
  - 2.2.7　录入期初余额 (32)
- 2.3　凭证管理 (33)
  - 2.3.1　填制记账凭证 (33)
  - 2.3.2　审核凭证 (34)
  - 2.3.3　凭证记账 (34)
  - 2.3.4　凭证汇总 (34)

2.4 出纳管理 (34)
    2.4.1 出纳签字 (34)
    2.4.2 日记账 (35)
    2.4.3 支票登记簿 (35)
    2.4.4 银行对账 (35)
2.5 账簿管理 (36)
2.6 期末处理 (36)
    2.6.1 定义自动转账凭证 (37)
    2.6.2 生成转账凭证 (37)

任务实例 2 总账系统初始设置 (38)
    任务准备 (38)
    任务处理 1 总账系统的参数（见表 2.1） (38)
    任务处理 2 建立会计科目 (41)
    任务处理 3 凭证类别 (48)
    任务处理 4 结算方式（见表 2.4） (49)
    任务处理 5 项目核算 (50)
    任务处理 6 期初余额（见表 2.9） (54)

任务实例 3 总账系统日常业务处理 (58)
    任务准备 (58)
    任务处理 1 填制凭证 (58)
    任务处理 2 出纳签字 (70)
    任务处理 3 审核凭证 (71)
    任务处理 4 凭证记账 (73)
    任务处理 5 凭证汇总 (74)
    任务处理 6 凭证其他处理（可选做内容） (75)
    任务处理 7 出纳管理 (77)
    任务处理 8 账簿管理 (78)
    任务测评 (79)

任务实例 4 总账系统期末业务处理 (81)
    任务准备 (81)
    任务处理 1 银行对账 (81)
    任务处理 2 转账凭证的定义与生成 (85)
    任务处理 3 对账与结账 (94)
    任务测评（见表 2.22） (95)

学习任务 3 薪资管理系统 (97)
3.1 薪资管理系统概述 (97)
    3.1.1 薪资管理系统主要功能 (97)
    3.1.2 薪资管理系统与其他系统的关系 (98)
    3.1.3 薪资管理系统的业务处理流程 (98)

3.2 薪资管理系统初始设置 ……………………………………………………………………… (98)
    3.2.1 启用薪资管理系统 ……………………………………………………………… (98)
    3.2.2 建立工资账套 …………………………………………………………………… (98)
    3.2.3 设置工资类别 …………………………………………………………………… (98)
    3.2.4 设置人员附加信息 ……………………………………………………………… (99)
    3.2.5 设置人员类别 …………………………………………………………………… (99)
    3.2.6 设置工资项目 …………………………………………………………………… (99)
    3.2.7 设置银行名称 …………………………………………………………………… (99)
    3.2.8 设置人员档案 …………………………………………………………………… (99)
    3.2.9 设置工资项目及计算公式 ……………………………………………………… (100)
3.3 工资日常业务处理 ……………………………………………………………………… (100)
    3.3.1 工资变动 ………………………………………………………………………… (100)
    3.3.2 扣缴所得税 ……………………………………………………………………… (100)
    3.3.3 银行代发 ………………………………………………………………………… (101)
    3.3.4 工资分摊 ………………………………………………………………………… (101)
3.4 统计分析 ………………………………………………………………………………… (101)
    3.4.1 工资表 …………………………………………………………………………… (101)
    3.4.2 工资分析表 ……………………………………………………………………… (101)
    3.4.3 工资类别汇总 …………………………………………………………………… (101)

任务实例 5 工资业务处理 …………………………………………………………………… (102)
    任务准备 ………………………………………………………………………………… (102)
    任务处理 1 工资基础信息设置 ………………………………………………………… (102)
    任务处理 2 在职人员工资类别初始设置 ……………………………………………… (106)
    任务处理 3 在职人员日常工资业务 …………………………………………………… (109)
    任务处理 4 工资月末处理 ……………………………………………………………… (114)
    任务测评 ………………………………………………………………………………… (115)

学习任务 4 固定资产系统 (116)

4.1 固定资产系统概述 ……………………………………………………………………… (116)
    4.1.1 固定资产系统主要功能 ………………………………………………………… (116)
    4.1.2 固定资产系统与其他系统的关系 ……………………………………………… (116)
    4.1.3 固定资产系统的业务处理流程 ………………………………………………… (116)
4.2 固定资产系统初始设置 ………………………………………………………………… (116)
    4.2.1 建立固定资产子账套 …………………………………………………………… (117)
    4.2.2 基础设置 ………………………………………………………………………… (117)
    4.2.3 录入固定资产卡片 ……………………………………………………………… (118)
4.3 固定资产日常业务处理 ………………………………………………………………… (118)
    4.3.1 固定资产卡片管理 ……………………………………………………………… (118)
    4.3.2 固定资产增减处理 ……………………………………………………………… (118)
4.4 期末业务处理 …………………………………………………………………………… (119)

  4.4.1 计提减值准备 ………………………………………………………………… (119)
  4.4.2 计提折旧 …………………………………………………………………… (119)
  4.4.3 制单处理 …………………………………………………………………… (119)
 4.5 账表管理 ………………………………………………………………………… (119)
 任务实例 6 固定资产日常业务处理 ………………………………………………… (120)
  任务准备 ……………………………………………………………………………… (120)
  任务处理 1 设置初始资料 …………………………………………………… (121)
  任务处理 2 日常业务处理 …………………………………………………… (130)
  任务处理 3 月末处理 ………………………………………………………… (135)
  任务测评 ……………………………………………………………………………… (135)

学习任务 5 财务报表系统 ………………………………………………………… (137)

 5.1 系统概述 ………………………………………………………………………… (137)
  5.1.1 财务报表系统主要功能 …………………………………………………… (137)
  5.1.2 财务报表系统与其他子系统的关系 ……………………………………… (138)
  5.1.3 财务报表系统的数据处理流程 …………………………………………… (138)
 5.2 财务报表系统初始设置 ………………………………………………………… (139)
  5.2.1 自定义报表 ………………………………………………………………… (139)
  5.2.2 报表模板 …………………………………………………………………… (139)
  5.2.3 报表数据处理 ……………………………………………………………… (139)
  5.2.4 表页管理及报表输出 ……………………………………………………… (140)
 任务实例 7 报表业务处理 …………………………………………………………… (140)
  任务准备 ……………………………………………………………………………… (140)
  任务处理 1 调用报表模板生成资产负债表 …………………………………… (140)
  任务处理 2 调用报表模板生成利润表 ………………………………………… (141)
  任务处理 3 调用报表模板生成现金流量表 …………………………………… (142)
  任务处理 4 自定义货币资金表 ………………………………………………… (143)
  任务测评 ……………………………………………………………………………… (152)

下篇 ERP 供应链管理系统

学习任务 6 供应链系统初始管理 …………………………………………………… (155)

 6.1 供应链系统初始设置 …………………………………………………………… (155)
 6.2 初始数据录入 …………………………………………………………………… (156)
 任务实例 8 供应链系统初始设置 …………………………………………………… (157)
  任务准备 ……………………………………………………………………………… (157)
  任务处理 初始资料设置 ………………………………………………………… (157)

学习任务 7 采购与应付款管理系统 ………………………………………………… (172)

 7.1 采购与应付款管理系统基本业务流程 ………………………………………… (172)
 7.2 采购与应付日常业务处理 ……………………………………………………… (172)
  7.2.1 录入采购订单 ……………………………………………………………… (172)
  7.2.2 录入采购入库单 …………………………………………………………… (172)

　　　　7.2.3　录入采购发票……………………………………………………………（172）
　　　　7.2.4　付款结算…………………………………………………………………（173）
　　　　7.2.5　生成记账凭证……………………………………………………………（173）
　　　　7.2.6　转账处理…………………………………………………………………（173）
　　　　7.2.7　采购结算与应付账款核销处理…………………………………………（174）
　　　　7.2.8　账表管理…………………………………………………………………（174）
　　任务实例9　采购与应付业务处理……………………………………………………（174）
　　　　任务准备…………………………………………………………………………（174）
　　　　任务处理　采购与应付日常业务处理…………………………………………（174）
　　　　任务测评…………………………………………………………………………（200）

学习任务8　销售与应收款管理系统……………………………………………………（202）
　8.1　销售与应收款管理系统概述…………………………………………………………（202）
　8.2　销售与应收日常业务处理……………………………………………………………（202）
　　　　8.2.1　录入销售订单……………………………………………………………（202）
　　　　8.2.2　录入发货单………………………………………………………………（202）
　　　　8.2.3　录入销售发票……………………………………………………………（202）
　　　　8.2.4　应收单处理………………………………………………………………（203）
　　　　8.2.5　转账处理…………………………………………………………………（203）
　　　　8.2.6　坏账处理…………………………………………………………………（203）
　　　　8.2.7　生成记账凭证……………………………………………………………（203）
　　　　8.2.8　账表管理…………………………………………………………………（204）
　　任务实例10　销售与应收日常业务处理………………………………………………（204）
　　　　任务准备…………………………………………………………………………（204）
　　　　任务处理…………………………………………………………………………（204）
　　　　任务测评…………………………………………………………………………（226）

学习任务9　库存与存货管理系统………………………………………………………（228）
　9.1　库存与存货管理系统概述……………………………………………………………（228）
　9.2　库存日常业务处理……………………………………………………………………（228）
　　　　9.2.1　入库业务处理……………………………………………………………（228）
　　　　9.2.2　出库业务处理……………………………………………………………（229）
　9.3　存货日常业务处理……………………………………………………………………（229）
　　任务实例11　库存与存货日常业务处理………………………………………………（230）
　　　　任务准备…………………………………………………………………………（230）
　　　　任务处理　库存与存货日常业务处理…………………………………………（230）
　　　　任务测评…………………………………………………………………………（249）

学习任务10　各系统月末结账……………………………………………………………（251）
　10.1　供应链系统月末结账…………………………………………………………………（251）
　　　　10.1.1　采购与销售系统月末结账………………………………………………（251）
　　　　10.1.2　库存管理与存货核算系统月末结账……………………………………（252）

10.2 财务管理系统月末结账 …………………………………………………………（253）
    10.2.1 薪资管理系统月末结账 ……………………………………………………（253）
    10.2.2 固定资产系统月末结账 ……………………………………………………（255）
    10.2.3 应付与应收款管理系统月末结账 …………………………………………（257）
    10.2.4 总账系统月末结账 …………………………………………………………（258）

上篇　ERP财务管理系统

　　财务会计系统中有总账、薪资管理、固定资产管理、采购与应付款管理、销售与应收款管理、报表管理等几大功能模块，从数据流程来看，财务系统内各子系统的功能相互独立，各自有自己的业务核算范围，同时，各个子系统又通过总账系统紧密联系在一起，集中进行账务处理工作，因此，总账系统是整个系统的核心。总账系统的主要作用是凭证管理和账簿管理，其他子系统则是在完成各自对业务的管理功能的基础之上，辅助总账系统对账务数据进行专项处理，如下图所示。

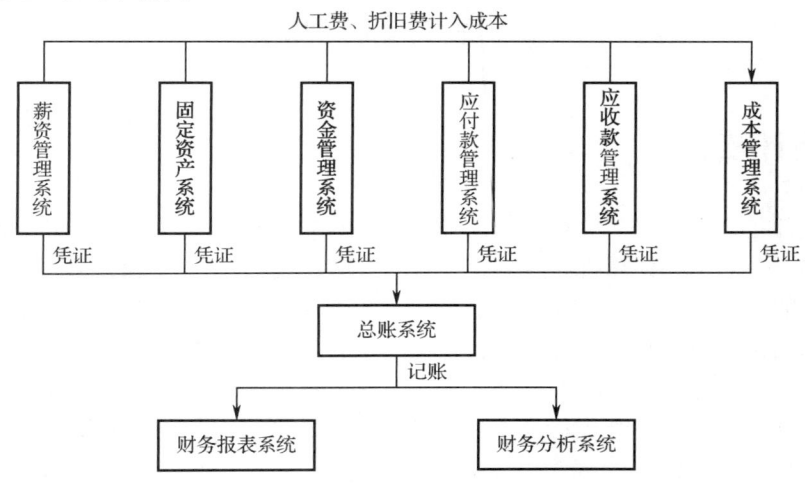

财务系统内部关系图

　　总账系统与薪资管理系统的数据联系：薪资管理系统的主要功能是计算职工的应发工资、实发工资，计提有关费用，代扣款项，并分配工资费用。薪资管理涉及银行存款、应付职工薪酬、生产成本、制造费用、管理费用、销售费用、在建工程等会计科目。核算结果通常以凭证的形式传递给总账系统。

　　总账系统与固定资产系统的数据联系：固定资产系统的主要功能是管理固定资产卡片，反映固定资产增减变动，计提折旧，分配折旧费用等。固定资产核算涉及固定资产、累计折旧、在建工程、固定资产清理、制造费用、管理费用等会计科目。核算结果自动生成记账凭证传递给总账系统。

　　总账系统与应收、应付款管理系统及存货核算系统间的数据联系见下篇。

　　总账系统与财务报表系统的数据联系：财务报表系统所编报的各类会计报表，其指标数据大多从总账系统中取得；对外会计报表（如资产负债表、利润表等）中的主要指标数据基本来自总账系统中各类账簿的余额、本期发生额、累计发生额等栏目。

　　总账系统接收各子系统传递过来的记账凭证后对其进行审核，并登记账簿，最后将相关的账簿资料传递至财务报表系统生成各种会计报表。同时，总账系统也为财务分析系统提供各种财务分析的原始数据。

学习任务1

系统应用基础

1.1 会计软件概述

1.1.1 会计软件

会计软件是指专门用于完成会计工作的电子计算机应用软件,包括采用各种计算机语言编制的一系列指挥计算机完成会计工作的程序代码和有关的文档技术资料。

从软件的功能与任务的角度看,会计软件是以会计准则为依据,以计算机及其应用技术为技术基础,以会计理论和会计方法为核心,以会计数据为处理对象,以提供会计信息为目标,将计算机技术应用于会计工作的软件系统。

会计软件按照不同的分类标准可以划分为不同的类型,分别有通用会计软件和定点开发会计软件;商品化会计软件和非商品化会计软件;核算型会计软件和管理型会计软件;单机结构会计软件和网络会计软件;部门级会计软件、企业级会计软件和集团级会计软件等。

核算型会计软件的应用是会计软件系统运用的基础。核算型会计软件用于完成会计核算工作,主要包括账务处理、工资、固定资产、成本、采购与应付、销售与应收、存货、往来账款核算和报表处理等模块。账务处理子系统是电算化会计系统的核心,工资、固定资产、成本、采购与应付、销售与应收等子系统实现对相应会计业务的专项处理。

1.1.2 会计软件的主要功能

各会计软件必须符合财政部《会计核算软件基本功能规范》的要求,具有会计数据输入、会计数据处理、会计数据输出、会计数据存储及会计数据安全维护等方面的功能。

1. 会计数据输入

在电算化会计系统中,会计数据的输入方式有以下几种。
(1)直接输入方式

直接输入方式是指会计人员根据原始凭证(如销售发票、出差单据等)或记账凭证,通过键盘、屏幕将数据直接录入计算机存入凭证文件的一种方式。由于在输入人工凭证时可通过屏幕进行监测，加上系统对输入数据的检测功能，所以能有效控制数据输入的错误，提高输入数据的质量。

（2）间接输入方式

间接输入方式是指先将会计数据录制在磁介质上，或由其他系统将数据导出到存储媒介，然后再将其转换成计算机所能接受的凭证，并保存在凭证文件中。例如，连锁店通过扫描装置将当日的销售数据导入当地的计算机中，通过远程网络将数据传送到总店，总店再根据这些数据生成规范的凭证。

（3）自动输入方式

自动输入方式是指计算机自动编制凭证，并保存在凭证文件中。这种方式生成的凭证称为机制凭证，包括两种基本方式：一种是由各子系统处理业务后自动编制的机制凭证，如固定资产子系统传递过来的计提折旧的凭证；另一种是通过用户设置而由系统自动生成的机制凭证，如月末辅助生产费用的分配结转、各种待摊费用的摊销等。所以，自动输入方式能使凭证处理变得及时、准确和高效。

2. 会计数据处理

在会计软件系统中，会计数据处理工作都是由计算机自动完成的。目前最常见的会计数据处理方式有成批处理和实时处理两种。

（1）成批处理

成批处理是指定期收集会计数据，按组或按批进行处理的方式。例如，输入并审核了一天或一周的凭证后，要求计算机对一天或一周的凭证进行记账，计算机就会自动、准确、高速地将这些数据分别登记在总账、明细账、日记账等电子账簿中。成批处理是会计信息系统中使用最广泛的一种处理方式。在处理过程中，人和计算机不发生任何交互，会计人员一般不需要介入其中。

（2）实时处理

实时处理是指当某一数据或系统有处理要求时，计算机立即进行处理的方式。例如，材料核算采用先进先出法，当收到或发出一笔材料时，便要求计算机立即进行数据处理，更改材料结存数据。实时处理方式要求计算机必须随时接受处理要求，及时予以响应。因此，该方式对系统的响应时间、可靠性、安全性等要求都比较高。

3. 会计数据输出

会计数据的输出方式包括屏幕查询输出、打印输出、存储介质输出和网络传输输出4种形式。其中，存储介质输出多用于数据的备份或上报数据（尤其是会计报表）的输出；网络传输输出更多用于分支机构向总公司报账及报表的输出。屏幕查询和打印输出则是会计数据最基本的输出形式。

（1）屏幕查询输出

由于电算化条件下不可能每天将会计账务数据打印输出来查询，平时一般采用屏幕输出方式进行查询。会计软件提供最基本的对机内会计数据的查询功能。

数据查询功能在使用时，没有统一的格式和内容要求，总的要求是满足用户对会计数据的日常需求，包括查询机内各级会计科目的编码、名称、年初余额、期初余额、本期发生额、累计发生额和余额等项目，查询本期已经输入的包括已登账和未登账的机内记账凭证、原始凭证；查询机内本期和以前各期的总分类账和明细分类账，查询往来账款等辅助账资料等。

（2）打印输出

会计软件提供打印输出机内各种凭证、账簿和会计报表的功能，约束有关凭证、账簿、报表的格式，使之符合会计制度的规定。

4. 会计数据存储

会计软件系统中存着多种文件，如凭证文件、汇总文件、科目文件等。若干个相互关联的数据库文件组成会计信息系统数据库。在不同的电算化会计系统中，数据文件的组织管理方式各不相同，通常，系统对文件采取按信息类型归类管理的办法，即按数据或信息的内容属性设置文件名，对不同类别文件进行分类、分组管理。

5. 会计数据安全维护

会计软件具有防止非指定人员擅自使用系统，以及对指定操作人员实行使用权限控制的功能。遇到以下情况时，软件将给予提示，并保持正常运行。

① 在执行备份时，存储介质无存储空间、软磁盘未插入、磁盘写保护。
② 在执行打印时，打印机未连接或未打开电源开关。
③ 在会计软件操作过程中，输入了与软件当前要求输入项目不相关的数字或字符。

对存储在磁性介质或其他介质上的程序文件和相应的数据文件，可以且有必要进行加密或者采取其他保护措施，以防止被非法篡改。一旦发现程序文件和相应的数据文件被非法篡改，能够利用标准程序和备份数据，恢复软件的最近运行状态。

1.1.3 会计软件的选择

商品化会计软件由于经过财政部门的严格评审，并在市场销售过程中经历了多方面的考验，其系统功能已经比较成熟，并且，商品化会计软件具有通用性、合法性和安全性等特点，所以实际应用中普遍采用该类型软件。

合法性是指会计软件提供的功能必须符合会计核算的规定。经过评审的商品化会计软件都满足中华人民共和国财政部（简称财政部）颁发的《会计核算软件基本功能规范》的要求，符合财务制度、会计制度及税收制度的各种要求。但是不同的会计软件在满足基本功能的基础上，还有其特有的功能和特点。因此，购买会计软件的单位应从本单位的实际需要出发，进行认真考察。

商品化会计软件版本众多，而且各种版本软件在性能、价格、适应性上也各具特点，尤其是不同种软件的功能差异非常大，所以单位在购买软件时应从以下 5 个方面进行比较。

1. 会计软件的特点和功能

（1）会计软件的类别特点

我国的会计制度体系由会计准则与国家统一的会计制度组成，企事业单位所在行业不同、单位性质不同，会计核算的要求也有所不同。因此财会软件公司推出的会计软件也有不同的版本，如企业版、行政事业版、金融企业版和小企业版等。所以企事业单位在选择会计软件时，首先应根据本单位所处的行业和行业性质，选择适合本行业或本单位特点的会计软件。

（2）会计核算与会计管理的特别需要

商品化会计软件的不断开发、推广与使用，一方面极大地丰富了会计软件市场；另一方面又使企事业单位在选择会计软件时既要符合国家法律政策与有关规定，又要符合单位实际需要与未来发展的要求。

（3）会计电算化工作发展的需要

随着社会主义市场经济的发展，企事业单位的会计工作将发生重大变化，如经济业务不断增加、会计组织机构不断增减变更等。因此，要会分析会计软件是否满足企事业单位发展的需要，是否能够进行相应的设置，从而满足经济业务增长的需要，以及会计组织的合并、分离等变更处理的需要。

2. 会计软件的操作方便性

会计软件操作起来是否方便，直接影响其使用效率，因此在选择会计软件时应该认真考察和评价。对会计软件的操作方便性进行考察和评价应该从以下两个方面进行。

（1）会计软件的操作呈现是否便于学习

对备选会计软件进行考察，评价会计软件的各种屏幕输入格式是否简洁明了，是否有各种操作提示，各种提示用语是否表达准确并符合会计人员的使用习惯，各种自定义功能是否便于学习等。

（2）会计软件的操作过程是否简单方便

对备选会计软件进行实际操作，评价会计软件的操作过程是否简单方便，是否符合会计人员的习惯或易于被会计人员接受，各种自定义功能是否便于操作和使用等。

3. 会计软件的安全可靠性

安全可靠的会计软件对保证会计核算工作的正常运行尤为重要，在选择会计软件时要对会计软件的安全可靠性进行认真的考察。会计软件的安全可靠性是指会计软件防止会计信息泄露和被破坏的能力，以及会计软件防错、查错和纠错的能力，主要从以下3个方面进行考察。

（1）会计软件安全可靠性措施的完备性

会计软件由若干个功能模块组成，每个功能模块都应有相应的安全可靠性措施，确保会计信息的合法性、正确性和完整性。因此，可以通过阅读会计软件使用手册和实际操作软件，仔细考察会计软件是否具备各种安全可靠性措施，如操作人员使用权限的控制，凭证输入过程中的错误检查，未审核的凭证不允许记账，会计年度终了进行结账时的强制备份，以及计算机发生故障或由于强行关机及其他原因引起内存和外存会计数据被破坏的情况下，利用现有数据恢复到最近状态等措施。

（2）会计软件安全可靠性措施的有效性

一些会计软件虽然有各种安全性措施，但是其实际并没有达到预期的目的。因此，必须对会计软件的安全可靠性措施是否有效进行考察。

① 考察初始设置的安全可靠性措施是否有效。例如，仔细考察会计软件是否能够防止非指定人员擅自使用，是否对指定操作人员实行使用权限控制，是否对所装入的初始余额的正确性进行试算平衡和正确性检查等。

② 考察会计数据输入和输出的安全可靠性措施是否有效。例如，仔细考察是否能够防止非法会计科目的输入，是否能够对一张凭证的借贷平衡进行控制，是否能够正确地输出用户所需的各种信息等。

③ 考察会计数据处理和存储的安全可靠性措施是否有效。例如，仔细考察当记账不成功时，能否自动恢复到记账前的状态，能否防止非法篡改数据；一旦发现程序文件和相应的数据被篡改，是否能够利用标准程序和备份数据恢复会计软件的运行等。

（3）会计软件安全可靠性措施的合理性和实用性

不同的会计软件其安全可靠性措施的合理性和有效性是不同的。例如，有的会计软件虽然具有设置口令并拒绝非法口令的功能，但当设置口令或输入口令时却将口令显示在屏幕上，显然这样的安全可靠性措施不能达到预期的控制目的，是不合理、不实用的。合理和有效的安全性措施将会给会计软件的安全有效使用带来便利。因此，在对会计软件安全可靠性措施的完备性和有效性考察之后，还必须对会计软件安全可靠性措施是否合理和实用进行考察。

4. 会计软件使用手册的通俗易懂性

在购买会计软件前，还须对会计软件使用手册的通俗易懂性进行评价。评价时主要从以下几个方面进行：内容是否完整，手册是否实用，各种命令、功能的用法解释是否清楚，手册中的范例是否实用。会计软件厂家是否能够提供通俗易懂的会计软件使用手册，也是选择会计软件所要考虑的重要因素之一。

5. 会计软件售后服务的可靠性

售后服务包括会计软件的日常维护、用户培训、二次开发、相关技术支持和软件版本的升级换代。目前，会计人员的计算机使用水平还不高，靠自身的能力无法排除在会计软件运行中出现的全部故障，所以，还需要销售单位派出人员加以解决。如果拖延，会计核算工作就会被迫停止。要了解培训的内容、方式是否可行，维修服务人员是否充足，二次开发的方式是否具体，版本升级是否及时等。会计软件售后服务的可靠性对用户来说是至关重要的，会计信息系统是一个连续运行的系统，任何时候均不能间断。因此，仔细考察会计软件的售后服务情况，对企事业单位选择会计软件是十分重要的。

用友 ERP-U8 应用系统提供了多个子系统，各个子系统服务于企业的不同层面，为不同的管理需要服务。子系统本身具有相对独立的功能，彼此之间又具有紧密的联系，能够支持企业实现财务、业务的一体化管理，在企事业单位及各院校中得到了广泛应用。故本书选择用友软件股份有限公司的用友 ERP-U8V10.1（以下简写为用友 ERP-U8）管理软件为蓝本，系统地介绍会计信息系统各功能模块的基本知识和操作方法。

1.2 系统应用平台

用友 ERP-U8 管理软件中的各个子系统共用一个企业数据库，拥有公共的基础信息、相同的账套和年度账，在财务、业务一体化管理应用模式下，系统平台为各个子系统提供了一个公共平台，用于对整个系统的公共任务进行统一管理，如基础信息及基本档案的设置、企业账套的管理、操作员的建立、角色的分类和权限的分配等，企业管理系统中任何产品的独立运行都必须以此为基础。

系统平台主要由两个部分组成：系统管理和企业应用平台（即基础设置）。

1.2.1 系统管理

1. 系统管理功能概述

系统管理是用友 ERP-U8 管理软件中一个非常特殊的组成部分。它的主要功能是对用友 ERP-U8 管理软件的各个产品进行统一的操作管理和数据维护，具体包括账套管理、年度账管理、操作员及其权限的集中管理、系统数据及运行安全的管理等方面。

（1）账套管理

账套指的是一组相互关联的数据。一般来说，可以为企业中每个独立核算的单位建立一个账套。换句话说，在系统中，可以为多个企业（或企业内多个独立核算的部门）分别建账。

账套管理功能一般包括账套的建立、修改、删除、引入和输出等。

（2）年度账管理

年度账与账套是两个不同的概念，一个账套中包含了企业所有的数据。把企业数据按年度分类，称为年度账。用户不仅可以建成多个账套，而且每个账套中还可以存放不同年度的年度账。这样就可以方便地对不同核算单位、不同时期的数据进行操作。

新年度开始时，应设置新年度核算体系，即设置新年度账簿并将上年余额结转到新年度，以便开始新一年的核算。年度账的管理工作由账套主管全权负责，因此需要以账套主管的身份注册进入系统进行管理。

年度账管理包括年度账的建立、清空、引入、输出和结转上年数据等。

 提醒

- 如果年度账错误太多，或者不希望将上年数据全部转入下年，就须执行"年度账"|"清空年度数据"命令。清空后还应保留一些必要信息，如基础信息、科目等。
- 结转上年数据时，必须遵循以下顺序：首先结转供应链管理系统各个模块的上年余额，再结转应收、应付款系统的上年余额，最后结转总账系统的上年余额。

（3）操作员及其权限的集中管理

为了保证系统及数据的安全与保密，系统管理提供了操作员及其操作权限的集中管理功能。通过对系统操作分工和权限的管理，一方面可以避免与业务无关的人员进入系统，另一方面可以对系统所含的各个模块的操作进行协调，以保证各负其责，流程顺畅。

操作员管理包括操作员的增加、修改、删除等操作。

操作员权限的管理包括操作员权限的增加、修改、删除等操作。

（4）设立统一的安全机制

对企业来说，保证系统运行安全、数据存储安全是必须的。设立统一的安全机制包括设置系统运行过程中的监控机制，设置数据自动备份，清除系统运行过程中的异常任务等。

2. 启动系统管理并注册

系统允许两种身份进入系统管理：一是以系统管理员的身份，二是以账套主管的身份。

系统管理员负责整个系统的总体控制和维护工作，可以管理该系统中所有的账套。以系统管理员的身份注册进入系统，可以建立、引入和输出账套，设置操作员和账套主管，设置和修改操作员权限。

账套主管负责所选账套的维护工作，主要包括对所选账套的修改，对年度账的管理（包括创建、清空、引入、输出，以及各子系统的年末结转，所选账套的数据备份等），以及该账套操作员权限的设置。

启动系统管理的操作包括登录系统管理模块并进行注册。系统允许用户以系统管理员 admin 的身份，或以账套主管的身份注册进入系统管理。由于在第一次运行该软件时还没有建立核算单位的账套，因此，在建立账套前应以系统管理员 admin 的身份进行登录。此时并没有为管理员 admin 设置口令，即其密码为空。为了保证系统的安全性，可以更改系统管理员的密码。

3. 设置角色与用户

为了保证系统及数据的安全与保密，系统提供了角色管理和用户管理功能，以便在计算机系统上进行操作分工及权限控制。

（1）角色管理

角色是指在企业管理中拥有某一类职能的组织，可以是实际的部门，也可以是由拥有同一类职能的人构成的虚拟组织。例如，会计和出纳是在实际工作中最常见的两个角色。设置角色的方便之处在于可以根据职能统一进行权限划分，方便授权。角色管理包括角色的增加、删除、修改等维护工作。

用户和角色的设置可以不分先后顺序，但对于自动传递权限来说，应该首先设定角色，然后分配权限，最后进行用户的设置。这样在设置用户的时候，选择其归属哪个角色，则其自动具有该角色的权限，具体包括功能权限和数据权限。

一个角色可以拥有多个用户，一个用户也可以属于多个不同的角色。

（2）用户管理

用户是指有权登录系统、对应用系统进行操作的人员，即通常意义上的"操作员"。每次登录系统，都要进行用户身份的合法性检查。只有设置了具体的用户，才能进行相关的操作。

4. 账套管理

（1）建立账套

建立账套，即在采用用友 ERP-U8 应用系统前为本企业建立一套账簿文件。根据企业的具体情况进行账套参数设置。账套参数设置决定了系统的数据输入、处理、输出的内容和形式。

（2）修改账套

运行一段时间后，如果发现账套的某些信息需要修改或补充，可以通过修改账套功能来完成。此功能还可以帮助用户查看某个账套的信息。

只有账套主管才有权使用账套修改功能。如果要修改某一账套的信息，首先应在启动系统管理后，以账套主管的身份登录，再选择要修改的账套。

（3）输出账套

由于计算机在运行时经常会受到来自多方面因素的干扰，如人、硬件、软件或计算机病毒等因素，可能会造成会计数据被破坏，因此系统管理提供了账套输出功能。

账套输出（即会计数据备份）就是将用友 ERP-U8 应用系统所产生的数据备份到硬盘、软盘或光盘中保存起来。其目的是长期保存，当意外事故造成硬盘数据丢失、非法篡改和破坏，能够利用备份数据尽快恢复数据以保证业务正常进行。

账套输出功能除了可以完成账套的备份操作，还可以完成删除账套的操作。如果系统内的账套已经不需要再继续保存了，则可以使用账套的输出功能进行账套删除。

（4）引入账套

账套引入（即会计数据恢复）是指把软盘或光盘上的备份数据恢复到硬盘上的指定目录下，即利用现有数据恢复。系统还允许将系统外的某个账套数据引入本系统中，从而有利于集团公司的操作。例如，子公司的账套数据可以定期被引入母公司系统中，以便进行有关账套数据的分析和合并工作。

5. 设置用户权限

为了保证权责清晰和企业经营数据的安全与保密，企业需要对系统中的所有操作人员进行分工，设置各自相应的操作权限。只有系统管理员和该账套的主管有权进行权限设置，但两者的权限又有所区别。系统管理员可以指定某账套的账套主管，还可以对各个账套的操作员进行权限设置；而账套主管只可以对所管辖账套的操作员进行权限设置。

（1）增加操作员权限

由于操作员权限是指某个操作员拥有某个账套的某些功能的操作权限，因此，在设置操作员和建立该核算账套后，可以在操作员权限设置功能中对非账套主管的操作员进行操作员权限的设置。

（2）修改操作员权限

账套主管的设立是在建立账套时由系统管理员指定的，应由系统管理员进行其角色的设置与放弃的操作。首先在"操作员权限"设置窗口左侧的列表框中选择要设置或放弃账套主管资格的操作员，然后在对话框右上角的下拉列表框中选择账套，最后选中左边的"账套主管"复选框。

（3）删除操作员权限

系统管理员或账套主管可以对非账套主管的操作员已拥有的权限进行删除操作。

1.2.2 基础设置

1. 基础设置概述

一个账套由若干个子系统构成，这些子系统共享公用的基础信息，基础信息是系统运行的基石。在启用新账套前，应根据企业的实际情况，结合系统基础设置的要求，事先做好基础数据的准备工作，这样可为系统的日常运行打好基础。

基础设置的内容有近 30 项，主要包括基本信息设置、基础档案设置、数据权限设置和单据设置等。其设置既可以在"企业门户"｜"基础信息"｜"基础档案"中完成，也可以在各个子系统模块中进行，其结果可由各个模块共享。

2. 基本信息设置

在基本信息设置中，可以对建账过程确定的编码方案和数据精度进行修改，并进行系统启用设置。

用友 ERP-U8 管理系统分为财务会计、管理会计、供应链、生产管理/采购计划、工资管理、集团财务等产品组，每个产品组又包括若干个模块，它们中的大多数既可以独立运行，又可以集成使用，但两种用法的流程是有差异的：一方面企业可以根据本身的管理特点选购不同的子系统；另一方面可以采取循序渐进的策略有计划地先启用一些模块，一段时间后再启用另外一些模块。系统启用为企业提供了选择的便利，通过它可以了解企业在何时启用了哪些子系统。只有设置了系统启用的模块才可以登录。

有两种方法可以设置系统启用：一种是在企业建账完成后立即进行系统启用设置；

另一种是在建账结束后由账套主管在系统管理中进行系统启用设置。

3. 基础档案设置

在启用新账套前,应根据企业的实际情况,结合系统基础档案设置的要求,事先做好部门档案、职员档案、客户分类和客户档案、供应商分类和供应商档案、存货分类和存货档案的设置工作。

任务实例 1　系统基础设置

任务准备

安装用友 U8V10.1 版;增加角色和用户;建立账套;进行财务分工;建立人员档案、部门档案、客户和供应商档案。

任务处理 1　角色和用户管理

角色、用户及编号如表 1.1 所示。

表 1.1　角色、用户及编号

职 员 编 号	操作员姓名	角　　色
201	张山	账套主管
202	黄易	会计主管
203	夏天	出纳员
204	王梅	审核员
30102	周记	销售人员
401	刘浪	采购主管

业务处理 1:增加角色

注意

注册前:
- 学生建账日期应为某年 1 月 1 日,初始化设置应将系统时间调为 2020 年 1 月 1 日。
- 配置应用服务器。选择"开始"|"程序"|"用友 U8V10.1"|"系统服务"|"应用服务器配置"选项,单击"数据库服务器"按钮,进入"修改数据源"窗口,将"数据库服务器"修改成本机服务器名或机房管理员设定的服务器名。
- 系统默认有三个角色,本例须追加角色。

（1）启动系统管理。选择"开始"|"程序"|"用友 U8V10.1"|"系统服务"|"系统管理"选项，启动系统管理。

（2）以系统管理员的身份登录系统管理，如图1-1所示。

（3）选择"系统"|"注册"选项，打开"登录"窗口，如图1-1所示。

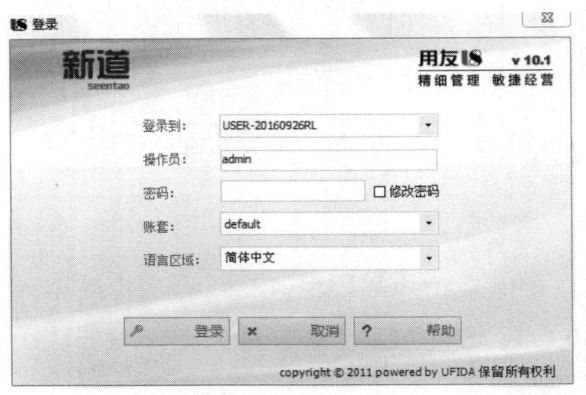

图1-1 "登录"窗口

（4）系统中预先设定了一个系统管理员admin。在第一次运行时，系统管理员密码为空。单击"确定"按钮，以系统管理员身份进入系统管理。

（5）选择"权限"|"角色"选项，进入"角色管理"窗口。

（6）单击工具栏上的"增加"按钮，打开"角色详细情况"窗口，在"角色编号"中输入"oper001"，在"角色名称"中选择"审核员"，保存。

（7）关闭"角色详细情况"窗口，单击"角色管理"窗口中的"退出"按钮，返回"系统管理"窗口。

业务处理2：增加用户

（1）选择"权限"|"用户"选项，进入"用户管理"窗口。

（2）单击工具栏上的"增加"按钮，打开"操作员详细情况"窗口，如图1-2所示，按"任务资料"输入操作员资料。

（3）关闭"操作员详细情况"窗口，返回"用户管理"窗口，所有操作员以列表方式显示，如图1-3所示。再单击工具栏上的"退出"按钮，返回"系统管理"窗口。

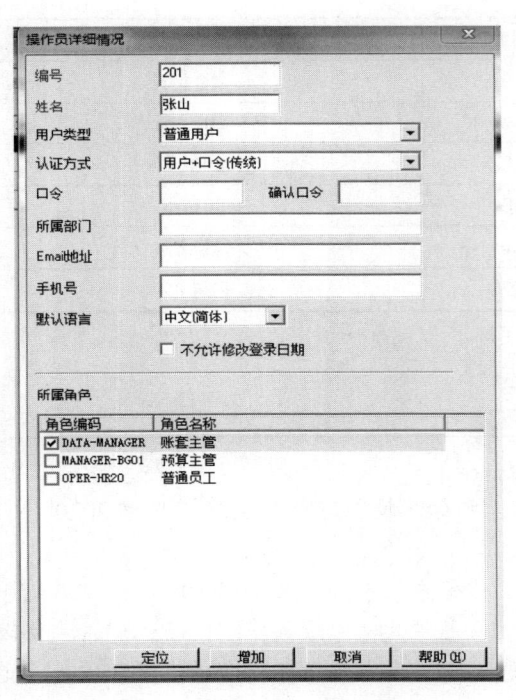

图1-2 "操作员详细情况"窗口

用户管理

输出 增加 批量 删除 修改 定位 转授 刷新 退出

是否打印/输出所属角色

用户编码	用户全名	部门	Email地址	手机号	用户类型	认证方式	状态	创建时间	最后登录时间	退出时间
201	张山				普通用户	用户+口令(传统)	启用	2020-01-01 18:...		
202	黄易				普通用户	用户+口令(传统)	启用	2020-01-01 18:...		
203	夏天				普通用户	用户+口令(传统)	启用	2020-01-01 18:...		
204	王梅				普通用户	用户+口令(传统)	启用	2020-01-01 18:...		
30102	周记				普通用户	用户+口令(传统)	启用	2020-01-01 18:...		
401	刘浪				普通用户	用户+口令(传统)	启用	2020-01-01 18:...		
admin	admin				管理员用户	用户+口令(传统)	启用		2020-01-01 18:28:44	2020-01-01 18:28:44
demo	demo				普通用户	用户+口令(传统)	启用			
SYSTEM	SYSTEM				普通用户	用户+口令(传统)	启用			
UFSOFT	UFSOFT				普通用户	用户+口令(传统)	启用			

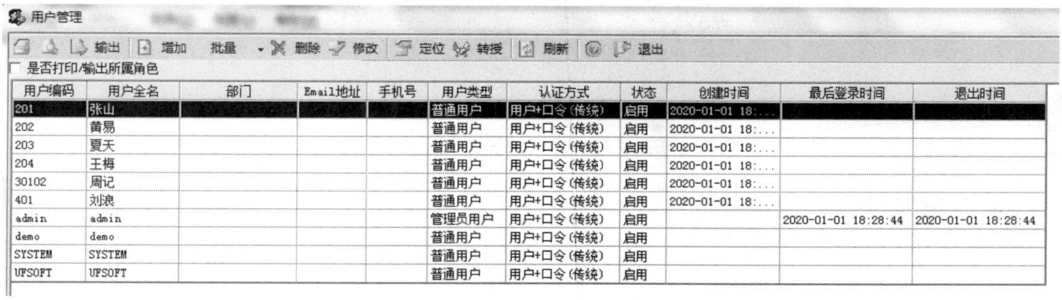

图 1-3 “用户管理”窗口

提醒

- 操作员编号是系统区分不同操作人员的唯一标志，因此必须输入。只有系统管理员才有权限设置角色和用户。
- 操作员姓名一般会出现在其处理的票据、凭证上，因此应记录其真实姓名，以便对其操作行为进行监督。操作员一旦登录系统进行业务操作，便不能再被删除。
- 口令是操作员进行系统注册时的密码。口令可由多个数字、字母及特殊符号构成。可以说，口令是操作员身份的识别标记。第一次输入时，可以由系统管理员为每个操作员赋予密码。当操作员登录系统时，建议通过“修改密码”立即设置新密码，并严格保密。此后每隔一段时间，需要更换新密码，以确保密码的安全。

任务处理 2　建立账套

1. 账套信息

账套号：由任课教师指定；账套名称：康源科技有限公司；账套路径：由任课教师指定；启用会计期：2020 年 1 月；会计期间设置：1 月 1 日至 12 月 31 日。

2. 单位信息（见表 1.2）

表 1.2　单位信息

单位名称（M）	康源科技有限公司		
单位简称（A）	康源公司		
单位地址（R）	金华市工业园区		
法人代表（L）	刘力		
联系方式（W）	电话（P）：8558666	传真（F）：8558666	邮政编码（Z）：130024
电子邮件（E）			
税号（X）	911370102434567868		

3. 核算类型

该企业的记账本位币为人民币（RMB）；企业类型为工业；行业性质为2007年新会计制度科目；账套主管为张山；按行业性质预置科目。

4. 基础信息（见表1.3）

表1.3　基础信息

存货是否分类	（是）
客户是否分类	（否）
供应商是否分类	（否）
有无外币核算	（否）

5. 分类编码方案

科目编码级次：42222。
其他：默认。

6. 数据精度

采用系统默认设置。

7. 系统启用

企业暂时启用总账系统，启用日期为2020.01.01

业务处理1：设置账套信息

（1）创建账套。选择"账套"｜"建立"选项，打开"创建账套"窗口，如图1-4所示。

（2）输入账套信息。已存账套：系统将已存在的账套以下拉列表框的形式显示，用户只能查看，不能输入或修改。

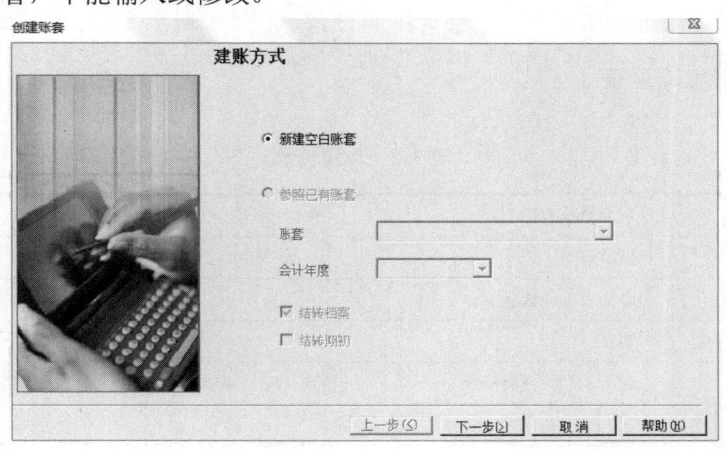

图1-4　"创建账套—建账方式"窗口

账套号：必须输入。本例输入"001"。

账套名称：必须输入。本例输入"康源科技有限公司"。

账套路径：用来确定新建账套将要被放置的位置，系统默认的路径为C:\U8SOFT\Admin，可以人工进行更改，也可以利用"…"（参照）按钮进行参照输入。本例采用系统默认路径。

启用会计期：必须输入。系统默认为计算机的日期，本例采用时间为"2020年1月"。

业务处理2：单位信息

账套信息输入完成后，单击"下一步"按钮，进行单位信息设置。

（1）单位名称：企业全称在正式发票中使用，其余情况全部使用企业的简称。本例输入"康源科技有限公司"。

（2）单位简称：用户单位的简称，最好输入。本例输入"康源公司"。

（3）其他栏目都属于任选项，参照任务资料输入即可。

输入完成后，如图1-5所示，单击"下一步"按钮，进行核算类型设置。

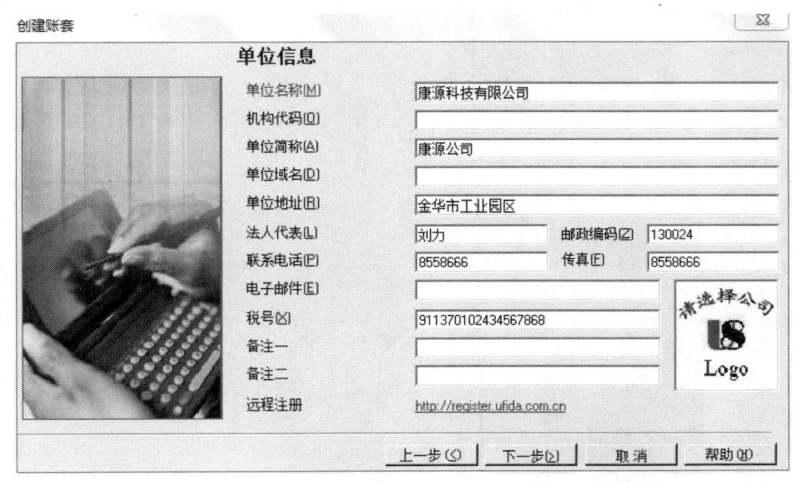

图1-5 "创建账套—单位信息"窗口

业务处理3：核算类型

（1）本币代码：必须输入。本例采用系统默认值"RMB"。

（2）本币名称：必须输入。本例采用系统默认值"人民币"。

（3）企业类型：用户必须从下拉列表框中选择输入。系统提供了工业、商业两种类型。如果选择工业模式，则系统不能处理受托代销业务；如果选择商业模式，委托代销和受托代销都能处理。本例选择"工业"模式。

（4）行业性质：用户必须从下拉列表框中选择输入，系统按照所选择的行业性质预置科目。本例选择行业性质为"2007年新会计制度科目"。

（5）账套主管：必须从下拉列表框中选择输入。本例选择"201 张山"。

（6）按行业性质预置科目：如果用户希望预置所属行业的标准一级科目，则选中该复选框。本例选中"按行业性质预置科目"复选框。

（7）输入完成后，如图1-6所示，单击"下一步"按钮，进行基础信息设置。

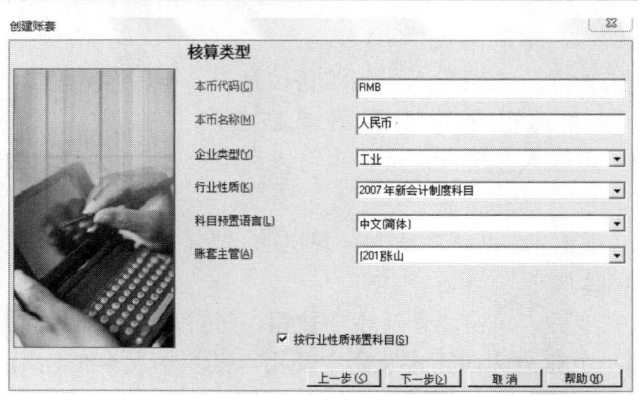

图1-6 "创建账套—核算类型"窗口

业务处理4：基础信息（见表1.3）

（1）如果单位的存货、客户、供应商相对较多，可以对它们进行分类核算。如果此时不能确定是否进行分类核算，也可以在建账完成后，由账套主管在"修改账套"功能中设置分类核算。

（2）按照本例要求，选中"存货是否分类"复选框，如图1-7所示，单击"下一步"按钮，打开"创建账套—准备建账"窗口，单击完成按钮，系统提示"可以创建账套了吗？"，单击"是"按钮。

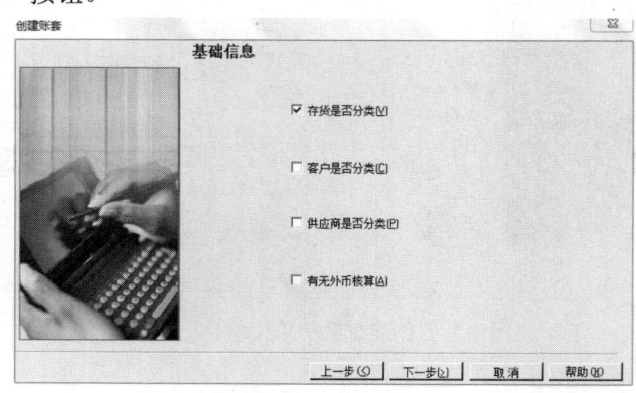

图1-7 "创建账套—基础信息"窗口

业务处理5：分类编码方案

为了便于对经济业务数据进行分级核算、统计和管理，系统要求预先设置某些基础档案的编码规则，即规定各种编码的级次及各级的长度。建账完成后，系统自动弹出"编码方案"窗口，如图1-8所示，按任务资料所给内容修改系统默认值。

业务处理6：数据精度定义

数据精度定义是指定义数据的小数位数，如果需要进行数量核算，需要认真填写该项。在"编码方案"窗口，单击"确定"按钮，再单击"取消"按钮，打开"数据精度"窗口，如图1-9所示，本例默认系统预置的数据精度的设置。

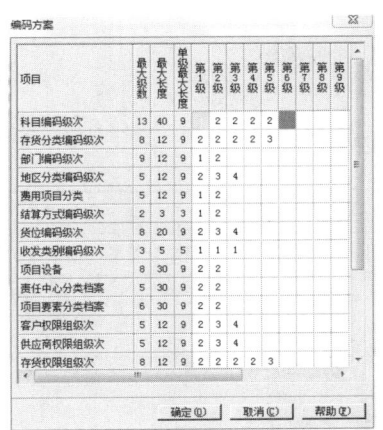

图1-8 "编码方案"窗口

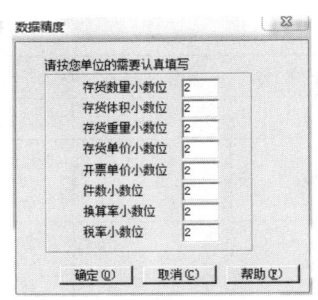

图1-9 "数据精度"窗口

单击"确定"按钮，系统显示"正在更新单据模板，请稍等。"提示信息，完成单据模板更新后，系统弹出建账成功的信息窗口，单击"是"按钮，进入"系统启用"窗口。

业务处理7：系统启用

在"系统启用"窗口中，单击"总账系统"按钮，弹出"日历"窗口。根据系统日期启用，单击"确定"按钮，系统提示"确定要启用当前系统吗？"，单击"是"按钮返回，以此类推，分别启用"总账、薪资管理、固定资产、应收款管理、应付款管理、存货核算、采购管理、销售管理与库存管理系统"，如图1-10所示。

图1-10 "系统启用"窗口

单击窗口中的"退出"按钮，返回"系统管理"窗口。

 提醒

- 系统启用界面所列出的子系统全部是已安装的子系统，未安装的不列出。
- 各个子系统的启用会计期间必须大于或等于账套的启用期间。
- 启用模块时不能启用出纳管理模块，否则出纳不能对收/付款凭证签章。

任务处理3 设置用户权限（见表1.4）

表1.4 用户权限

职员编号	操作员姓名	功 能 权 限
201	张山	负责基础设置工作，负责所有业务的处理工作；负责账套管理和协调维护等工作
202	黄易	设置公共单据、公共目录，负责总账、应收/应付款管理、固定资产、薪资管理、存货核算系统凭证处理、报表编制工作
203	夏天	负责工资管理和出纳管理工作，具有出纳签字权，具有现金、银行存款日记账和资金日报表的查询、支票登记权及银行对账操作权限
204	王梅	负责凭证、账簿、报表的审核工作
30102	周记	公共单据、公用目录设置、销售管理、库存管理
401	刘浪	公共单据、公用目录设置、采购管理、库存管理

业务处理

（1）登录系统管理子系统后，选择"权限"｜"权限"选项，打开"操作员权限"窗口。

（2）选择001账套，某年度。

（3）从窗口左侧操作员列表中选择"201 张山"，选中"账套主管"复选框（本例系统已默认选中），确定张山具有账套主管权限。

（4）选择"202 黄易"，单击工具栏上的"修改"按钮，单击"财务会计"前的"+"图标，再单击总账前的"+"图标展开"总账"，选中"公共单据""公用目录设置""总账""薪资管理""UFO报表""固定资产""应收款管理""应付款管理""存货核算"复选框，去掉"总账"中的"出纳签字"和"出纳"权限，并根据任务资料确定明细选项，单击"确定"按钮，如图1-11所示。

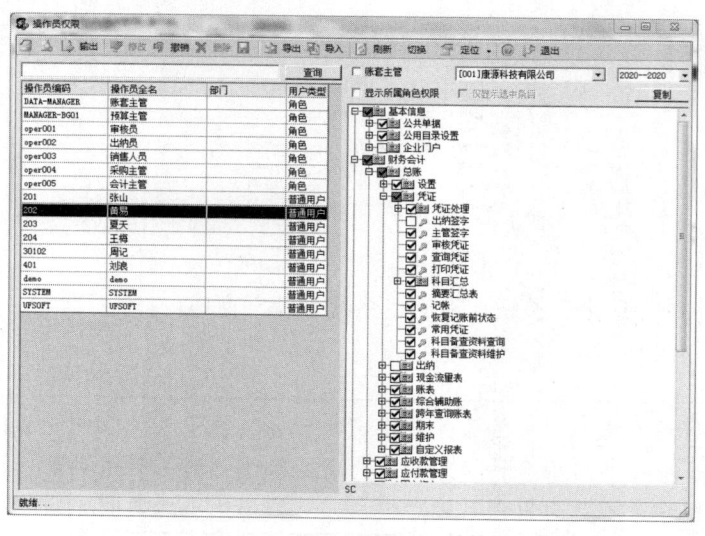

图1-11 "操作员权限"窗口

（5）选择"夏天"，单击工具栏上的"修改"按钮，单击"总账"前的"+"图标，展开"总账"项目，选中"出纳"复选框；展开"总账"|"凭证"项目，选中"出纳签字"权限，单击"确定"按钮。

（6）选择"王梅"，单击工具栏上的"修改"按钮，步骤同上，选中"总账"项目中的"审核凭证"和"查询凭证"复选框，单击"确定"按钮。以此类推设置周记和刘浪的权限。

（7）单击工具栏上的"退出"按钮，返回"系统管理"窗口。

提醒

- 一个账套可以设定多个账套主管。
- 账套主管自动拥有该账套的所有权限。

任务处理4　设置基础档案

1. 部门档案（见表1.5）

表1.5　部门档案

部门编码	部门名称	部门属性
1	总经理办公室	行政管理
2	财务部	财务管理
3	销售部	销售管理
301	销售一部	市场营销
302	销售二部	市场营销
4	供应部	采购供应
5	制造部	生产管理
501	一车间	生产制造
502	二车间	生产制造

2. 人员类别

在职人员类别下分：1011 企业管理人员、1012 销售人员、1013 采购人员、1014 车间管理人员、1015 生产人员。

3. 开户银行

银行编号 011；金华开发区支行；账户名称：康源科技有限公司；账号长度：12；单位账号：111111111111；所属银行：中国工商银行。

4. 人员档案（见表1.6）

表1.6 人员档案

部门名称	职员编号	职员姓名	人员类别	账号	是否是操作员	是否是业务员	性别	技术职称	年龄	职务
总经理办公室	101	刘力	企业管理人员	111111111110	否	否	男	经济师	36	总经理
财务部	201	张山	企业管理人员	222222222220	是	否	女	会计师	34	会计主管
财务部	202	黄易	企业管理人员	333333333330	是	否	男	会计师	43	会计
财务部	203	夏天	企业管理人员	444444444440	是	否	女	会计师	24	出纳
财务部	204	王梅	企业管理人员	555555555550	是	否	女	助师	25	会计
销售一部	30101	王宏	销售人员	666666666660	否	是	男	经济师	35	销售主管
销售一部	30102	周记	销售人员	777777777770	否	是	女	助师	25	销售人员
销售二部	30201	王刚	销售人员	888888888880	否	是	男	经济师	35	销售主管
销售二部	30202	李洋	销售人员	999999999990	是	是	男	助师	38	销售人员
供应部	401	刘浪	采购人员	101010101010	是	是	男	经济师	26	采购主管
一车间	50101	宋江	车间管理人员	101010101020	否	否	男	工程师	38	生产主管
一车间	50102	白云	生产人员	101010101030	否	否	女	技术员	27	生产人员
二车间	50201	李翔	车间管理人员	101010101040	否	否	女	工程师	40	生产主管
二车间	50202	王建	生产人员	101010101050	否	否	男	技术员	35	生产人员

业务处理1：建立部门档案

（1）登录企业应用平台。选择"开始"｜"程序"｜"用友 U8V10.1"｜"企业应用平台"选项，打开登录窗口，输入操作员"201"，在"账套"下拉列表框中选择"001'康源科技有限公司'"，更改"操作日期"为"2020-01-01"，单击"登录"按钮，进入"用友 U8V10.1 企业应用平台"窗口。

（2）设置基础数据。在企业应用平台中，单击窗口左下角的"基础设置"选项卡，再单击窗口左侧列表框中的"基础档案"选项，然后在右侧的列表中双击要设置的项目，即进入相应项目的设置窗口。

（3）选择"基础档案"｜"机构人员"｜"部门档案"选项，打开"部门档案"窗口，如图 1-12 所示。

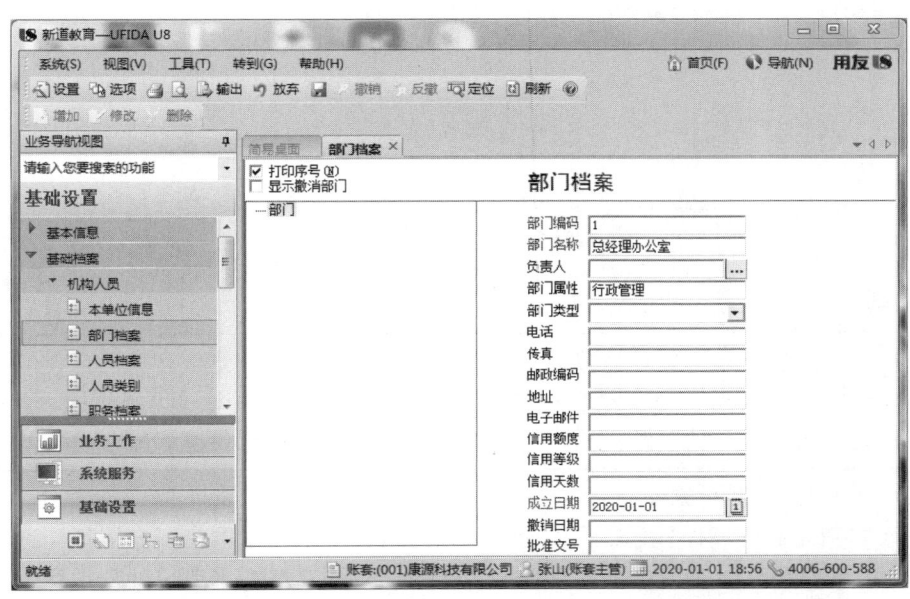

图 1-12 "部门档案"窗口

（4）单击"增加"按钮，在"部门编码"中输入"1"，在"部门名称"中输入"总经理办公室"，在"部门属性"中输入"行政管理"。

（5）单击"保存"按钮，依次输入其他部门档案。

提醒

- 部门编码必须符合编码原则。
- 由于在设置部门档案时还未设置职员档案，因此如果要设置部门档案中的负责人，应在设置职员档案后，再返回设置部门档案，使用修改功能补充设置。
- 部门档案资料一旦被使用将不能修改或删除。

业务处理 2：输入人员类别

选择"基础设置"｜"基础档案"｜"人员类别"选项，打开"人员类别"窗口。单击左侧列表中的"正式工"，单击"增加"按钮，输入档案编码"1011"、档案名称"企业管理人员"，单击"确定"按钮。以此类推，输入其他人员类别，如图 1-13 所示。

图1-13 "人员类别"窗口

 提醒

- 人员类别姓名可以随时修改，已经使用的人员类别不允许删除。
- 人员类别只剩下一个时不允许删除。
- 设置人员类别的目的是为"工资分摊"设置入账科目使用。

业务处理3：设置开户银行

选择"基础设置"|"基础档案"|"收付结算"|"本单位开户银行"选项，打开"本单位开户银行"窗口，单击"增加"按钮，打开"增加本单位开户银行,窗口"输入银行编码"011"；输入开户银行"金华开发区支行"；选择所属银行名称"01-中国工商银行"；选择币种"人民币"；输入银行账号"111111111111"；输入账户名称"康源科技有限公司"；输入开户日期"2020-01-01"，单击"保存"按钮，如图1-14所示。

图1-14 "增加本单位开户银行"窗口

> **提醒**
> - 银行账号长度不得为空，且不能超过 30 位。
> - 输入时需要自动带出的账号长度是指在输入"人员档案"的银行账号时，从第二个人开始，系统根据用户在此定义的长度自动带出银行账号的相应长度，可以有效提高录入速度。
> - 如果删除银行名称，则同银行名称有关的所有设置将一同被删除，包括银行的代发文件格式设置和磁盘输出格式的设置等。

业务处理 4：建立人员档案（见表 1.6）

（1）选择"基础档案"｜"机构人员"｜"人员档案"选项，打开"人员档案—人员列表"窗口。

（2）单击"增加"按钮，打开"人员档案—增加"窗口，在"人员编码"中输入"101"，在"人员姓名"中输入"刘力"，"行政部门"选择"总经理办公室"，"人员类别"选择"企业管理人员"，如图 1-15 所示。

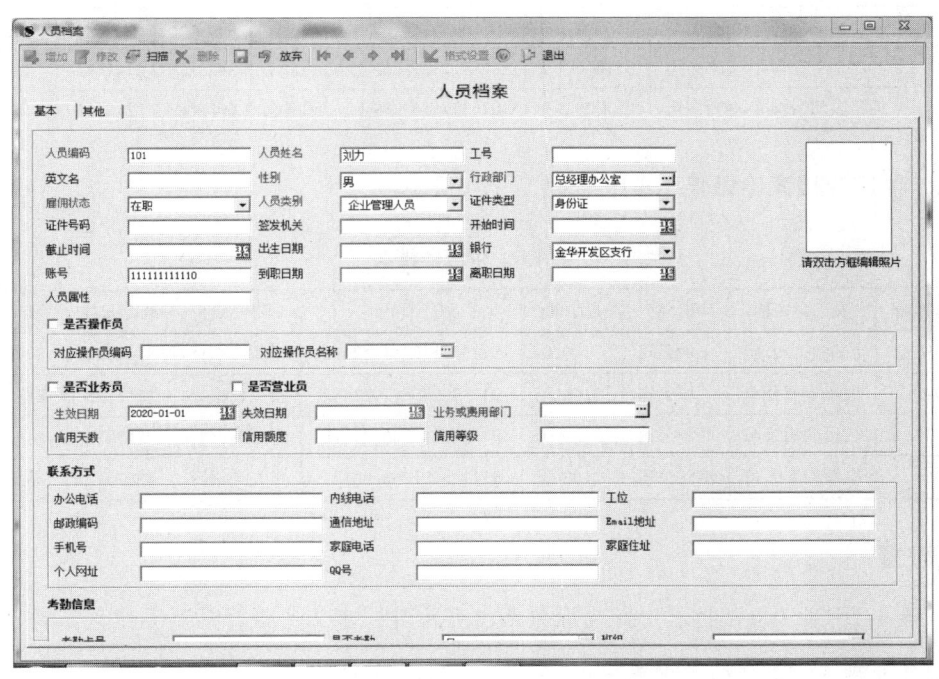

图 1-15 "人员档案—增加"窗口

（3）单击"保存"按钮，根据任务资料选项依次输入其他职员档案。

（4）设置完成后，单击"退出"按钮，返回"人员档案—人员列表"窗口。再单击"退出"按钮，返回"基础档案"窗口。

（5）在"基础档案"窗口中，双击"部门档案"选项，打开"部门档案"窗口。选择"总经理办公室"选项，单击"修改"按钮，再单击"负责人"右边的"…"按钮，弹出"人员档案"窗口，选择"刘力"，单击"确定"按钮，返回"部门档案"窗口，再单击"保存"

按钮,依次为其他部门选择负责人。完成后,单击"退出"按钮。

提醒

- 在输入职员档案时,系统默认为光标所指部门。如果所属部门不符合要求,应在删除已选择的部门后,再单击"…"(参照)按钮重新选择相应的部门。
- 职员档案资料一旦被使用将不能修改或删除。

任务处理 5　客商信息设置

1. 客户档案(见表 1.7)

表 1.7　客户档案

客户编码	客户名称	简　称	邮　编	税　号	开户银行	银行账号	电　话	信用额度/元
001	浙江宁波公司	宁波公司	315000	911370102567038121	市工商银行	8908189	82968345	100000
002	浙江绍兴公司	绍兴公司	312000	911110186456888785	市工商银行	4302656	65349244	150000
003	浙江金华公司	金华公司	321000	911120289121618062	市工商银行	8428825	69478656	200000
004	浙江温州公司	温州公司	325000	911310763241567289	市工商银行	6032682	22804369	200000

2. 供应商档案(见表 1.8)

表 1.8　供应商档案

供应商编码	供应商名称	简　称	邮　编	税　号	开户银行	银行账号	电　话
001	杭州上城公司	上城公司	310000	911320152384162456	市工商银行	8664321	88923456
002	杭州下城公司	下城公司	310000	911370245687921442	市工商银行	3568725	84528987
003	杭州西湖公司	西湖公司	310000	911370156700345218	市工商银行	4267972	86854365
004	杭州滨江公司	滨江公司	310000	911120191256786543	市工商银行	4867642	85498022

注意

表 1.2~表 1.8 中的未列资料视为无,可跳过;市工商银行从属于中国工商银行。

业务处理 1:客户档案设置

(1) 选择"基础档案"|"客商信息"|"客户档案"选项,打开"客户档案"窗口。

(2) 单击"增加"按钮,在"客户编码"中输入"001",在"客户名称"中输入"浙江宁波公司",在"客户简称"中输入"宁波公司",在"税号"中输入"911370102567038121",如图 1-16 所示。

(3) 单击工具栏上的"银行"选项,打开"客户银行档案"窗口,单击"增加"按钮,在所属银行中输入"中国工商银行",在"开户银行"中输入"市工商银行",在"银行账号"中输入"8908189";单击"联系"选项,在"电话"中输入"82968345",在"邮

政编码"中输入"315000";单击"信用"选项,在"信用额度"中输入"100000"。

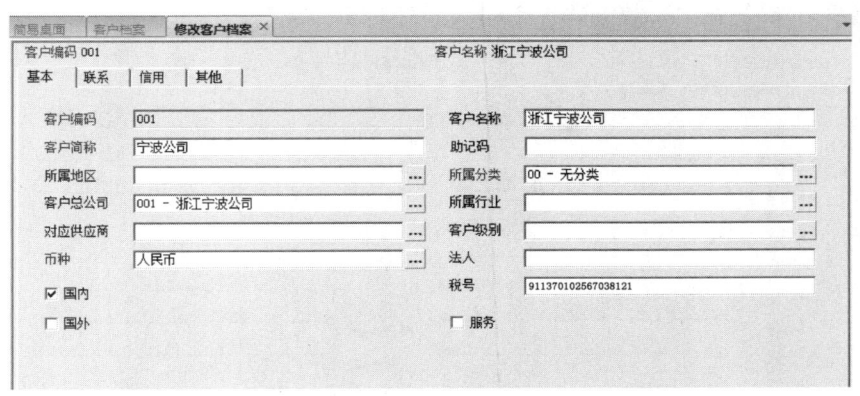

图 1-16 "客户档案—基本"窗口

(4)单击"保存"按钮,根据任务资料依次输入其他客户档案。客户档案列表如图 1-17 所示。

图 1-17 客户档案列表

(5)设置完成后,单击"退出"按钮,返回"基础档案"窗口。

 提醒

- 必须输入客户编码、简称和所属分类,其余可以忽略。
- 如果所选客户分类不正确,可以在删除错误的所属分类后单击所属分类框右侧的"…"(参照)按钮,重新选择正确的分类。
- 客户档案和供应商档案记录可以设置对应关系,这样可以处理既是客户又是供应商的往来单位。这种对应关系只能一对一。

业务处理 2:供应商档案设置

(1)在"基础档案"窗口中,双击"供应商档案"选项,打开"供应商档案"窗口。

(2)单击"增加"按钮,在"供应商编码"中输入"001",在"供应商名称"中输入"杭州上城公司",在"供应商简称"中输入"上城公司",在"税号"中输入"91320152384162456"。

(3)单击工具栏上的"银行"选项,打开"客户银行档案"窗口,单击"增加"按钮,在"所属银行"中输入"中国工商银行",在"开户银行"中输入"市工商银行",

在"银行账号"中输入"8664321",如图1-18所示;单击"联系"选项,在"电话"中输入"88923456",在"邮政编码"中输入"310000"。

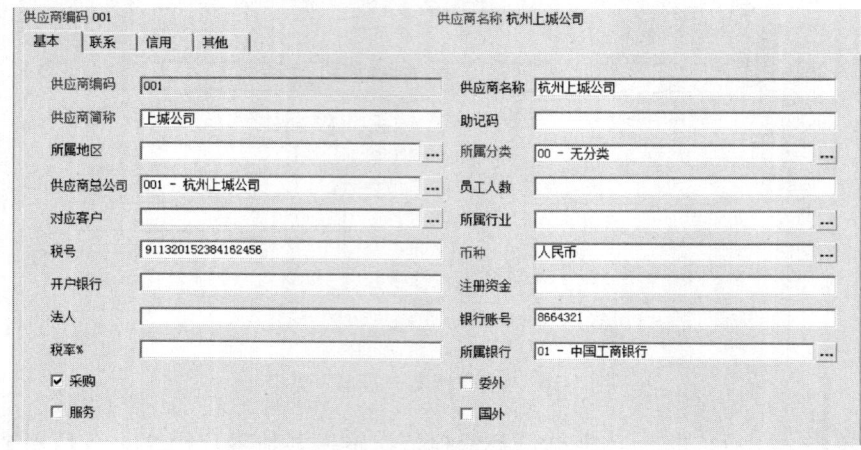

图1-18 "供应商档案—基本"窗口

(4)单击"保存"按钮,根据任务资料依次输入其他供应商档案。供应商档案列表如图1-19所示。

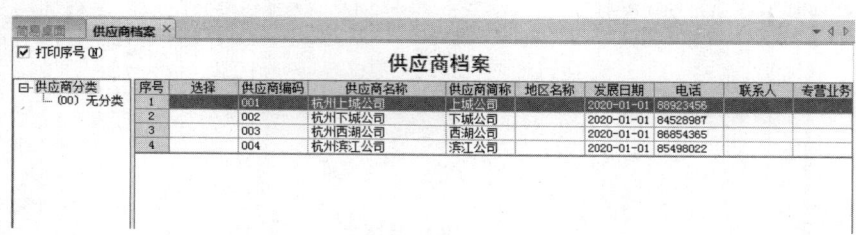

图1-19 供应商档案列表

(5)设置完成后,单击"退出"按钮,退出企业应用平台。

 提醒

- 必须先建立客户分类、供应商分类档案,才能建立客户档案、供应商档案,且客户档案、供应商档案必须建立在末级分类上。
- 建立任意一个档案时,都应遵循事先设定的分类编码原则。

任务处理6 账套管理

1. 备份账套数据(必做内容)

在硬盘中自建文件夹,命名为"任务实例1",将账套中的数据输出到该文件夹。

2. 修改账套数据(可选做内容)

账套启用后,如果需要修改账套参数,以账套主管的身份登录系统,可对账套中的

部分内容进行修改。

业务处理1：备份账套数据

（1）以系统管理员的身份登录系统。

（2）选择"账套"｜"输出"选项，打开"账套输出"窗口，选择需要输出的账套，单击"确认"按钮，稍候。

（3）系统压缩完所选账套数据后，弹出"选择备份目标"窗口。

（4）在该窗口的下拉列表框中，选择需要将账套数据输出的驱动器及所在目录，单击"确定"按钮，如图1-20所示。

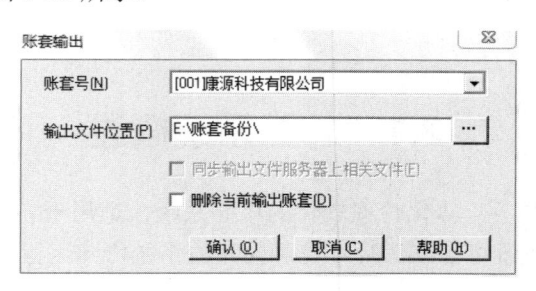

图1-20 "账套输出"窗口

（5）系统开始进行备份，备份完成后，系统弹出"输出成功"窗口，单击"确定"按钮返回。

业务处理2：修改账套数据

（1）在"系统管理"窗口，选择"系统"｜"注册"选项，打开"登录"窗口。

（2）在"操作员"中输入"201"或"张山"，选择"001康源科技有限公司"，会计年度为某年。

（3）单击"确定"按钮，进入"系统管理"窗口。菜单中显示为黑色字体的部分为账套主管可以操作的内容。

（4）选择"账套"｜"修改"选项，打开"修改账套"窗口，可修改的账套信息以白色显示，不可修改的账套信息以灰色显示。

（5）修改完成后，单击"完成"按钮，系统提示"确认修改账套了吗？"，单击"是"按钮，确定分类编码方案和数据精度定义，单击"确认"按钮，系统提示"修改账套成功！"信息。

（6）单击"确定"按钮，返回"系统管理"窗口。

学习任务2

总账系统

2.1 总账系统概述

总账系统是财务业务一体化管理软件的核心系统，适用于各行、各业进行账务核算及管理工作。总账系统既可独立运行，也可同其他系统协同运行。

2.1.1 总账系统主要功能

总账系统的主要功能包括初始设置、凭证管理、出纳管理、账簿管理、辅助核算管理和期末处理等。

1. 初始设置

总账系统是指由用户根据本企业的需要建立账务应用环境，将用友通用账务处理系统变成适合本单位实际需要的专用系统，主要工作包括选项设置、会计科目设置、外币及汇率设置、期初余额录入、凭证类别及结算方式定义，以及各类辅助核算项目定义等。

2. 凭证管理

总账系统通过严密的制单控制保证填制凭证的正确性，提供资金赤字控制、支票控制、预算控制、外币折算误差控制及查看最新余额等功能，加强对所发生业务的及时管理和控制，完成凭证的录入、审核、记账、查询、打印及出纳签字、常用凭证定义等。

3. 出纳管理

总账系统为出纳人员提供一个集成办公环境，加强对现金及银行存款的管理。出纳管理功能可辅助出纳人员出银行日记账、现金日记账，随时出最新资金日报表、余额调节表及进行银行对账。

4. 账簿管理

总账系统强大的查询功能使整个系统实现总账、明细账、凭证联查，并可查询包含未记账凭证的最新数据，可随时提供总账、余额表、明细账、日记账等标准账表查询。

5. 辅助核算管理

（1）个人往来核算。个人往来核算主要进行个人借款、还款管理工作，及时地控制个人借款，完成清欠工作，提供个人借款明细账、催款单、余额表、账龄分析报告及自动清理核销已清账等功能。

（2）部门核算。部门核算主要为了考核部门费用收支的发生情况，及时地反映控制部门费用的支出，对各部门的收支情况加以比较，便于进行部门考核；提供各级部门总账、明细账的查询，并对部门收入与费用进行部门收支分析等功能。

（3）项目管理。项目管理用于生产成本、在建工程等业务的核算，以项目为中心为使用者提供项目的成本、费用、收入、往来等汇总与明细情况及项目计划执行报告等，也可用于核算科研课题、专项工程、产成品成本、旅游团队、合同、订单等；提供项目总账、明细账及项目统计表的查询。

（4）往来管理。往来管理主要进行客户和供应商往来款项的发生、清欠管理工作，及时掌握往来款项的最新情况，提供往来款项的总账、明细账、催款单、往来账清理、账龄分析报告等功能。

6. 期末处理

灵活的自定义转账功能、各种取数公式可满足各类业务的转账工作需要。自动完成期末分摊、计提、对应转账、销售成本、汇兑损益、期间损益结转等业务，可进行试算平衡、对账、结账，生成期末工作报告。

2.1.2 总账系统与其他子系统的关系

总账系统是会计信息系统的核心系统，它概括反映企业供产销等全部经济业务的综合信息。它在整个会计信息系统中处于中枢地位，其他各个子系统的数据都必须传输到总账系统中。总账系统与其他子系统之间的数据传递关系如图 2-1 所示。

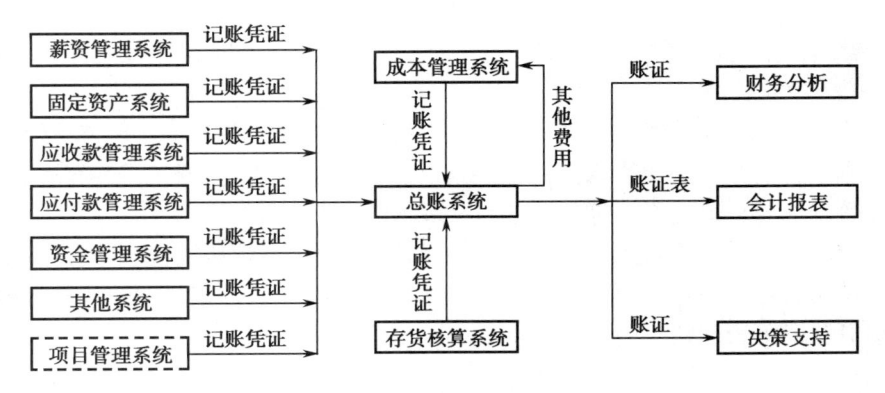

图 2-1 总账系统与其他子系统的数据传递关系

2.1.3 总账系统的业务处理流程

总账系统的业务处理流程如图 2-2 所示。

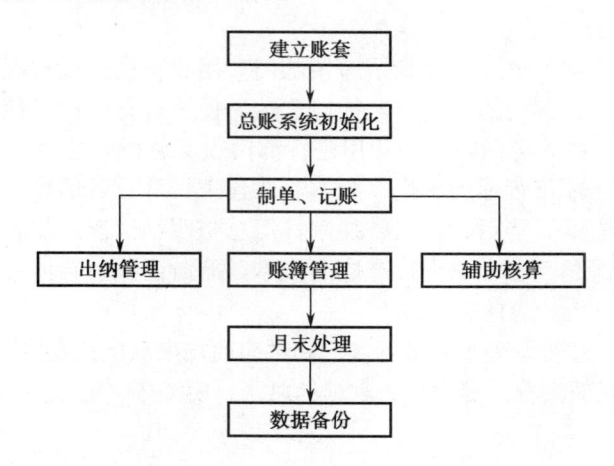

```
建立账套
   ↓
总账系统初始化
   ↓
制单、记账
 ↙  ↓  ↘
出纳管理  账簿管理  辅助核算
          ↓
        月末处理
          ↓
        数据备份
```

图 2-2　总账系统的业务处理流程

对于实际业务较简单、核算要求比较低的企业，可以只使用总账系统，按照制单→审核→记账→汇总→对账、结账的核算流程进行操作。

对于实际业务较复杂、核算要求较高的企业，可以使用总账系统的辅助核算功能进行核算管理，如客户往来核算、个人往来核算等。

2.2　总账系统初始设置

总账系统初始设置一般包括设置基础参数、会计科目、凭证类别、外币及汇率、项目目录、结算方式，以及录入期初余额等。

2.2.1　设置基础参数

在初次启用总账系统时，需要确定反映总账核算要求的各种参数，使得通用总账系统适用于本单位的具体核算要求。总账系统的业务参数将决定总账系统的输入控制、处理方法、数据流向、输出格式等，设定后一般不能随意更改。

系统启用后，如果系统预置的"总账系统启用"参数与实际需要不符，应根据实际情况，在使用总账系统前通过总账系统的"选项"来设置适合本单位的各种参数，以达到会计核算和财务管理的目的。

2.2.2　设置会计科目

由于在现行的会计制度中规定了会计核算和会计管理中应使用的一级会计科目，为了方便用户设置会计科目，用友 ERP 管理软件在建立账套功能时提供了预置会计科目的功能。用户可以根据本单位的实际情况决定是否预置会计科目。如果选择了预置会计科目，则只需要在已预置的基础上进行补充或修改。

财务软件中所采用的一级会计科目必须符合国家会计制度的规定，而对于明细科目，各使用单位可根据实际情况，在满足核算和管理要求及报表数据来源的基础上，自行设定。

1. 增加会计科目

有了预置会计科目，在会计科目初始设置时只须对不同的会计科目进行修改，对缺少的会计科目进行增加处理即可。

如果所使用的会计科目与会计制度规定的会计科目相差较多，则可以在建立账套时选择不预置会计科目，这样可以根据自身的需要自行设置全部会计科目。

2. 修改会计科目

如果要对已经设置完成的会计科目的名称、编码及辅助项目等内容进行修改，应在会计科目未使用前，在会计科目的修改功能中完成。

3. 删除会计科目

如果某些会计科目目前暂时不需要或不适合用户科目体系的特点，可以在未使用之前将其删除。

4. 指定会计科目

指定会计科目是指定出纳的专管科目。系统中只有指定科目后，才能执行出纳签字，从而实现现金、银行存款管理的保密性，才能查看现金、银行存款日记账。

5. 设置会计科目辅助项目

如果用户原来有许多往来单位，并且个人、部门、项目是通过明细科目来进行核算管理的，那么，在使用总账系统后，最好改用辅助核算进行管理，即将这些明细科目的上级科目设置为末级科目并设置为辅助核算科目，并将这些明细科目设置为相应的辅助核算目录。一个科目设置了辅助核算后，它所发生的每笔业务也将被同时登记在总账和辅助明细账上。可以进行辅助核算的内容主要有部门核算、个人往来、客户往来、供应商往来及项目核算等。

2.2.3 设置凭证类别

系统提供了 5 种常用分类方式供企业选择。这些凭证分类可以在制单时设置对科目的限制条件。

- 借方必有：制单时，此类凭证借方至少有一个限制科目有发生。
- 贷方必有：制单时，此类凭证贷方至少有一个限制科目有发生。
- 凭证必有：制单时，此类凭证无论是借方还是贷方至少有一个限制科目有发生。

- 凭证必无：制单时，此类凭证无论是借方还是贷方不可有一个限制科目有发生。
- 无限制：制单时，此类凭证可使用所有合法的科目。
- 限制科目由用户输入：可以是任意级次的科目，科目之间用逗号分隔，数量不限，也可参照输入，但不能重复录入。若限制科目为非末级科目，则在制单时，其所有下级科目都将受到同样的限制。

2.2.4 设置外币及汇率

汇率管理是专为外币核算服务的。企业有外币业务的话，要进行外币及汇率的设置，以便在制单和进行其他有关操作时调用。汇率分固定汇率和浮动汇率，如果采用固定汇率，日常外币折算采用期初记账汇率；如果采用浮动汇率，日常外币折算采用当日汇率。

2.2.5 设置项目目录

项目核算是账务系统辅助核算管理的一项重要功能。项目可以是一个专门的经营或管理的内容。为了满足一个单位项目核算种类繁多的需要，在计算机账务系统中，借助于计算机处理数据的特点，设计了项目核算与管理功能，用户可以将具有相同特性的一类项目定义成一个项目大类，在进行总账业务处理的同时进行项目核算与管理。一个项目大类可以核算多个项目，为了便于管理，用户还可以对这些项目进行分级管理。

2.2.6 设置结算方式

该功能用来建立和管理企业在经营活动中所涉及的结算方式。它与财务结算方式一致，如现金结算、支票结算等。

2.2.7 录入期初余额

在开始启用总账系统时，应将经过整理的手工账目的期初余额录入系统。如果企业在年初建账，则期初余额就是年初数；如果在年中启用总账系统，则应先将各账户此时的余额和年初到此时的借、贷方累计发生额计算清楚。

期初余额的录入分为两部分：基本科目期初余额录入和辅助核算科目期初余额录入。

1. 录入基本科目期初余额

在开始启用总账系统时，应先将各账户启用月份的月初余额和年初到该月的借、贷方累计发生额计算清楚，并录入总账系统中。

如果在年初建账，可以直接录入年初余额；如果在年中建账，则可录入启用当月（如4月）的期初余额及年初未用的月份（1月、2月、3月）的借、贷方累计发生额，系统自动计算年初余额。

2. 录入辅助核算科目期初余额

如果某科目涉及客户及供应商辅助核算，则须在系统打开的"客户往来期初"或"供应商往来期初"窗口中输入相关的信息。

如果某科目涉及个人往来辅助核算，则须在系统打开的"个人往来期初"窗口中输入相关信息；如果某科目涉及项目核算，则须在系统打开的"项目参照"窗口中输入相关的信息。

3. 试算平衡

期初余额和累计发生额录入完成后，为了保证初始数据的正确性，必须依据"资产=负债+所有者权益"的原则进行试算平衡校验。

校验工作由系统自动完成，校验完成后系统会自动生成一个校验结果报告。如果试算结果不平衡，则应逐项进行检查，更正后，再次进行平衡校验，直至平衡为止。

初始化设置完成后，就可以进行日常业务账务处理了。日常业务包括凭证管理、出纳管理、账簿管理等。

2.3 凭证管理

2.3.1 填制记账凭证

记账凭证是登记账簿的依据，是总账系统的唯一数据源。填制记账凭证也是最基础和最频繁的工作。在使用计算机处理账务后，电子账簿的准确性与完整性完全依赖于记账凭证，因而在实际工作中，必须确保准确、完整地输入记账凭证。

1. 增加凭证

记账凭证一般包括两个部分：一是凭证头部分，包括凭证类别、凭证编号、凭证日期和附件张数等；二是凭证正文部分，包括摘要、科目、借贷方向和金额等。如果会计科目有辅助核算要求，则应输入辅助核算内容；如果一个科目同时兼有多种辅助核算，则要求同时输入各种辅助核算的有关内容。

2. 修改凭证

在输入凭证时，尽管系统提供了多种控制错误的手段，但误操作是在所难免的。记账凭证错误，必然影响系统的核算结果。为了更正错误，可以通过系统提供的修改功能对错误凭证进行修改。对错误凭证进行修改，可分为"无痕迹"修改和"有痕迹"修改两种。"无痕迹"修改，即不留下任何曾经修改的线索和痕迹。"有痕迹"修改即通过保留错误凭证和更正凭证的方式留下修改线索和痕迹。如果发现已经记账的凭证有错，可以采用红字冲销法或补充登记法进行更正。

3. 作废及删除凭证

在日常操作过程中，若遇到某张凭证需要作废时，可以使用"作废/恢复"功能，将这些凭证作废。作废的凭证并不是真正意义上的物理删除，只有利用整理凭证功能才能在物理上删除凭证，同时系统重新对凭证进行连续编号。

4. 查询凭证

在制单过程中，可以通过"查询"功能输入查询条件对凭证进行查看，以便随时了解经济业务发生的情况，保证填制凭证的正确性。

2.3.2 审核凭证

审核凭证是指由具有审核权限的操作员按照会计制度规定，对制单人填制的凭证进行合法性检查，其目的是防止错误及舞弊。

在屏幕审核时，可直接由具有审核权限的操作员根据原始凭证，对屏幕上显示的记账凭证进行审核，对正确的记账凭证发出签字指令，系统会在记账凭证上显示审核人名字。按照有关规定，制单人和审核人不能是同一个人，如果当前操作员与制单人相同，则应更换操作员后再进行操作。

2.3.3 凭证记账

记账凭证经审核签字后，即可用来登记总账、明细账、日记账、部门账、往来账、项目账及备查账等。记账一般采用向导方式，使记账过程更加明确。记账工作由系统自动进行数据处理，不用人工干预。

2.3.4 凭证汇总

凭证汇总是按条件对记账凭证进行汇总并生成一张凭证汇总表。进行汇总的凭证可以是已记账凭证，也可以是未记账凭证，因此账务人员可在凭证未全部记账前，随时查看企业目前的经营状况及其他财务信息。

2.4 出纳管理

出纳管理主要包括完成现金和银行存款日记账的输出、支票登记簿的管理，进行银行对账，以及为长期未达账提供审计报告等工作。

2.4.1 出纳签字

为了加强企业现金收入与支出的管理，应加强对出纳凭证的管理。出纳凭证的管理可以采用多种方法，其中出纳签字就是主要的方法之一。出纳签字是指出纳人员利用"出纳签字"功能对制单员填制的带有现金和银行存款科目的凭证进行检查核对，主要核对出纳凭证的出纳科目金额是否正确，如果凭证正确，则在上面进行签字；经审查如果认为该凭证有错误或有异议，则不进行签字，应交给填制人员修改后再核对。

2.4.2　日记账

日记账是指现金和银行存款日记账。日记账的作用只是用于输出，只要在建立现金和银行存款科目时选中对应的"日记账"复选框，即表明该科目要登记日记账。

要查询现金日记账，须选择"设置"｜"会计科目"｜"指定科目"选项，预先指定现金科目。银行日记账的查询与现金日记账的查询基本相同，所不同的只是银行日记账设有"结算号"栏，主要是对账用的。

2.4.3　支票登记簿

在手工记账时，出纳员通常利用支票领用登记簿来登记支票领用情况。为此，总账系统为出纳人员提供了"支票登记簿"功能，以供其详细登记支票领用人、领用日期、支票用途和是否报销等情况。

2.4.4　银行对账

银行对账是货币资金管理的主要内容，是企业出纳员最基本的工作之一。为了能够准确掌握银行存款的实际金额，了解实际可以动用的货币资金数额，防止记账发生差错，企业必须定期将银行存款日记账与银行出具的对账单进行核对，并编制银行存款余额调节表。总账系统要求银行对账的科目在科目设置时定义为"银行账"辅助账类的科目。银行对账一般按以下步骤完成。

1. **录入银行对账期初数据**

第一次使用银行对账功能前，系统要求录入日记账、对账单的期初余额及未达账项。

2. **录入银行对账单**

要实现系统自动对账，在每月月末对账前，必须将银行开出的银行对账单的数据录入系统。

本功能用于平时录入银行对账单。在指定账户（银行科目）后，可录入本账户下的银行对账单，以便于与企业银行存款日记账进行对账。

3. **银行对账**

银行对账采用自动对账与手工对账相结合的方式。

自动对账即由系统根据对账依据将银行日记账未达账项与银行对账单进行自动核对、勾销。对账依据通常是"结算方式+票号+方向+金额"或"方向+金额"。对于已核对过的银行业务，系统将自动在银行存款日记账和银行对账单方写上两清标记，并视为已达账项；否则，视其为未达账项。

手工对账是对自动对账的补充。采用自动对账后，可能还有一些特殊的已达账项没有对出来，而被视为未达账项，为了保证对账更彻底、正确，可通过手工对账进行调整、勾销。

4. 编制余额调节表

在对银行账进行两清勾对后，系统自动整理、汇总未达账项和已达账项，生成"银行存款余额调节表"窗口，以检查对账是否正确。该余额调节表为截至对账截止日期的余额调节表，若无对账截止日期，则为最新余额调节表。如果余额调节表显示账面余额不平，应查"银行期初录入"中的相关项目是否平衡，"银行对账单"录入是否正确，"银行对账"中勾选是否正确、对账是否平衡，如不正确则进行调整。

5. 对账结果查询

对账结果查询主要用于查询单位日记账和银行对账单的对账结果。它是对余额调节表的补充，可在进一步了解对账后，核对账单上勾选的明细情况（包括已达账项和未达账项），从而进一步查询对账结果，检查无误后，可通过核销银行账来核销已达账项。

银行对账不平时，不能使用核销功能。核销不影响银行日记账的查询和打印。核销错误可以进行反核销。

2.5　账簿管理

企业发生的经济业务，经过制单、审核、记账等程序后，就形成了正式的会计账簿。除了前面介绍的现金和银行存款的查询和输出，账簿管理还包括基本会计核算账簿的查询、输出，以及各种辅助账的查询和输出。

基本会计核算账簿管理包括总账、余额表、明细账、序时账、多栏账的查询和输出。辅助核算账簿管理包括个人往来、部门核算、项目核算账簿的总账、明细账的查询和输出，以及部门收支分析和项目统计表的查询和输出。当供应商往来和客户往来采用总账系统核算时，其核算账簿的管理在总账系统中进行；否则，应在应收款、应付款管理系统中进行。

2.6　期末处理

期末处理主要包括银行对账、自动转账、月末处理及年末处理。与日常业务相比，数量不多，但业务种类繁杂且时间紧迫。在计算机环境下，由于各会计期间的许多期末业务具有较强的规律性，且方法很少改变，如费用计提、分摊的方法等，所以由计算机来处理这些有规律的业务，不但可以减少会计人员的工作量，还可以加强财务核算的规范性。

2.6.1 定义自动转账凭证

转账可分为外部转账和内部转账。外部转账是指将其他专项核算子系统生成的凭证转入总账系统中；内部转账是指在总账系统内部，把某个或某几个会计科目中的余额或本期发生额结转到一个或多个会计科目中。

实现自动转账包括定义转账凭证和生成转账凭证两部分。系统提供了定义转账凭证的功能类型有自定义转账、对应结转、销售成本结转、汇兑损益结转、期间损益结转。

1. 自定义转账设置

自定义转账功能可以完成的转账业务主要有："费用分配"的结转，如工资分配等；"费用分摊"的结转，如制造费用等；"税金计算"的结转，如增值税等；"提取各项费用"的结转，如增值税等；各项辅助核算的结转。

2. 对应结转设置

对应结转功能不仅可进行两个科目的一对一结转，还提供科目的一对多结转。对应结转的科目可为上级科目，但其下级科目的科目结构必须一致（相同明细科目）。如有辅助核算，则两个科目的辅助账类也必须一一对应。

本功能只结转期末余额，若结转发生额，需要在自定义结转中设置。

3. 销售成本结转设置

销售成本结转功能主要用来辅助未启用供应链管理系统的企业完成销售成本的计算和结转，有全月平均法和售价（计划价）法两种方法。

4. 汇兑损益结转设置

本功能用于期末自动计算外币账户的汇兑损益，并在转账凭证中自动生成汇兑损益转账凭证。汇兑损益只处理外汇存款账户、外币现金账户、外币结算的各项债权和债务，不包括所有者权益类账户、成本类账户和损益类账户。

5. 期间损益结转设置

本功能用于在一个会计期间终止时，将损益类科目的余额结转到本年利润科目中，从而及时反映企业利润的盈亏情况。期间损益结转主要是对管理费用、销售费用、财务费用、销售收入和营业外收支等科目的结转。

2.6.2 生成转账凭证

定义完转账凭证后，每月月末只须执行本功能即可由系统快速生成转账凭证。生成的转账凭证将自动追加到未记账凭证中，只有通过审核、记账后才能真正完成结转工作。

由于转账凭证中定义的公式基本上取自账簿,因此,在进行月末转账前,必须将所有未记账凭证全部记账,否则,生成的转账凭证中的数据可能不准确。特别是对于一组相关转账分录,必须按顺序依次进行转账生成、审核、记账。

任务实例 2 总账系统初始设置

任务准备

引入"任务实例1"账套数据。设置财务信息:总账系统参数、会计科目、凭证类别、结算方式、项目定义、期初余额。

任务处理 1 总账系统的参数(见表 2.1)

表 2.1 总账系统的参数设置

选 项 卡	参 数 设 置
凭证	制单序时控制
	支票控制
	赤字控制:资金及往来科目
	允许修改、作废他人填制的凭证
	可以使用应收、应付、存货受控科目
	凭证编号方式采用系统编号
	打印凭证的制单、出纳、审核、记账等人员姓名
	出纳凭证必须经由出纳签字
	现金流量科目必录现金流量项目
	外币核算采用固定汇率
	进行预算控制
	其他采用默认设置
账簿	账簿打印位数、每页打印行次按软件标准设定、明细账打印按年排页
会计日历	会计日历1月1日~12月31日
其他	部门、个人、项目按编码方式排序
	其他采用默认设置

业务处理 1:引入"任务处理 1"账套数据

(1)以系统管理员的身份注册进入系统管理,选择"账套"|"引入"选项,打开"引入账套数据" 窗口。(如果计算机不还原,则不必做引入处理。)

(2)在"查找范围"下拉列表框中,选择"任务处理 1"账套数据所在的磁盘驱动器。下拉列表框中显示该磁盘驱动器中所包含的所有文件夹,依次双击存放账套数据的各个文件夹,找到账套数据文件 **UfErpAct.Lst**,单击"打开"按钮。系统弹出信息提示窗口,请用户确认账套引入路径。如果无须修改账套引入路径,单击"否"按钮。如果系统已存在该账套,会弹出信息提示窗口,要求用户确认是否覆盖已存的信息,单击"是"按钮选择覆盖;单击"否"按钮选择不覆盖。

业务处理 2:启动与注册

(1)选择"开始"|"程序"|"用友 U8V10.1"|"企业应用平台"选项,打开"登录"窗口。

(2)登录到本机(或服务器),输入操作员"201";选择康源科技有限公司账套;输入操作日期"2020-01-01",单击"确定"按钮,如图 2-3 所示。

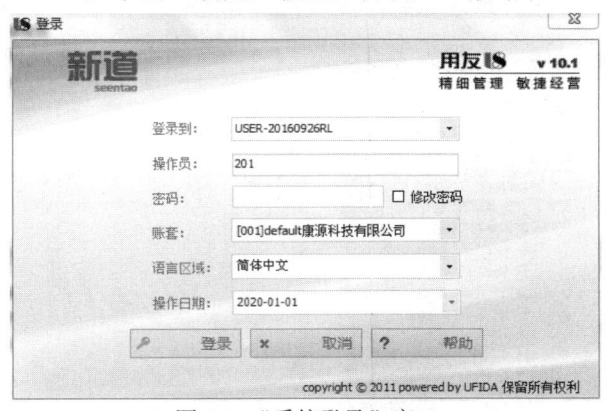

图 2-3 "系统登录"窗口

业务处理 3:设置总账控制参数

(1)在总账系统中,选择"业务工作"|"财务会计"|"总账"|"设置"|"选项"选项,打开"选项"窗口。

(2)单击"编辑"按钮,进入选项编辑状态。

(3)打开"凭证""账簿"(账簿选项卡截图省略)"权限""会计日历""其他"选项卡,按照"任务资料"的要求进行相应的设置,如图 2-4~图 2-7 所示。

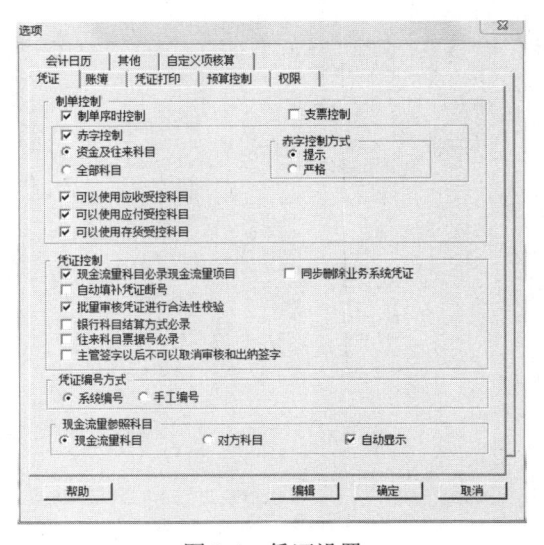

图 2-4 凭证设置

"账簿"选项卡栏目说明

- "打印位数宽度"选项区域：定义明细账簿打印时各栏目的宽度，包括摘要、金额、外币、汇率、数量和单价。
- "凭证、账簿套打"选项区域：选中"凭证、账簿套打"复选框，则打印凭证、账簿时使用套打纸进行打印。套打纸是软件公司专门印制的用于打印各种凭证和账簿的打印纸。选择套打纸打印时，系统只将凭证、账簿的数据内容打印到相应的套打纸上，而不打印各种表格线。用套打纸打印凭证速度快、美观。
- "明细账（日记账、多栏账）打印方式"选项区域：设置按月排序或按年排序。

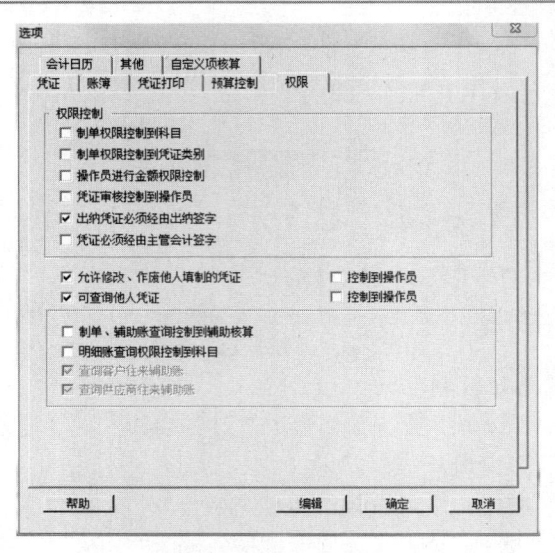

图 2-5　权限设置

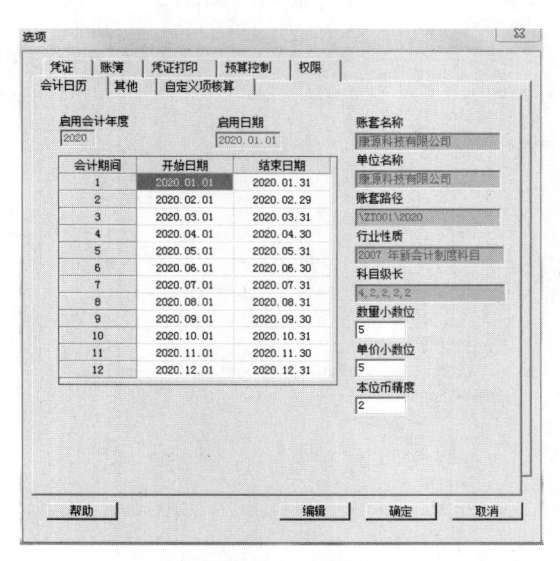

图 2-6　会计日历设置

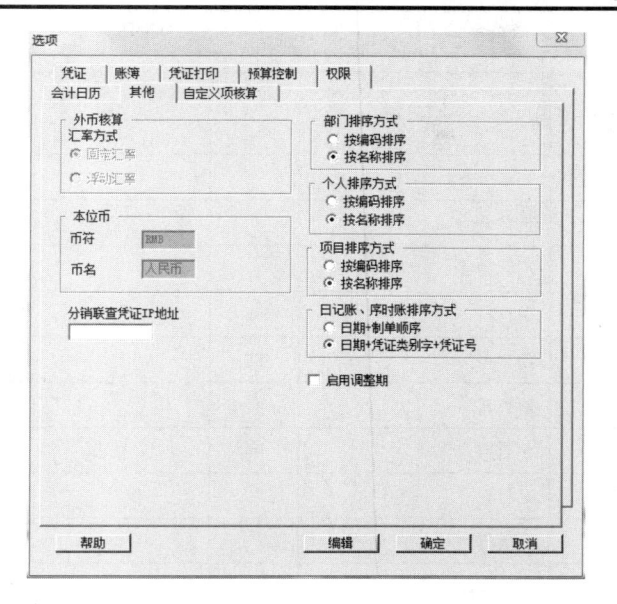

图 2-7 其他设置

（4）设置完成后，单击"确定"按钮。

任务处理 2　建立会计科目

2020 年 1 月 1 日，康源科技有限公司会计科目，如表 2.2 所示。

表 2.2　康源科技有限公司会计科目

类型	级次	科目编码	科目名称	计量单位	辅助核算	账页格式	余额方向
资产	1	1001	库存现金		日记	金额式	借
资产	1	1002	银行存款		银行日记	金额式	借
资产	2	100201	工行存款		银行日记	金额式	借
资产	2	100202	建行存款		银行日记	金额式	借
资产	1	1012	其他货币资金			金额式	借
资产	1	1101	交易性金融资产			金额式	借
资产	1	1121	应收票据		客户往来	金额式	借
资产	1	1122	应收账款		客户往来	金额式	借
资产	1	1123	预付账款			金额式	借
资产	1	1131	应收股利			金额式	借
资产	1	1132	应收利息			金额式	借
资产	1	1221	其他应收款		个人往来	金额式	借

续表

类型	级次	科目编码	科目名称	计量单位	辅助核算	账页格式	余额方向
资产	1	1231	坏账准备			金额式	贷
资产	1	1401	材料采购			金额式	借
资产	1	1402	在途物资			金额式	借
资产	2	140101	甲材料	吨		数量金额式	借
资产	2	140102	乙材料	吨		数量金额式	借
资产	1	1403	原材料			金额式	借
资产	2	140301	甲材料	吨		数量金额式	借
资产	2	140302	乙材料	吨		数量金额式	借
资产	1	1411	周转材料			金额式	借
资产	1	1405	库存商品	件	项目核算	数量金额式	借
资产	1	1501	持有至到期投资			金额式	借
资产	1	1503	可供出售金融资产			金额式	借
资产	1	1511	长期股权投资			金额式	借
资产	1	1601	固定资产			金额式	借
资产	1	1602	累计折旧			金额式	贷
资产	1	1604	在建工程			金额式	借
资产	1	1606	固定资产清理			金额式	借
资产	1	1701	无形资产			金额式	借
资产	1	1801	长期待摊费用			金额式	借
资产	1	1901	待处理财产损溢			金额式	借
资产	2	190101	待处理流动资产损溢			金额式	借
资产	2	190102	待处理固定资产损溢			金额式	借
负债	1	2001	短期借款			金额式	贷
负债	1	2201	应付票据		供应商往来	金额式	贷
负债	1	2202	应付账款			金额式	贷
负债	2	220201	应付款项		供应商往来	金额式	贷
负债	2	220202	暂估应付账款			金额式	贷
负债	1	2203	预收账款			金额式	贷
负债	1	2211	应付职工薪酬			金额式	贷
负债	2	221101	应付工资			金额式	贷
负债	2	221102	职工福利费			金额式	贷

续表

类型	级次	科目编码	科目名称	计量单位	辅助核算	账页格式	余额方向
负债	2	221103	工会经费			金额式	贷
负债	2	221104	职工教育经费			金额式	贷
负债	1	2221	应交税费			金额式	贷
负债	2	222101	应交增值税			金额式	贷
负债	3	22210101	进项税额			金额式	贷
负债	3	22210102	已交税金			金额式	贷
负债	3	22210103	转出未交增值税			金额式	贷
负债	3	22210105	销项税额			金额式	贷
负债	3	22210107	进项税额转出			金额式	贷
负债	3	22210109	转出多交增值税			金额式	贷
负债	2	222102	未交增值税			金额式	贷
负债	2	222106	应交所得税			金额式	贷
负债	2	222108	应交城市维护建设税			金额式	贷
负债	1	2231	应付利息			金额式	贷
负债	2	223101	借款利息			金额式	贷
负债	1	2232	应付股利			金额式	贷
负债	1	2241	其他应付款			金额式	贷
负债	1	2501	长期借款			金额式	贷
负债	1	2701	长期应付款			金额式	贷
负债	1	2711	专项应付款			金额式	贷
负债	1	2901	递延所得税负债			金额式	贷
权益	1	4001	实收资本			金额式	贷
权益	1	4002	资本公积			金额式	贷
权益	1	4101	盈余公积			金额式	贷
权益	1	4103	本年利润			金额式	贷
权益	1	4104	利润分配			金额式	贷
权益	2	410401	其他转入			金额式	贷
权益	2	410402	提取法定盈余公积			金额式	贷
权益	2	410403	提取法定公益金			金额式	贷
权益	2	410409	提取任意盈余公积			金额式	贷
权益	2	410410	应付普通股股利			金额式	贷
权益	2	410415	未分配利润			金额式	贷

续表

类型	级次	科目编码	科目名称	计量单位	辅助核算	账页格式	余额方向
成本	1	5001	生产成本			金额式	借
成本	2	500101	直接材料		项目核算	金额式	借
成本	2	500102	直接人工		项目核算	金额式	借
成本	2	500103	制造费用		项目核算	金额式	借
成本	1	5101	制造费用			金额式	借
成本	2	510101	材料费			金额式	借
成本	2	510102	人工费			金额式	借
成本	2	510103	折旧费			金额式	借
成本	2	510104	办公费			金额式	借
成本	2	510105	其他费用			金额式	借
损益	1	6001	主营业务收入		部门、项目	金额式	贷
损益	1	6051	其他业务收入			金额式	贷
损益	1	6301	营业外收入			金额式	贷
损益	1	6401	主营业务成本		部门、项目	金额式	借
损益	1	6402	其他业务成本			金额式	借
损益	1	6403	税金及附加			金额式	借
损益	1	6601	销售费用			金额式	借
损益	2	660101	广告费用			金额式	借
损益	2	660102	工资及福利费			金额式	借
损益	2	660103	折旧费			金额式	借
损益	2	660104	其他			金额式	借
损益	1	6602	管理费用			金额式	借
损益	2	660201	工资及福利费			金额式	借
损益	2	660202	折旧费			金额式	借
损益	2	660203	办公费			金额式	借
损益	2	660204	工会经费			金额式	借
损益	2	660205	职工教育经费			金额式	借
损益	2	660206	差旅费			金额式	借
损益	2	660207	修理费			金额式	借
损益	2	660208	其他			金额式	借
损益	1	6603	财务费用			金额式	借
损益	2	660301	利息			金额式	借
损益	2	660302	其他			金额式	借
损益	1	6711	营业外支出			金额式	借
损益	1	6801	所得税费用			金额式	借

注意

- 将"库存现金（1001）"科目指定为现金总账科目。
- 将"银行存款（1002）"科目指定为银行总账科目。
- 将"库存现金（1001）""工行存款（100201）""建行存款（100202）"科目指定为现金流量科目。

栏目说明

- 会计科目的设置必须满足会计报表编制的要求，凡是报表所用数据，须从系统取数的，必须设立相应科目。
- 会计科目的设置必须保持科目与科目间的协调性和体系完整性。不能只有下级而无上级；既要设置总账科目，又要设置明细科目，以提供总括和详细的会计核算资料。
- 会计科目要保持相对稳定，会计年中不能删除。一级科目名称要符合国家标准，明细科目名称要通俗易懂。
- 设置会计科目要考虑与子系统的衔接。在总账系统中，只有末级科目才允许有发生额，才能接收各个子系统转入的数据。

业务处理1：建立会计科目——增加明细会计科目

（1）在总账系统中，选择"基础设置"｜"基础档案"｜"财务"｜"会计科目"选项，打开"会计科目"窗口，显示所有按"2007年新会计制度"预制的科目表。

（2）单击"增加"按钮，打开"新增会计科目"窗口，输入"任务资料"中给出的明细科目。

（3）输入明细科目编码"100201"；科目名称"工行存款"；选中"日记账""银行账"复选框，单击"确定"按钮，如图2-8所示。

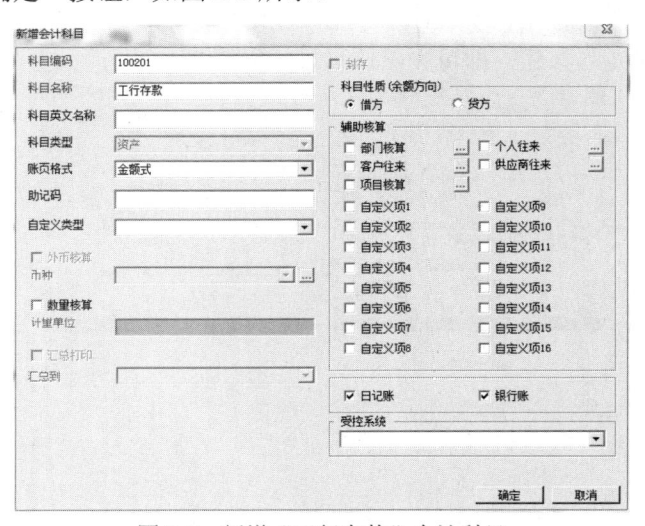

图2-8 新增"工行存款"会计科目

（4）继续单击"增加"按钮，输入"任务资料"中其他明细科目的相关内容。

（5）全部输入完成后，单击"关闭"按钮。

业务处理 2：建立会计科目——修改会计科目（可选做内容）

（1）在"会计科目"窗口中，选择要修改的会计科目 1001。

（2）单击"修改"按钮或双击该科目，打开"会计科目_修改"窗口。

（3）选中"日记账"复选框，单击"确定"按钮，如图 2-9 所示。

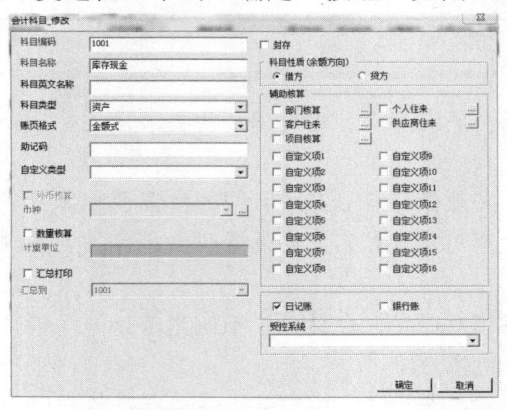

图 2-9 修改"库存现金"会计科目

（4）按"任务资料"修改其他科目的辅助核算属性，修改完成后，单击"返回"按钮。

> **提醒**
>
> 已有数据的科目不能修改科目性质。

业务处理 3：建立会计科目——删除会计科目（可选做内容）

（1）在"会计科目"窗口中，选择要删除的会计科目。

（2）单击"删除"按钮，系统提示"记录删除后不能恢复！真的删除此记录吗？"。

（3）单击"确定"按钮，即可删除该科目，如图 2-10 所示。

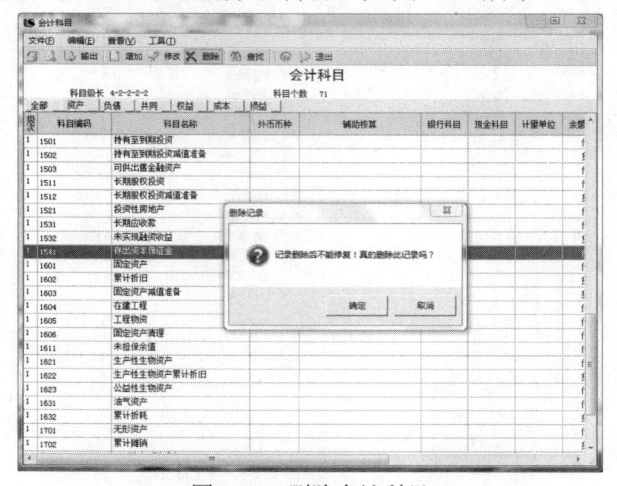

图 2-10 删除会计科目

> **提醒**
> - 如果科目已录入期初余额或已制单,则不能删除。
> - 非末级会计科目不能删除。
> - 被指定为"现金科目""银行科目"的会计科目不能删除;若想删除,必须先取消指定。

业务处理 4:建立会计科目——指定会计科目

(1)在"会计科目"窗口中,选择"编辑"|"指定科目"选项,打开"指定科目"窗口。

(2)选择"现金科目"单选按钮,将"1001 库存现金"由待选科目移入已选科目,如图 2-11 所示。

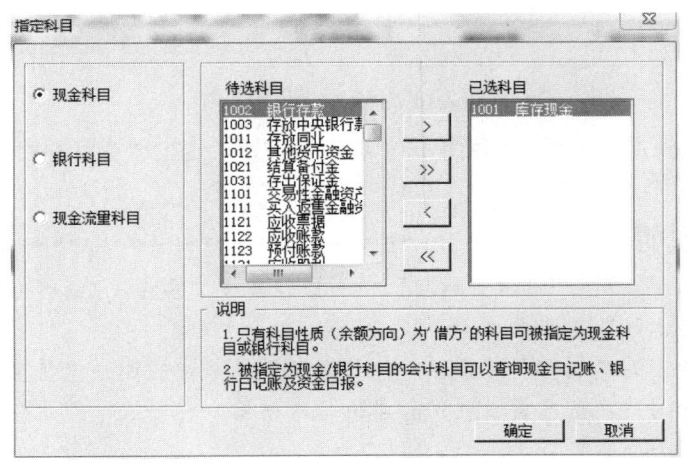

图 2-11 指定现金科目

(3)选择"银行科目"单选按钮,将"1002 银行存款"由待选科目移入已选科目,如图 2-12 所示。

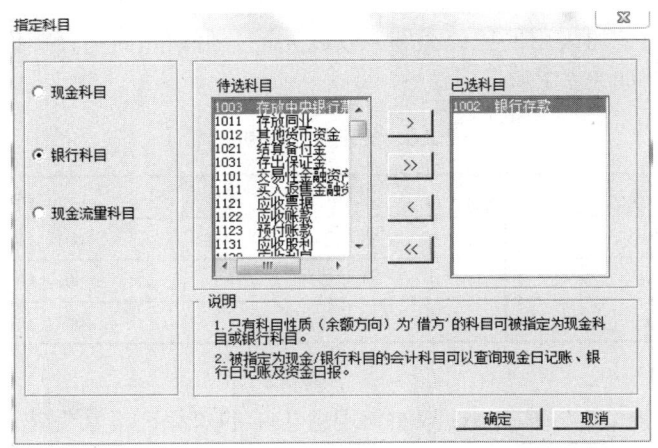

图 2-12 指定银行科目

（4）选择"现金流量科目"单选按钮，将"1001　库存现金""100201　工行存款""100202　建行存款"由待选科目移入已选科目，如图2-13所示。

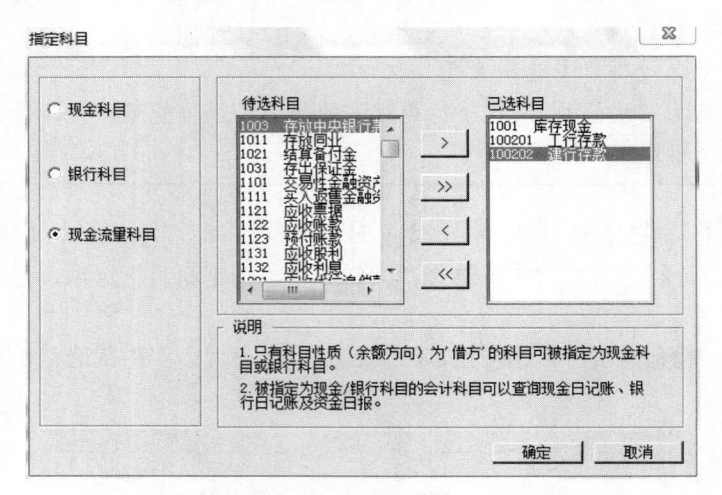

图2-13　指定现金流量科目

（5）单击"确定"按钮。然后单击"退出"按钮，退出"会计科目"窗口。

栏目说明

- 在指定"现金科目""银行科目"前，应在建立"现金""银行存款"会计科目时选中"日记账"复选框。
- 现金流量表的编制有两种方法：一种是利用总账中的现金流量辅助核算；另一种是利用专门的现金流量表软件。本例拟采用第一种方法，因此在此处应明确与现金流量有关联的科目。

任务处理3　凭证类别

康源科技有限公司采用的凭证类别为收款凭证、付款凭证和转账凭证3种。设置凭证类别限制条件，如表2.3所示。

表2.3　凭证类别限制条件

凭证类别	限制类型	限制科目
收款凭证	借方必有	1001，100201，100202
付款凭证	贷方必有	1001，100201，100202
转账凭证	凭证必无	1001，100201，100202

业务处理：

（1）在"基础档案"窗口中，双击"财务"中的"凭证类别"选项，打开"凭证类别预置"窗口。

（2）选择"收款凭证 付款凭证 转账凭证"单选按钮，如图 2-14 所示。

（3）单击"确定"按钮，进入"凭证类别"窗口。

（4）单击工具栏上的"修改"按钮，单击收款凭证"限制类型"的下三角按钮，选择"借方必有"；在"限制科目"栏输入"1001，100201，100202"。

（5）设置付款凭证的限制类型为"贷方必有"，限制科目为"1001，100201，100202"。

（6）设置转账凭证的限制类型为"凭证必无"，限制科目为"1001，100201，100202"，如图 2-15 所示。

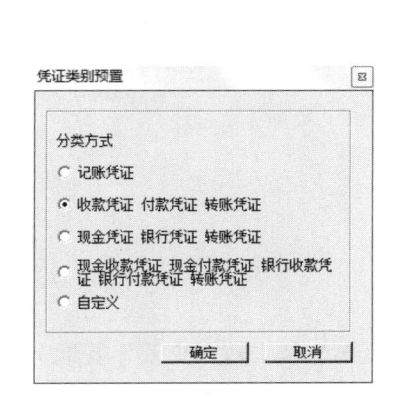

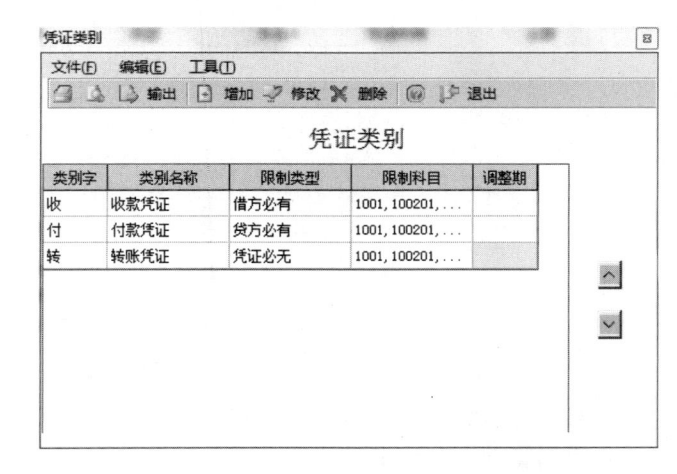

图 2-14 "凭证类别预置"窗口

图 2-15 "凭证类别"窗口

（7）设置完成后，单击"退出"按钮。

任务处理 4　结算方式（见表 2.4）

表 2.4　结算方式设置

结算方式编码	结算方式名称	票据管理标志
1	现金	否
2	支票	否
201	现金支票	是
202	转账支票	是
3	商业汇票	否
301	商业承兑汇票	否
302	银行承兑汇票	否
4	银行汇票	否
5	委托收款	否
6	托收承付	否
7	汇兑	否
8	现金缴款单	否

业务处理：

（1）在"基础档案"窗口中，双击"收付结算"中的"结算方式"选项，打开"结算方式"窗口。

（2）单击"增加"按钮，输入结算方式编码"1"、结算方式名称"现金"，单击"保存"按钮，如图2-16所示。

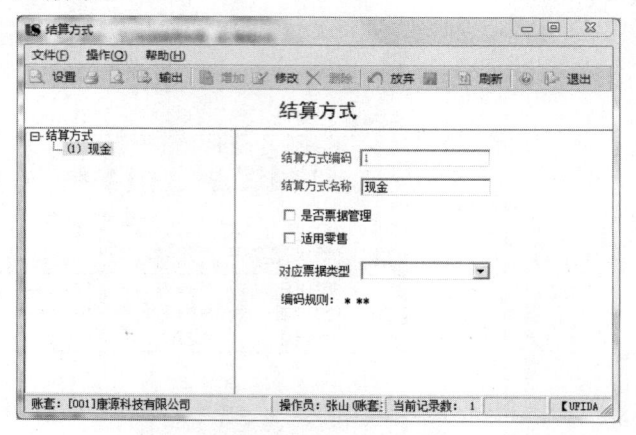

图2-16　新增"现金"结算方式

（3）依次输入其他方式，如图2-17所示。对于"现金支票"和"转账支票"要选中"是否票据管理"复选框。

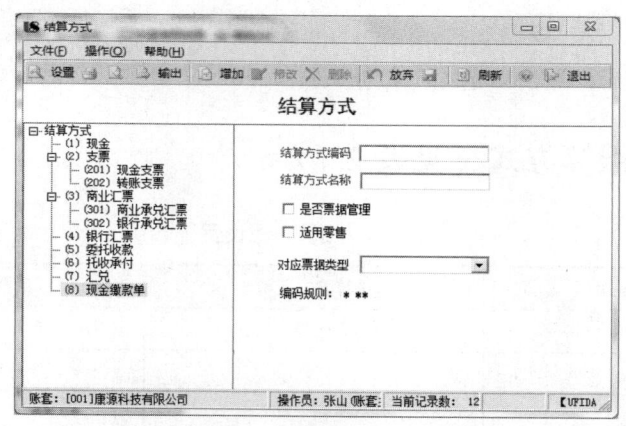

图2-17　新增其他结算方式

（4）设置完成后，单击"退出"按钮。

任务处理5　项目核算

1. 项目大类定义设置（见表2.5）。

表2.5　项目大类定义设置

项目大类名称	项目级次
产品核算	1

2. 核算科目设置（见表 2.6）。

表 2.6 核算科目设置

项目大类名称	核算科目
产品核算	库存商品（1405）
	直接材料（500101）
	直接人工（500102）
	制造费用（500103）
	主营业务收入（6001）
	主营业务成本（6401）

3. 项目分类定义设置（见表 2.7）。

表 2.7 项目分类定义设置

项目大类名称	分类编码	分类名称
产品核算	1	产成品

4. 项目目录设置（见表 2.8）。

表 2.8 项目目录设置

项目大类名称	项目编号	项目名称	是否结算	所属分类码
产品核算	001	A产品		1
	002	B产品		1

业务处理 1：项目大类设置

（1）在"基础档案"窗口中，双击"财务"中的"项目目录"选项，打开"项目档案"窗口。

（2）单击"增加"按钮，打开"项目大类定义_增加"窗口。

（3）输入新项目大类名称"产品核算"，如图 2-18 所示。

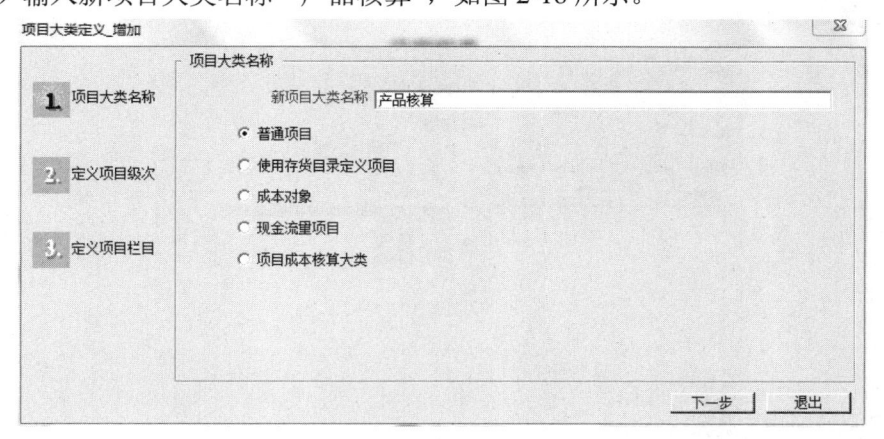

图 2-18 新增"产品核算"项目大类

（4）单击"下一步"按钮，输入要定义的项目级次。本例采用系统默认值，如图 2-19 所示。

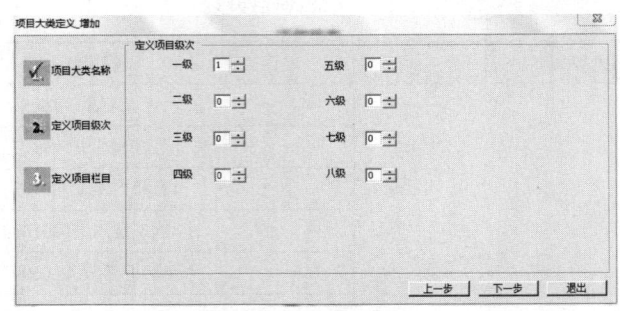

图 2-19 定义项目级次

（5）单击"下一步"按钮，输入要修改的项目栏目。本例采用系统默认值，如图 2-20 所示。

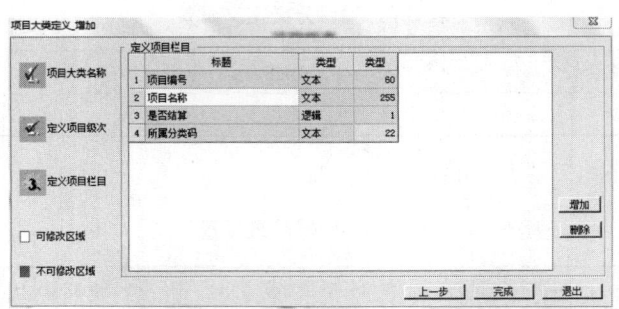

图 2-20 定义项目栏目

（6）单击"完成"按钮，返回"项目档案"窗口。

业务处理 2：核算科目设置

（1）在"项目档案"窗口中，选择"核算科目"选项卡。

（2）项目大类选择"产品核算"。

（3）将"1405　库存商品""500101　直接材料""500102　直接人工""500103　制造费用""6001　主营业务收入""6401　主营业务成本"移到已选科目，单击"确定"按钮，如图 2-21 所示。

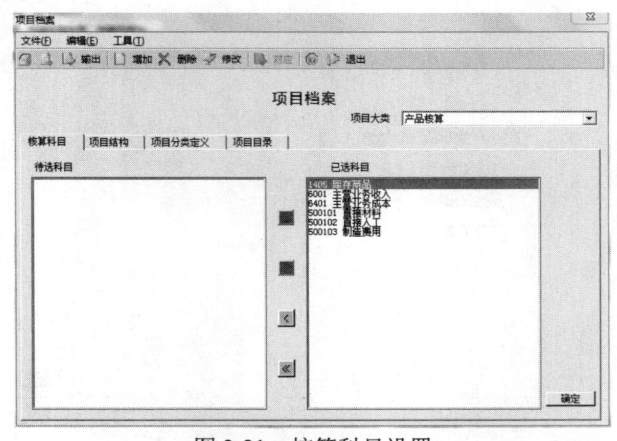

图 2-21 核算科目设置

业务处理 3：项目分类定义设置

（1）在"项目档案"窗口中，选择"项目分类定义"选项卡。

（2）单击右下角的"增加"按钮，分类编码输入"1"，分类名称输入"产成品"，单击"确定"按钮，如图 2-22 所示。

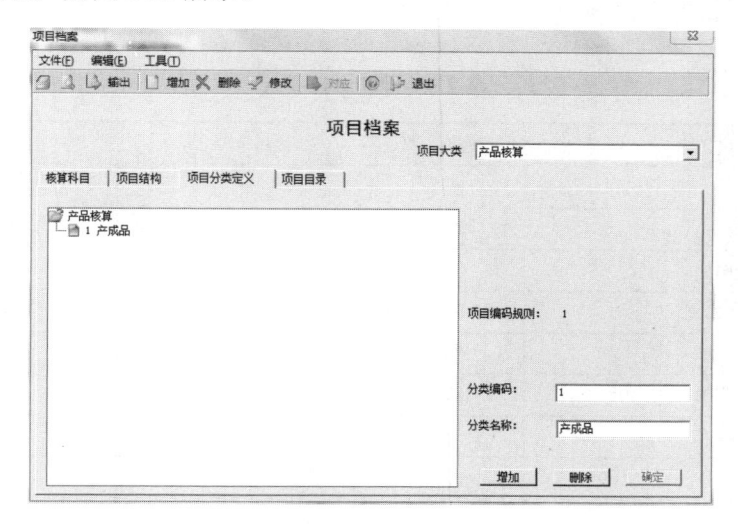

图 2-22 项目分类定义设置

业务处理 4：项目目录设置

（1）在"项目档案"窗口中，选择"项目目录"选项卡。

（2）单击右侧的"维护"按钮，进行项目目录维护。

（3）单击"增加"按钮，输入项目编号"001"、项目名称"A 产品"、所属分类码"1"。

（4）同理，继续增加"B 产品"项目档案。

（5）单击"退出"按钮，退出项目目录维护界面，如图 2-23 所示，然后再单击"退出"按钮，退出"项目档案"窗口。

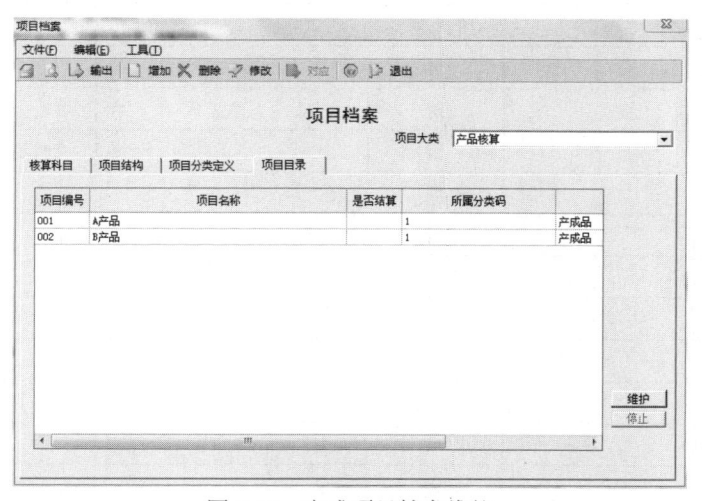

图 2-23 完成项目档案维护

任务处理 6 期初余额（见表 2.9）

1. 基本科目期初余额表

表 2.9 期初余额录入

科目名称	方向	计量单位	期初余额/元
库存现金（1001）	借		30 900.00
银行存款（1002）	借		1 250 000.00
工行存款（100201）	借		1 000 000.00
建行存款（100202）	借		250 000.00
其他货币资金（1012）	借		150 400.00
交易性金融资产（1101）	借		20 000.00
应收票据（1121）	借		351 000.00
应收账款（1122）	借		234 000.00
其他应收款（1221）	借		8 000.00
坏账准备（1231）	贷		1 170.00
在途物资（1402）	借		150 000.00
甲材料（140201）	借		100 000.00
	借	吨	4 000.00
乙材料（140202）	借		50 000.00
	借	吨	1 250.00
原材料（1403）	借		452 400.00
甲材料（140301）	借		150 000.00
	借	吨	5 000.00
乙材料（140302）	借		302 400.00
	借	吨	7 200.00
周转材料（1411）	借		144 400.00
库存商品（1405）	借		1 750 000.00
	借	件	75 000.00
长期股权投资（1511）	借		280 000.00
固定资产（1601）	借		10 365 480.00
累计折旧（1602）	贷		2 102 131.60
无形资产（1701）	借		326 540.00
长期待摊费用（1801）	借		160 000.00
短期借款（2001）	贷		800 000.00
应付票据（2201）	贷		468 000.00

续表

科目名称	方向	计量单位	期初余额/元
应付账款（2202）	贷		147 000.00
应付款项（220201）	贷		117 000.00
暂估应付款项（220202）	贷		30 000.00
应付职工薪酬（2211）	贷		43 590.00
应付工资（221101）	贷		
职工福利费（221102）	贷		40 000.00
工会经费（221103）	贷		3 000.00
职工教育经费（221104）	贷		590.00
应交税费（2221）	贷		350 520.00
未交增值税（222102）	贷		128 000.00
应交所得税（222106）	贷		213 560.00
应交城市维护建设税（222108）	贷		8 960.00
其他应付款（2181）	贷		10 640.00
应付利息（2231）	贷		2 680.00
借款利息（223101）	贷		2 680.00
长期借款（2501）	贷		1 500 000.00
实收资本（4001）	贷		7 000 000.00
资本公积（4002）	贷		1 078 000.00
盈余公积（4101）	贷		886 000.00
利润分配（4104）	贷		1 283 388.40
未分配利润（410415）	贷		1 283 388.40

注意

表中只列出了有期初余额的账户，试算结果为 13 569 818.40（元）。

2. 辅助账期初余额表

（1）应收票据（1121）（见表 2.10）

表 2.10　应收票据

日　期	凭证号	客户名称	摘要	方　向	期初余额/元	业务员	票　号
2019-12-25	转-24	宁波公司	销售	借	351 000	周记	031225

（2）应收账款（1122）（见表 2.11）

表 2.11　应收账款

日　期	凭证号	客户名称	摘要	方　向	期初余额/元	业务员	票　号
2019-12-26	转-25	温州公司	销售	借	117 000.00	周记	031226
2019-12-27	转-26	金华公司	销售	借	117 000.00	李洋	031227

（3）其他应收款（1221）（见表2.12）

表2.12 其他应收款

日期	凭证号	部门	个人	摘要	方向	金额/元
2019-12-20	付-18	销售一部	周记	借差旅费	借	5 000.00
2019-12-22	付-19	销售二部	李洋	借差旅费	借	3 000.00

（4）库存商品（1405）（见表2.13）

表2.13 库存商品

项目名称	方向	金额/元	数量/件
A产品	借	1 500 000.00	25 000
B产品	借	250 000.00	50 000

（5）应付票据（2201）（见表2.14）

表2.14 应付票据

日期	凭证号	供应商	摘要	方向	金额/元	业务员	票号
2019-12-16	转-15	下城公司	购进	贷	468 000.00	刘浪	041216

（6）应付账款——应付款项（220201）（见表2.15）

表2.15 应付账款——应付款项

日期	凭证号	供应商	摘要	方向	金额/元	业务员	票号
2019-12-16	转-16	滨江公司	购进	贷	117 000.00	刘浪	041217

注意

录入基本账及辅助账期初余额后，要进行期初试算平衡与对账。只有试算平衡后才能对本期凭证进行记账操作。

业务处理1：基本科目期初余额录入

（1）在总账系统中，单击左下角的"业务工作"按钮，再选择左侧列表框中的"财务会计"|"总账"|"设置"|"期初余额"选项，打开"期初余额录入"窗口。

（2）直接输入末级科目期初余额。上级科目的期初余额自动计算填入，如图2-24所示。

业务处理2：辅助核算科目期初余额录入

设置了辅助核算的科目，其期初余额的录入要到相应的辅助核算中进行。操作方法是：双击设置了辅助核算属性的科目的期初余额栏，进入相应的辅助账窗口，按明细输入每笔业务的金额，完成后单击"退出"按钮，辅助账余额自动转到总账。

例如，双击"应收账款"期初余额栏，打开"辅助期初余额"窗口。单击"往来明细"按钮，打开"期初往来明细"窗口，单击"增行"按钮，输入日期"2019-12-26"、凭证号"转-25"、客户"温州公司"、摘要"销售"、方向"借"、金额"117 000"、业务员"周记"、票号"031226"。输入完成后单击"退出"按钮,返回"辅助期初余额"窗口。在"辅助期初余额"窗口中输入其他辅助账期初余额信息,按上述操作输入其他辅助账期初往来明细,如图2-25和图2-26所示。

图2-24 "期初余额录入"窗口

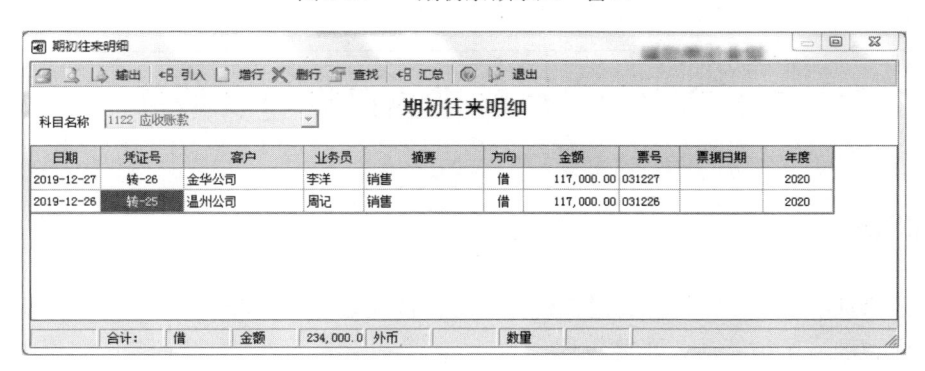

图2-25 "期初往来明细"窗口

图2-26 "辅助期初余额"窗口

业务处理3：试算平衡

（1）输完所有科目余额后，单击"试算"按钮，打开"期初试算平衡表"窗口。

（2）若期初余额试算不平衡，则修改期初余额；若期初余额试算平衡，则单击"确定"按钮，如图2-27所示。

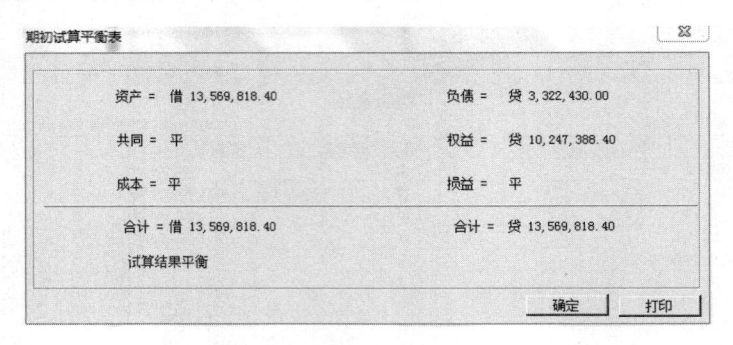

```
期初试算平衡表

资产  = 借 13,569,818.40      负债  = 贷 3,322,430.00
共同  = 平                    权益  = 贷 10,247,388.40
成本  = 平                    损益  = 平
合计  = 借 13,569,818.40      合计  = 贷 13,569,818.40
试算结果平衡
                                        确定    打印
```

图2-27 "期初试算平衡表"窗口

> **提醒**
> - 若期初余额试算不平衡，将不能记账，但可以填制凭证。
> - 若已经记过账，则不能再输入、修改期初余额，也不能执行"结算上年余额"功能。

任务实例3 总账系统日常业务处理

任务准备

引入"任务实例2"账套数据。根据康源科技有限公司2020年1月发生的经济业务进行凭证管理、出纳管理、账簿管理。

任务处理1 填制凭证

1.1月1日，冲销2019年年末暂估入账的甲材料，数量1 000吨，暂估单价30元。

业务处理1：辅助核算——数量核算、供应商往来

（1）在财务会计窗口中，选择"总账"｜"凭证"｜"填制凭证"选项，打开"填制凭证"窗口。

（2）单击"增加"按钮，增加一张空白凭证。

（3）选择凭证类型"转账凭证"，输入制单日期"2020.01.01"，附单据数"0"（可不输）。

（4）输入摘要"冲销2019年年末暂估入账的甲材料"，在科目名称栏输入科目代码或利用科目参照选取要输入的"原材料/甲材料"，系统弹出"辅助项"窗口，在"数量"

中输入"-1 000",在"单价"中输入"30",单击"确定"按钮。按 Enter 键,摘要自动复制到下一行,输入科目名称"应付账款/暂估应付账款"、发生日期"2020.01.01",单击"确定"按钮。在"贷方金额"中输入"-30 000"。

(5)单击"保存"按钮,系统弹出"凭证已成功保存!"信息提示窗口,单击"确定"按钮,生成凭证如图 2-28 所示。

图 2-28 "转账凭证 1"窗口

> **提醒**
>
> 采用序时控制时,凭证日期应大于或等于启用日期,不能超过业务日期。
> 凭证一旦保存,其凭证类别、凭证编号不能修改。
> 正文中不同行的摘要可以相同也可以不同,但不能为空。每行摘要将随相应的会计科目在明细账、日记账中出现。
> 科目编码必须是末级的科目编码。
> 金额不能为"0";红字以"-"号表示。
> 可按"="键,取当前凭证借贷方金额的差额到当前光标位置。

2. 1 月 1 日,财务部夏天签发现金支票(NO.200901),从工商银行提取现金 1 200 元备用(附原始凭证 2 张)。

业务处理 2:辅助核算——现金流入、现金流出、支票登记

(1)在填制凭证过程中,输完科目"库存现金",弹出"现金流量表"信息提示窗口供用户确认选择(或单击凭证名称上面的"流量"选项,单击"增加"按钮,选择"03 收到的其他与经营活动有关的现金",单击"确认"按钮)。按 Enter 键,摘要自动复制到下一行,输入科目名称"银行存款/工行存款",系统弹出"辅助项"窗口,选择结算方式"201"、票号"200901"、发生日期"2020.01.01",单击"确定"按钮。在"贷方金额"中输入"1 200",单击"流量"选项,输入现金流量项目,如图 2-29 所示。

(2)凭证输入完成后,若此张凭证未登记,则系统弹出"此支票尚未登记,是否登记?"信息提示窗口。

(3)单击"是"按钮,打开"票号登记"窗口。按资料输入领用日期"2020.01.01"、

领用部门"财务部"、姓名"夏天"、限额"1 200",用途"备用金",单击"确定"按钮。

图 2-29 "付款凭证 1"窗口

(4) 单击"保存"按钮,保存该凭证。

3. 1月2日,销售一部周记出差归来报销差旅费 4 000 元,查原借差旅费 5 000 元,多余现金交回(附原始凭证 1 张)。

业务处理 3: 辅助核算——现金流入、个人往来

(1) 单击"增加"按钮,增加一张空白凭证。

(2) 选择凭证类型"收款凭证";输入制单日期"2020.01.02"(如果要更换日期则须重新注册企业应用平台)、附单据数"1"。

(3) 输入摘要"报销差旅费"、科目名称"管理费用/差旅费";在"借方金额"中输入"4 000",按 Enter 键,摘要自动复制到下一行。输入科目名称"库存现金",在"借方金额"中输入"1 000",按 Enter 键("现金流入"辅助信息的操作步骤参考本任务处理业务处理2),摘要自动复制到下一行。输入科目名称"其他应收款",系统弹出"辅助项"窗口,选择部门"销售一部",个人"周记",发生日期"2020.01.02",单击"确定"按钮。在"贷方金额"中输入"5 000"。

(4) 保存该凭证,如图 2-30 所示。

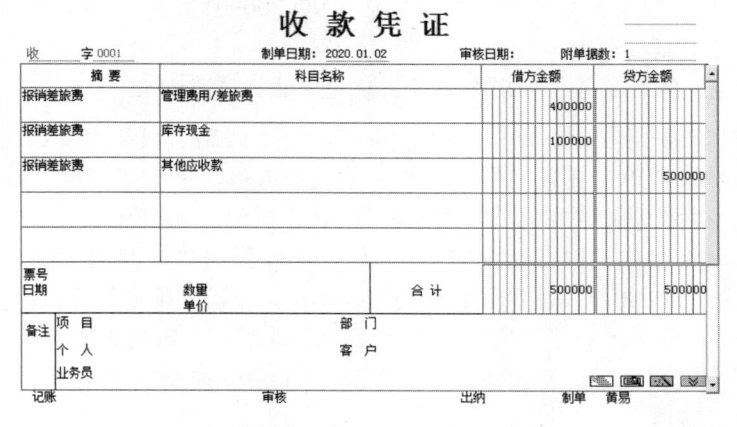

图 2-30 "收款凭证 1"窗口

> **提醒**
>
> 该笔业务的现金流量项目为"经营活动""现金流入""收到的其他与经营活动有关的现金"。

4．1月3日，收到杭州滨江发来的发票账单，注明购入甲材料1 000吨，单价25元，当即开出建行转账支票（NO.200902）支付货款，增值税适用税率为13%，材料已于2019年年末入库，非暂估业务（附原始凭证2张）。

业务处理4：辅助核算——供应商往来、现金流出、支票登记

输入摘要"收到上年末购货发票，支付货款"、科目名称"原材料/甲材料"，系统弹出"辅助项"窗口，选择供应商"滨江公司"，发生日期"2020.01.03"，单击"确定"按钮。在"贷方金额"中输入"25 000"，按 Enter 键，摘要自动复制到下一行。输入科目名称"银行存款/建行存款"，参考本任务处理业务处理 2 的操作步骤，对"现金流出""支票"进行辅助登记，如图2-31所示。

图2-31 "付款凭证2"窗口

5．1月4日，销售一部王宏到北京出差，预借差旅费800元，以现金付讫（附原始凭证1张）。

业务处理5：辅助核算——个人往来、现金流出

个人往来辅助核算的操作步骤参考本任务处理业务处理3；现金流出、支票登记辅助核算操作步骤参考本任务处理业务处理4，保存后凭证如图2-32所示。

6．1月4日，销售一部周记向浙江绍兴公司销售A产品100件，单价100元，增值税适用税率为13%，对方暂欠货款（附原始凭证2张）。

> **提醒**
>
> 该笔业务的现金流量项目为"经营活动""现金流出""支付的与其他经营活动有关的现金"。

付款凭证

付 字 0003		制单日期: 2020.01.04	审核日期:	附单据数: 1
摘要	科目名称		借方金额	贷方金额
王宏预借差旅费	其他应收款		80000	
王宏预借差旅费	库存现金			80000
票号				
日期 2020.01.04	数量 单价	合计	80000	80000
备注	项目 个人 王宏 业务员	部门 销售一部 客户		

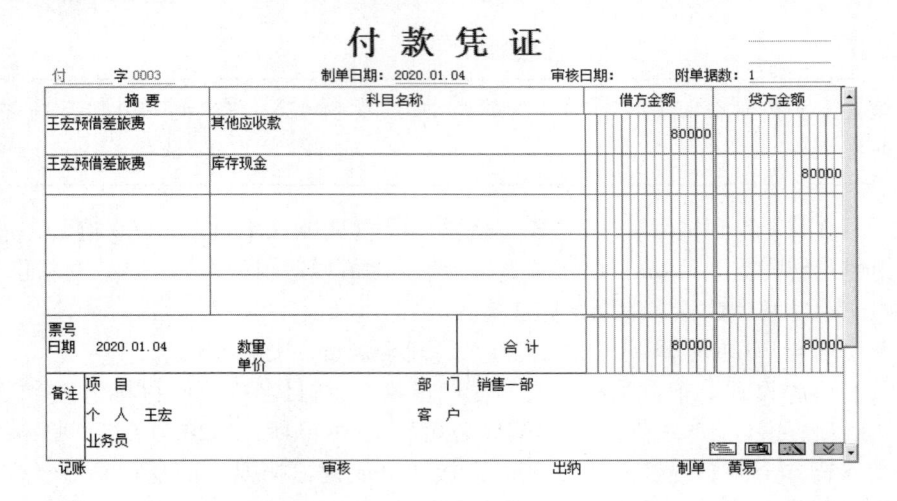

记账　　　　　审核　　　　　出纳　　　　　制单 黄易

图 2-32　"付款凭证 3"窗口

业务处理 6：辅助核算——客户往来、部门、项目核算

输入摘要"销售商品"，输入科目名称"应收账款"，系统弹出"辅助项"窗口，选择客户"绍兴公司"、业务员"周记"、发生日期"2020.01.04"，单击"确定"按钮。在"借方金额"中输入"11 300"，按 Enter 键，摘要自动复制到下一行。输入科目名称"主营业务收入"，系统弹出"辅助项"窗口，选择部门"销售一部"、项目名称"A 产品"，单击"确定"按钮。在"贷方金额"中输入"10 000"，按 Enter 键，摘要自动复制到下一行。输入科目名称"应交税费/应交增值税/销项税额"，在"贷方金额"中输入"1 300"，保存该凭证，如图 2-33 所示。

> **ⓘ 提醒**
>
> 如果往来单位不属于已定义的往来单位，则要正确输入新往来单位的辅助信息，系统会自动追加到往来单位目录中。

转账凭证

转 字 0002		制单日期: 2020.01.04	审核日期:	附单据数: 2
摘要	科目名称		借方金额	贷方金额
销售A产品，货款未收	应收账款		1130000	
销售A产品，货款未收	主营业务收入			1000000
销售A产品，货款未收	应交税费/应交增值税/进项税额			130000
票号				
日期 2020.01.04	数量 单价	合计	1130000	1130000
备注	项目 个人 业务员	部门 客户 绍兴公司		

记账　　　　　审核　　　　　出纳　　　　　制单 黄易

图 2-33　"转账凭证 2"窗口

7．1 月 5 日，财务部夏天填制现金缴款单（结算方式选 8），将多余现金 1 000 元送存工行（附原始凭证 1 张）。

业务处理 7：辅助核算——现金流入、支票登记、现金流出

现金流入、支票登记、现金流出等辅助核算操作步骤参考本任务处理业务处理 2，保存后如图 2-34 所示。

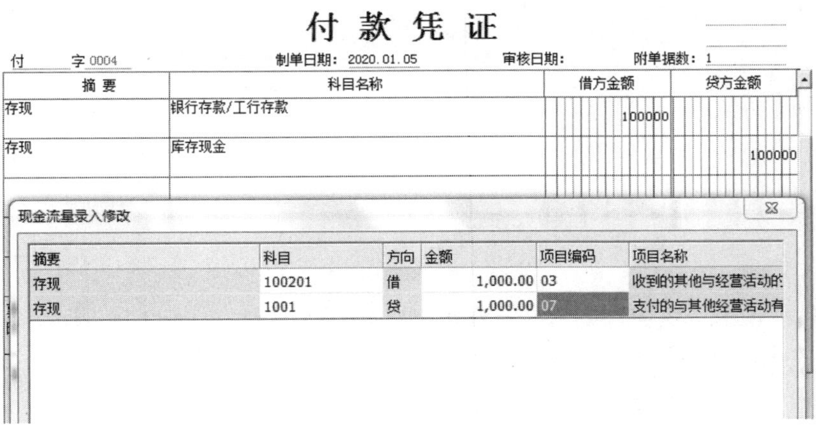
付款凭证

付　字 0004　制单日期：2020.01.05　审核日期：　附单据数：1

摘 要	科目名称	借方金额	贷方金额
存现	银行存款/工行存款	100000	
存现	库存现金		100000

现金流量录入修改

摘要	科目	方向	金额	项目编码	项目名称
存现	100201	借	1,000.00	03	收到的其他与经营活动的
存现	1001	贷	1,000.00	07	支付的与其他经营活动有

图 2-34 “付款凭证 4”窗口

8．1 月 6 日，一车间宋江购入不需要安装的设备一台，价值 38 000 元，签发建行转账支票（NO.200909）付讫，设备投入使用（附原始凭证 2 张）。

业务处理 8：辅助核算——现金流出、支票登记

现金流出、支票登记辅助核算操作步骤参考本任务处理业务处理 2，保存后如图 2-35 所示。

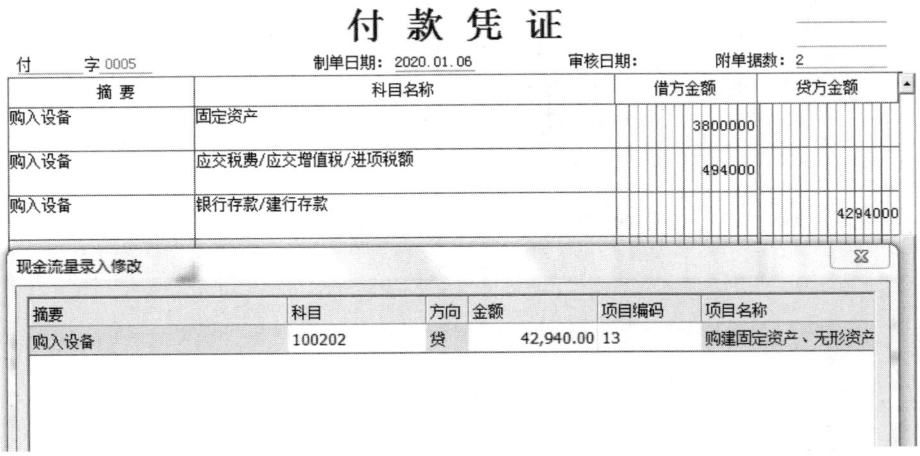
付款凭证

付　字 0005　制单日期：2020.01.06　审核日期：　附单据数：2

摘 要	科目名称	借方金额	贷方金额
购入设备	固定资产	3800000	
购入设备	应交税费/应交增值税/进项税额	494000	
购入设备	银行存款/建行存款		4294000

现金流量录入修改

摘要	科目	方向	金额	项目编码	项目名称
购入设备	100202	贷	42,940.00	13	购建固定资产、无形资产

图 2-35 “付款凭证 5”窗口

9．1 月 11 日，总经理刘力报销医药费 600 元（附原始凭证 1 张），以现金付讫。

业务处理 9：辅助核算——现金流出

现金流出辅助核算操作步骤参考本任务处理业务处理 2，保存后如图 2-36 所示。

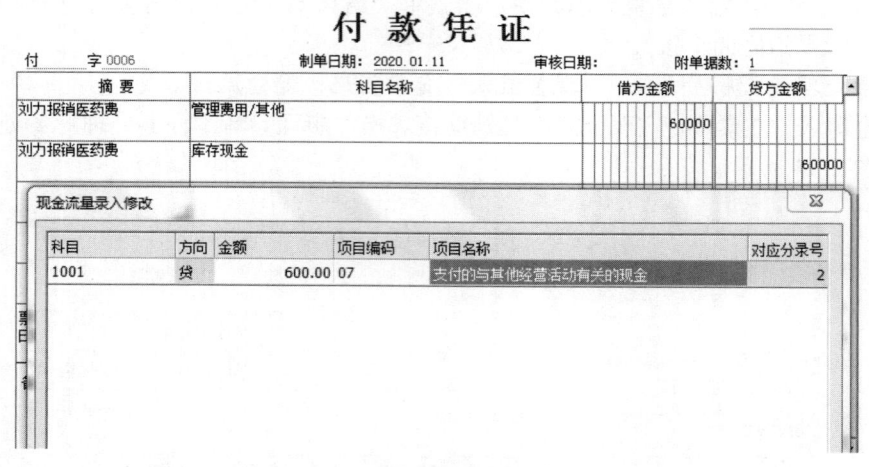

图 2-36 "付款凭证 6"窗口

10. 1 月 12 日，供应部刘浪从杭州上城公司购入材料，如表 2.16 所示，材料未到（附原始凭证 3 张，其中甲材料 2 张，乙材料 1 张）。

表 2.16 购入材料

材料名称	数量/元	单价/（元/吨）	总买价/元	增值税/元	货款结算方式
甲材料	3 000	25	75 000	9 750	签发商业承兑汇票
乙材料	1 250	40	50 000	6 500	未付款
合计	4 250		125 000	16 250	

业务处理 10：辅助核算——数量核算、供应商往来

数量核算操作步骤参考本任务处理业务处理 1；供应商往来操作步骤参考本任务处理业务处理 4，保存后如图 2-37 所示。

图 2-37 "转账凭证 3"窗口

11. 1 月 16 日，制造部向仓库领用材料，如表 2.17 所示（附原始凭证 2 张）。

表 2.17　领用材料

明　细	甲材料			乙材料			合　计
	数量/吨	单价/（元/吨）	金额/元	数量/吨	单价/（元/吨）	金额/元	金额/元
生产 A 产品领用	1 500	30	45 000	400	45	18 000	63 000
生产 B 产品领用	1 200	30	36 000	2 000	45	90 000	126 000
车间一般耗用	100	30	3 000				3 000
管理部门耗用				100	45	4 500	4 500
合计	2 800		84 000	2 500		112 500	196 500

业务处理 11：辅助核算——数量核算、项目核算

数量核算操作步骤参考本任务处理业务处理 1；项目核算操作步骤参考本任务处理业务处理 6，保存后如图 2-38 所示。

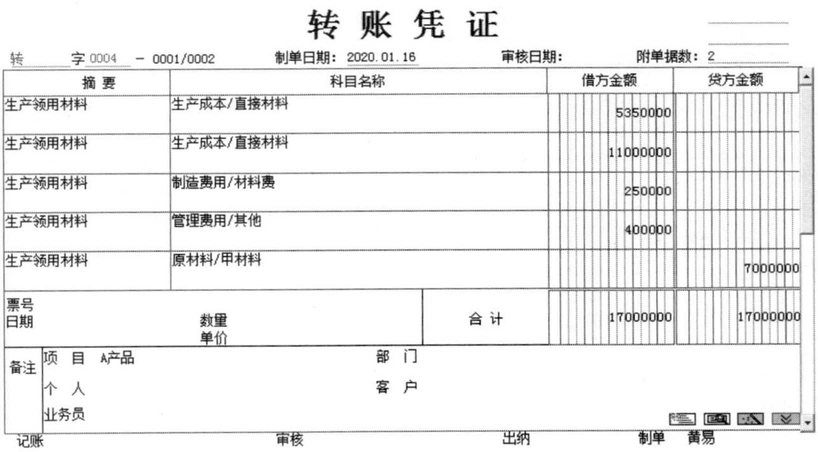
转账凭证

转　字 0004 - 0001/0002　制单日期：2020.01.16　审核日期：　附单据数：2

摘要	科目名称	借方金额	贷方金额
生产领用材料	生产成本/直接材料	5350000	
生产领用材料	生产成本/直接材料	11000000	
生产领用材料	制造费用/材料费	250000	
生产领用材料	管理费用/其他	400000	
生产领用材料	原材料/甲材料		7000000
票号 日期　数量 单价	合计	17000000	17000000

备注　项目 A产品　部门
个人　客户
业务员

记账　审核　出纳　制单 黄易

图 2-38 “转账凭证 4”窗口

12．1 月 17 日，财务部夏天签发工行转账支票（NO.200905）300 元支付办公费，其中车间负担 200 元，管理部门负担 100 元（附原始凭证 2 张）。

13．1 月 18 日，财务部夏天签发建行转账支票（NO.200910），支付管理部门固定资产修理费 1 200 元（附原始凭证 2 张）。

14．1 月 24 日，财务部夏天签发工行转账支票（NO.200906），支付广告费 9 800 元（附原始凭证 2 张）。

业务处理 12、13、14：辅助核算——现金流出、支票登记

现金流出、支票登记操作步骤参考本任务处理业务处理 2，保存后如图 2-39～图 2-41 所示。

付 款 凭 证

付 字 0007　　制单日期：2020.01.17　　审核日期：　　附单据数：2

摘要	科目名称	借方金额	贷方金额
支付办公费	管理费用/办公费	10000	
支付办公费	制造费用/办公费	20000	
支付办公费	银行存款/工行存款		30000

现金流量录入修改

摘要	科目	方向	金额	项目编码	项目名称
支付办公费	100201	贷	300.00	07	支付的与其他经营活动有

图 2-39 "付款凭证 7" 窗口

付 款 凭 证

付 字 0008　　制单日期：2020.01.18　　审核日期：　　附单据数：2

摘要	科目名称	借方金额	贷方金额
支付管理部门固定资产修理费	管理费用/修理费	120000	
支付管理部门固定资产修理费	银行存款/建行存款		120000

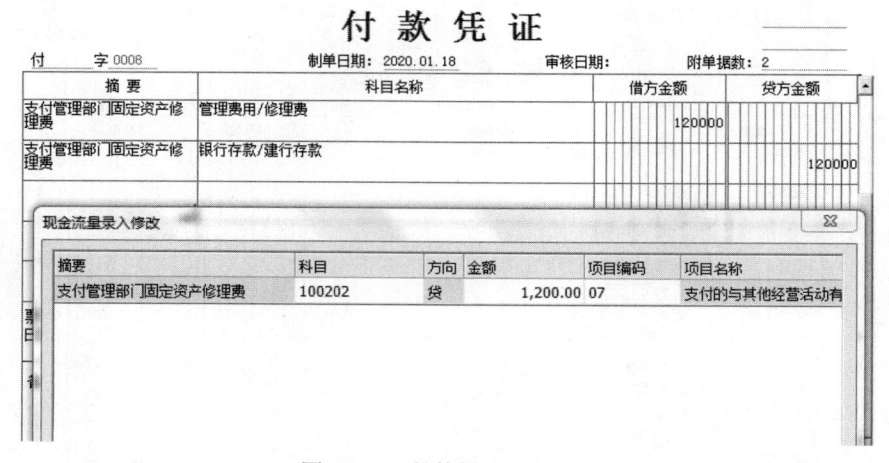

现金流量录入修改

摘要	科目	方向	金额	项目编码	项目名称
支付管理部门固定资产修理费	100202	贷	1,200.00	07	支付的与其他经营活动有

图 2-40 "付款凭证 8" 窗口

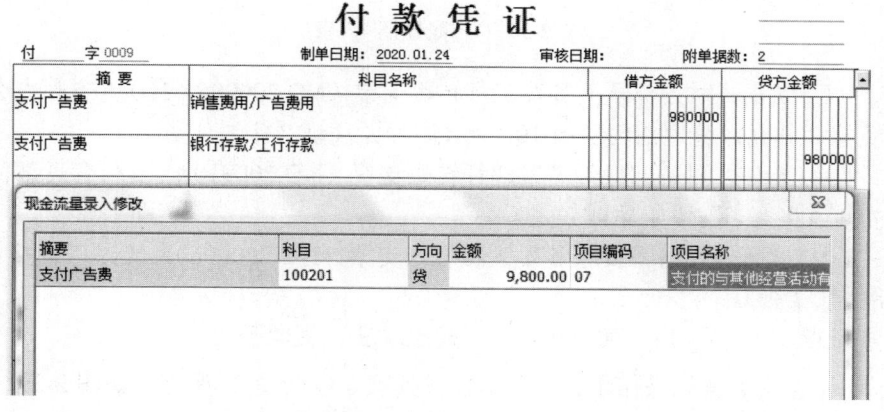

付 款 凭 证

付 字 0009　　制单日期：2020.01.24　　审核日期：　　附单据数：2

摘要	科目名称	借方金额	贷方金额
支付广告费	销售费用/广告费用	980000	
支付广告费	银行存款/工行存款		980000

现金流量录入修改

摘要	科目	方向	金额	项目编码	项目名称
支付广告费	100201	贷	9,800.00	07	支付的与其他经营活动有

图 2-41 "付款凭证 9" 窗口

15．1 月 25 日，销售一部王宏向浙江金华公司出售如表 2.18 所示的产品，收到对方签发并承兑的商业汇票一张（附原始凭证 2 张）。

表 2.18　出售产品

产品名称	数量/件	单价/（元/件）	售价/元	增值税/元
A 产品	2 000	90	180 000	23 400
B 产品	32 000	10	320 000	41 600
合计	34 000		500 000	65 000

业务处理 15：辅助核算——客户往来、部门、项目核算

客户往来、部门、项目核算操作步骤参考本任务处理业务处理 6，保存后如图 2-42 所示。

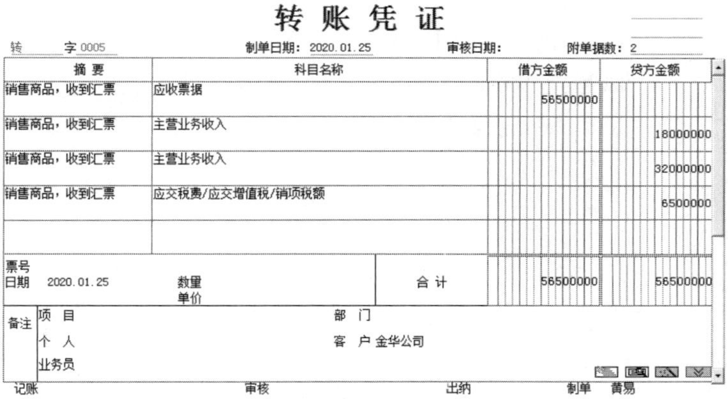

转 账 凭 证

转 字 0005　制单日期：2020.01.25　审核日期：　附单据数：2

摘要	科目名称	借方金额	贷方金额
销售商品，收到汇票	应收票据	56500000	
销售商品，收到汇票	主营业务收入		18000000
销售商品，收到汇票	主营业务收入		32000000
销售商品，收到汇票	应交税费/应交增值税/销项税额		6500000
票号　日期 2020.01.25　数量　单价	合计	56500000	56500000

备注　项目　部门　个人　客户 金华公司　业务员

记账　审核　出纳　制单 黄易

图 2-42　“转账凭证 5”窗口

16．1 月 28 日，收到外商投入无形资产一项，价值 70 000 元（附原始凭证 2 张）。

业务处理 16：辅助核算——吸收投资

本业务操作步骤参考本任务处理业务处理 1，保存后如图 2-43 所示。

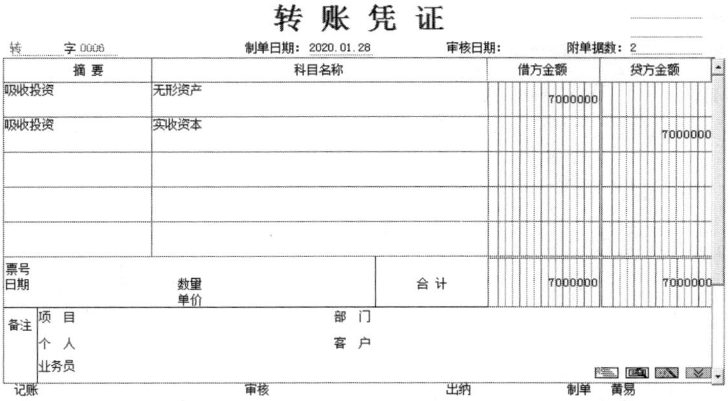

转 账 凭 证

转 字 0006　制单日期：2020.01.28　审核日期：　附单据数：2

摘要	科目名称	借方金额	贷方金额
吸收投资	无形资产	7000000	
吸收投资	实收资本		7000000
票号　日期　数量　单价	合计	7000000	7000000

备注　项目　部门　个人　客户　业务员

记账　审核　出纳　制单 黄易

图 2-43　“转账凭证 6”窗口

17. 1月30日，计算分配本月工资总额230 000元。其中，生产A产品工人工资80 000元；生产B产品工人工资60 000元；车间管理人员工资20 000元；行政管理人员工资70 000元（附原始凭证1张）。

18. 1月30日，按业务17中工资总额的14%计提本月职工福利费（附原始凭证1张）。

业务处理17、18：辅助核算——项目核算

项目核算操作步骤参考本任务处理业务处理6，保存后如图2-44和图2-45所示。

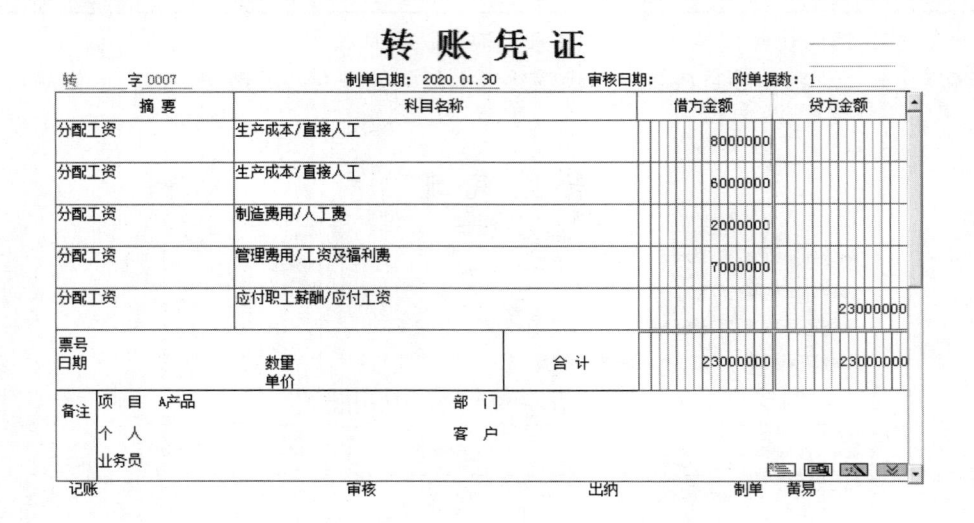

图2-44 "转账凭证7"窗口

图2-45 "转账凭证8"窗口

19. 1月30日，摊销应由本月负担的管理部门固定资产修理费400元（附原始凭证1张）。

20．1月30日，预提应由本月负担的短期借款利息800元（附原始凭证1张）。

21．1月30日，计提本月固定资产折旧88 000元，其中，车间固定资产计提折旧60 000元，行政管理部门计提折旧28 000元（附原始凭证1张）。

业务处理19、20、21：一般核算——摊销修理费、预提利息、计提折旧

操作步骤略，其结果如图2-46～图2-48所示。

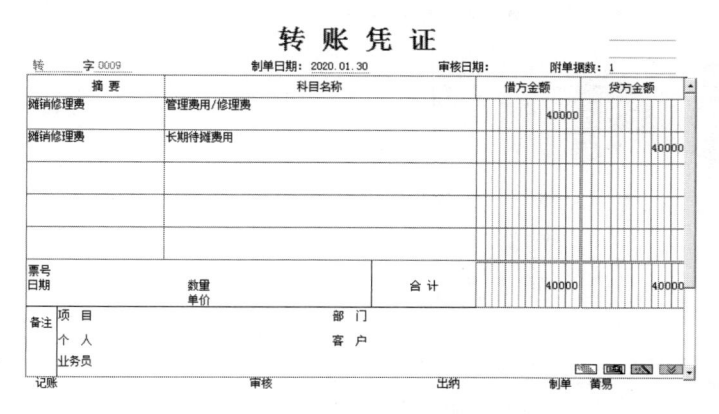

图2-46 "转账凭证9"窗口

图2-47 "转账凭证10"窗口

图2-48 "转账凭证11"窗口

任务处理2 出纳签字

业务处理1：更换操作员

在企业门户窗口中，单击右上角的"重注册"选项，打开"注册〖企业应用平台〗"窗口。以"203"夏天的身份注册进入总账系统，如图2-49所示。

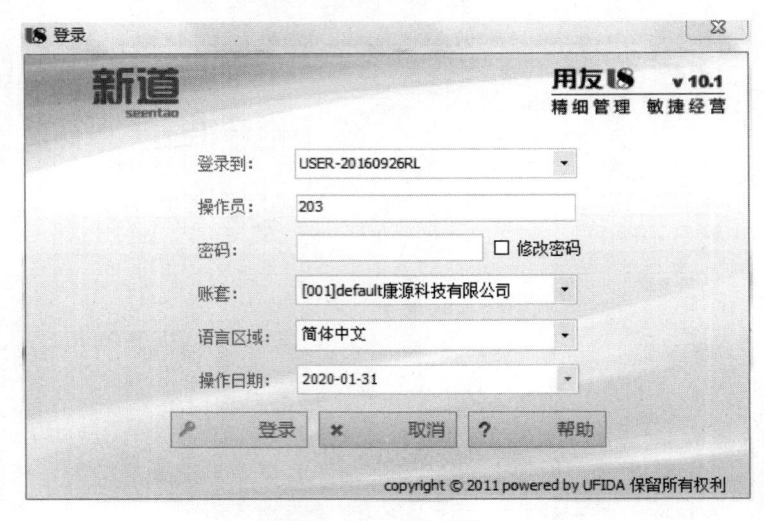

图2-49 出纳登录

> **提醒**
> - 凭证填制人和出纳签字人可以为不同的人，也可以为同一个人。
> - 在进行出纳签字和审核之前，通常须先更换操作员。

业务处理2：出纳签字

（1）选择"财务会计"｜"总账"｜"凭证"｜"出纳签字"选项，打开"出纳签字"查询条件窗口。

（2）输入查询条件：选择"全部"单选按钮，输入日期，如图2-50所示。

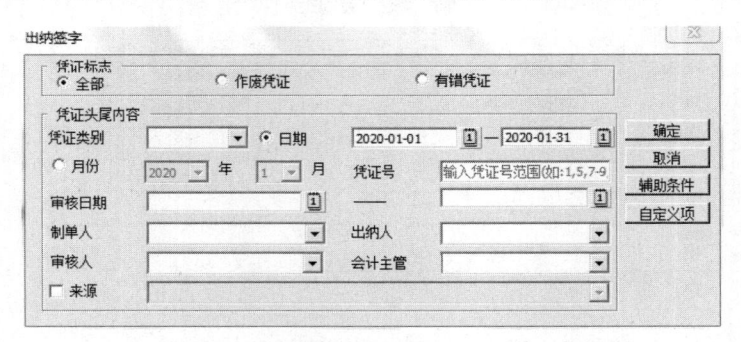

图2-50 "出纳签字"查询条件窗口

（3）单击"确定"按钮，打开"出纳签字列表"窗口，如图2-51所示。

图 2-51 "出纳签字列表"窗口

（4）双击某个要签字的凭证栏，打开"出纳签字"窗口。
（5）单击"签字"按钮，凭证底部的"出纳"处自动签上出纳人姓名。
（6）单击"下张"按钮，对其他凭证签字，如图 2-52 所示。

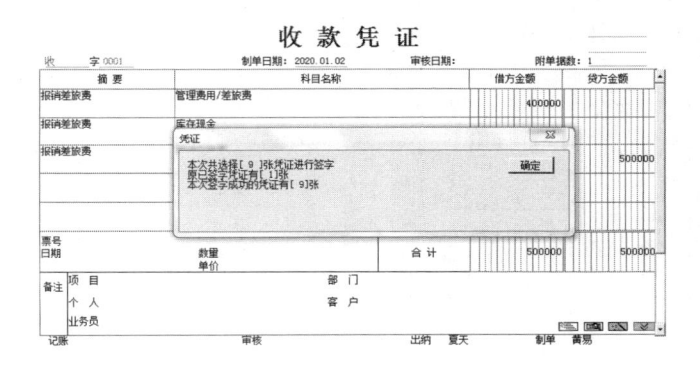

图 2-52 完成出纳签字

> **提醒**
> - 涉及指定为现金科目和银行科目的凭证才需要出纳签字。
> - 凭证一经签字，就不能被修改、删除，只有取消签字后才可以修改或删除。取消签字只能由出纳自己进行。
> - 凭证签字并非审核凭证的必要步骤。若在设置总账参数时，不选择"出纳凭证必须经由出纳签字"复选框，则可以不执行出纳签字操作。
> - 可以选择"出纳"|"成批出纳签字"选项对所有凭证进行出纳签字。

任务处理 3　审核凭证

业务处理：
（1）以"204"王梅或"201"张山的身份重新进入总账系统，如图 2-53 所示。

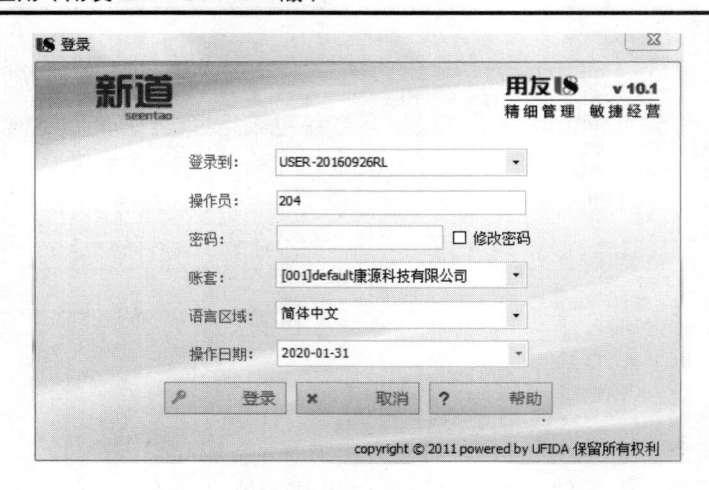

图 2-53 审核员登录

（2）选择"财务会计"｜"总账"｜"凭证"｜"凭证审核"选项，打开"凭证审核"查询条件窗口，如图 2-54 所示。

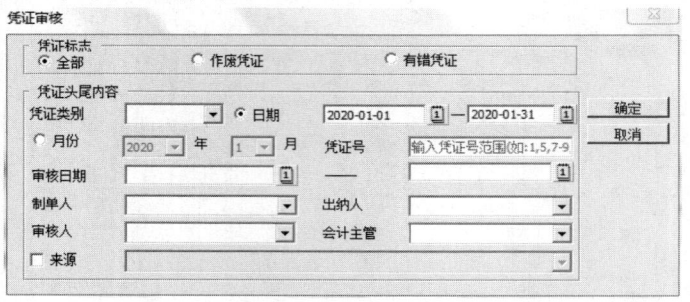

图 2-54 "凭证审核"查询条件窗口

（3）输入查询条件，单击"确定"按钮，打开"凭证审核列表"窗口，如图 2-55 所示。

图 2-55 "凭证审核列表"窗口

（4）双击要审核的凭证栏，打开"审核凭证"窗口。

（5）检查要审核的凭证，无误后，单击"审核"按钮，凭证底部的"审核"处自动签上审核人姓名。

（6）单击"下张"按钮，对其他凭证签字，最后单击"退出"按钮。

> **提醒**
> - 审核人必须具有审核权限。在"选项"中设置了"凭证审核控制到操作员"时，审核人还需要有对制单人所制凭证的审核权限。
> - 作废凭证不能被审核，也不能被标错。
> - 审核人和制单人不能是同一个人。凭证一经审核，不能被修改、删除，只有取消审核、签字后才可修改或删除。已标记作废的凭证不能被审核，须先取消作废标记后才能进行审核。
> - 选择"审核"|"成批审核凭证"选项可对所有凭证进行审核。

任务处理 4　凭证记账

业务处理：更换操作员，以"204"王梅或"202"黄易的身份进行记账。

（1）选择"财务会计"|"总账"|"凭证"|"记账"选项，打开"记账"窗口。

（2）第一步选择要进行记账的凭证范围。本例单击"全选"按钮，选择所有凭证，如图 2-56 所示。

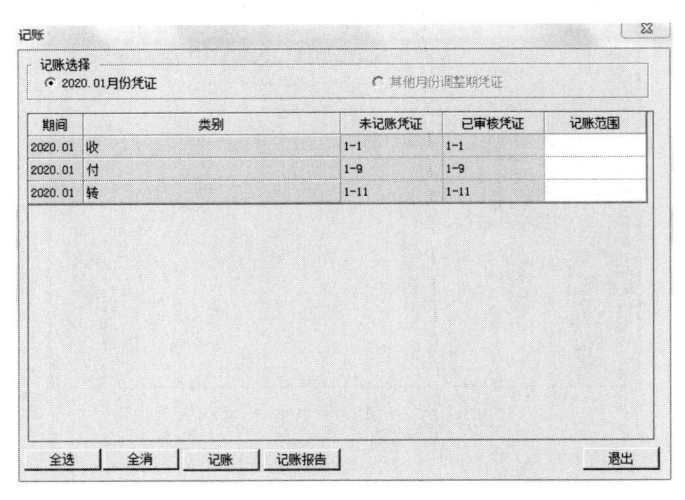

图 2-56　设置记账范围

（3）第二步显示记账报告，如果需要打印记账报告，可单击"打印"按钮。如果不打印记账报告，单击"下一步"按钮。

（4）第三步记账，单击"记账"按钮，打开"期初试算平衡表"窗口，单击"确定"按钮，系统开始登记有关的总账和明细账、辅助账。登记完后，系统弹出"记账完毕！"信息提示窗口，如图 2-57 所示。

（5）单击"确定"按钮，记账完毕。

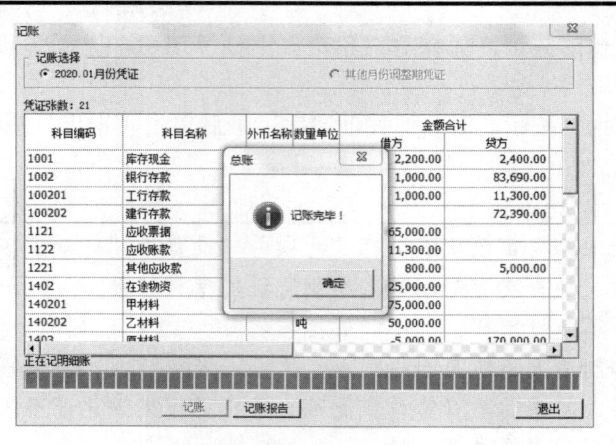

图 2-57 "记账完毕！"信息提示窗口

任务处理 5　凭证汇总

业务处理：所有凭证记账完毕后要进行凭证汇总。

选择"财务会计"｜"总账"｜"凭证"｜"科目汇总"选项，输入汇总条件，系统自动汇总产生科目汇总表，如图 2-58 所示。

图 2-58 "科目汇总表"窗口

> **提醒**
> - 第一次记账时，若期初余额试算不平衡，不能记账。
> - 上月未记账，本月不能记账。
> - 未审核凭证不能记账，记账范围应小于或等于已审核范围。
> - 作废凭证不需要审核，可直接记账。
> - 记账过程一旦因断电或其他原因造成中断后，系统将自动调用"恢复记账前状态"功能恢复数据，再重新记账。

任务处理6 凭证其他处理（可选做内容）

业务处理1：查询凭证

（1）在总账窗口中，选择"凭证"｜"查询凭证"选项，打开"凭证查询"窗口。
（2）输入查询条件，单击"辅助条件"按钮，可输入更多的查询条件。
（3）单击"确定"按钮，显示符合条件的凭证列表，如图2-59所示。
（4）双击某一凭证行，则屏幕可显示出此张凭证。

图2-59 符合条件凭证列表

业务处理2：修改凭证

（1）在总账窗口中，选择"凭证"｜"填制凭证"选项，打开"填制凭证"窗口。
（2）单击"查询"按钮，输入查询条件，找到要修改的凭证。
（3）对于凭证的一般信息，将光标放在要修改的地方，直接修改；如果要修改凭证的辅助项信息，首先选中辅助核算科目行，然后将光标置于备注栏辅助项，待鼠标指针变形时双击，弹出"辅助项"窗口，在窗口中修改相关信息。
（4）单击"保存"按钮，保存相关信息。

提醒

- 未经审核的错误凭证可通过"填制凭证"功能直接修改；已审核的凭证应先取消审核，再进行修改。
- 若已采用制单序时控制，则在修改制单日期时，不能把日期改为上一张凭证的制单日期之前。若选择"不允许修改或作废他人填制的凭证"权限控制，则不能修改或作废他人填制的凭证。
- 如果涉及银行科目的分录已录入支票信息，并对该支票做过报销处理，修改操作将不影响"支票登记簿"中的内容。
- 外部系统传过来的凭证不能在总账系统中进行修改，只能在生成该凭证的系统中进行修改。

业务处理3：冲销凭证

（1）在"填制凭证"窗口中，选择"制单"|"冲销凭证"选项，打开"冲销凭证"窗口。

（2）输入条件：选择"月份""凭证类别"，输入"凭证号"等信息。

（3）单击"确定"按钮，系统自动生成一张红字冲销凭证。

> **提醒**
> - 通过红字冲销法增加的凭证，应视同正常凭证进行保存和管理。
> - 红字冲销只能针对已记账凭证进行。

业务处理4：作废凭证

（1）先查询到要作废的凭证。

（2）在"填制凭证"窗口中，选择"制单"|"作废/恢复"选项。

（3）凭证的左上角显示"作废"字样，表示该凭证已作废，如图2-60所示。

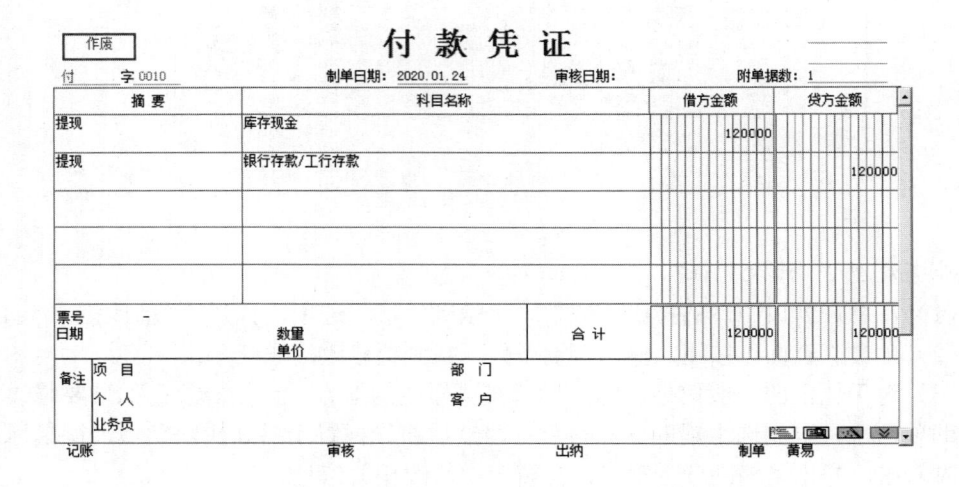

图2-60 作废凭证

业务处理5：整理凭证（删除凭证）

（1）在"填制凭证"窗口中，选择"制单"|"整理凭证"选项，打开"凭证期间选择"窗口。

（2）选择要整理的月份。

（3）单击"确定"按钮，打开"作废凭证表"窗口。

（4）选择真正要删除的作废凭证。

（5）单击"确定"按钮，系统将这些凭证从数据库中删除并对剩下的凭证重新排号。

（6）如果凭证未审核记账，发现凭证有错，可通过"删分"按钮进行删除或修改。

> **提醒**
> - 不想保留作废凭证时，可以通过"整理凭证"功能，将其彻底删除，并对未记账凭证重新编号。
> - 只能对未记账凭证做凭证整理。
> - 要对已记账凭证做凭证整理，应先恢复本月月初的记账前状态，再做凭证整理。

任务处理 7　出纳管理

业务处理 1：查询现金日记账

（1）以"203"夏天的身份重新登录总账系统。选择"财务会计"｜"总账"｜"出纳"｜"现金日记账"选项，打开"现金日记账查询条件"窗口。

（2）选择科目"1001 库存现金"，默认月份"2020.01"，单定"确定"按钮，打开"现金日记账"窗口，如图 2-61 所示。

2020年		凭证号数	摘要	对方科目	借方	贷方	方向	余额
月	日							
			上年结转				借	30,900.00
01	01	付-0001	签发支票,提备用金	100201	1,200.00		借	32,100.00
01	01		本日合计		1,200.00		借	32,100.00
01	02	收-0001	报销差旅费	1221		1,000.00	借	33,100.00
01	02		本日合计			1,000.00	借	33,100.00
01	04	付-0003	王宏预借差旅费	1221		800.00	借	32,300.00
01	04		本日合计			800.00	借	32,300.00
01	05	付-0004	存现	100201		1,000.00	借	31,300.00
01	05		本日合计			1,000.00	借	31,300.00
01	11	付-0006	刘力报销医药费	660208		600.00	借	30,700.00
01	11		本日合计			600.00	借	30,700.00
01			当前合计		2,200.00	2,400.00	借	30,700.00
01			当前累计		2,200.00	2,400.00	借	30,700.00
			结转下年				借	30,700.00

图 2-61　"现金日记账"窗口

（3）双击某行或将光标定位在某行再单击"凭证"按钮，可查看相应的凭证。

（4）单击"总账"按钮，可查看此科目的三栏式总账。

业务处理 2：查询银行存款日记账

银行存款日记账查询与现金日记账查询操作基本相同，所不同的只是银行存款日记账设置了结算号栏，主要在对账时使用，"银行日记账"窗口如图 2-62 所示。

业务处理 3：查询资金日报表

（1）选择"财务会计"｜"总账"｜"出纳"｜"资金日报"选项，打开"资金日报表"查询条件窗口。

（2）输入查询日期"2020.01.01"，选中"有余额无发生也显示"复选框。

（3）单击"确定"按钮，打开"资金日报表"窗口，如图 2-63 所示，查看资金日报表。然后单击"退出"按钮。

银行日记账

金额式

科目: 1002 银行存款　　　　　　　　　　　　　　　　　　　月份: 2020.01-2020.01

2020年		凭证号数	摘要	结算号	对方科目	借方	贷方	方向	余额
月	日								
			上年结转					借	1,250,000.00
01	01	付-0001	签发支票，提备用金_201_200901_2020.01.0	现金支票-200901	1001		1,200.00	借	1,248,800.00
01	01		本日合计				1,200.00	借	1,248,800.00
01	03	付-0002	收到上年末购货发票，支付货款_202_200902	转账支票-200902	140301,22210101		28,250.00	借	1,220,550.00
01	03		本日合计				28,250.00	借	1,220,550.00
01	05	付-0004	存现_8_2020.01.05	现金缴款单	1001	1,000.00		借	1,221,550.00
01	05		本日合计			1,000.00		借	1,221,550.00
01	06	付-0005	购入设备_202_200909_2020.01.06	转账支票-200909	1601,22210101		42,940.00	借	1,178,610.00
01	06		本日合计				42,940.00	借	1,178,610.00
01	17	付-0007	支付办公费_202_200905_2020.01.17	转账支票-200905	660203,510104		300.00	借	1,178,310.00
01	17		本日合计				300.00	借	1,178,310.00
01	18	付-0008	支付管理部门固定资产修理费_202_200910_2	转账支票-200910	660207		1,200.00	借	1,177,110.00
01	18		本日合计				1,200.00	借	1,177,110.00
01	24	付-0009	支付广告费_202_200906_2020.01.24	转账支票-200906	660101		9,800.00	借	1,167,310.00
01	24		本日合计				9,800.00	借	1,167,310.00
01			当前合计			1,000.00	83,690.00	借	1,167,310.00
01			当前累计			1,000.00	83,690.00	借	1,167,310.00

图 2-62 "银行日记账"窗口

资金日报表

日期: 2020.01.31

科目编码	科目名称	币种	今日共借	今日共贷	方向	今日余额	借方笔数	贷方笔数
1001	库存现金				借	30,700.00		
1002	银行存款				借	1,167,310.00		
合计					借	1,198,010.00		

图 2-63 "资金日报表"窗口

> **提醒**
>
> 如果在选项中设置了"明细账查询权限控制到科目"，那么账套主管应赋予出纳"现金""银行存款"科目的查询权限。

任务处理 8　账簿管理

以"101"张山的身份重新登录进入总账系统。辅助账的查询只介绍部门账，其他账簿查询同此。

业务处理 1：查询基本会计核算账簿

（1）在"总账"窗口，选择"账表"｜"科目账"｜"总账"选项，可以查询总账。

（2）选择"账表"｜"科目账"｜"余额表"选项，可以查询发生额及余额表。

（3）选择"账表"｜"科目账"｜"明细账"选项，可以查询月份综合明细账。

业务处理 2：查询部门总账

（1）在"总账"窗口，选择"账表"｜"部门辅助账"｜"部门总账"｜"部门科目总账"选项，打开"部门科目总账条件"窗口。

（2）输入查询条件：科目"6001 主营业务收入"，部门"销售一部"。

（3）单击"确定"按钮，显示查询结果。

（4）将光标置于总账的某笔业务上，单击"明细"按钮，可以联查部门明细账。

业务处理 3：部门明细账

（1）在"总账"窗口，选择"账表"｜"部门辅助账"｜"部门明细账"｜"部门科目明细账"选项，打开"部门科目明细账条件"窗口。

（2）选择部门"销售一部"，月份范围"2020.01—2020.01"，单击"确定"按钮，显示查询结果。

（3）将光标置于明细账的某笔业务上，单击"凭证"按钮，可以联查该笔业务的凭证。

业务处理 4：部门收支分析

（1）在"总账"窗口，选择"账表"｜"部门辅助账"｜"部门收支分析"选项，打开"部门收支分析条件"窗口。

（2）第一步选择分析科目：选择所有的部门核算科目，单击"下一步"按钮。

（3）第二步选择分析部门：选择所有的部门，单击"下一步"按钮。

（4）第三步选择分析月份：起止月份"2020.01—2020.01"，单击"完成"按钮，显示查询结果。

业务处理 5：取消记账（可选做内容）

激活"恢复记账前状态"命令。

（1）在"总账"窗口，选择"期末"｜"对账"选项，打开"对账"窗口。

（2）按"Ctrl+H"组合键，弹出"恢复记账前状态功能已被激活。"信息提示窗口，同时在"凭证"菜单下显示"恢复记账前状态"命令。

（3）单击"确定"按钮，再单击工具栏上的"退出"按钮。

> **提醒**
>
> 已结账月份的数据不能取消记账。
> 取消记账后，一定要重新记账。

业务处理 6：恢复记账（可选做内容）

（1）在"总账"窗口，选择"凭证"｜"恢复记账前状态"选项，打开"恢复记账前状态"窗口。

（2）选中"最近一次记账前状态"单选按钮。

（3）单击"确定"按钮，弹出"请输入主管口令。"信息提示窗口。

（4）输入口令"1"，单击"确定"按钮，稍候，弹出"恢复记账完毕！"信息提示窗口，单击"确定"按钮。

任务测评

总账日常业务生成的凭证，如表 2.19 所示。

表2.19 总账日常业务生成凭证一览表

业务号	凭证类型	会计科目	借方金额/元	贷方金额/元	辅助信息
1	转	原材料/甲材料	-30 000.00		数量核算
		应付账款/暂估应付款		-30 000.00	
2	付	库存现金	1 200.00		现金流入
		银行存款/工行存款		1 200.00	现金流出、支票登记
3	收	管理费用/差旅费	4 000.00		
		库存现金	1 000.00		现金流入
		其他应收款/周记		5 000.00	个人往来
4	付	应付账款/应付款项/滨江公司	25 000.00		供应商往来
		应交税费/应交增值税/进项税	3 250.00	28 250.00	现金流出、支票登记
		银行存款/建行存款			
5	付	其他应收款/王宏	800.00		个人往来
		库存现金		800.00	现金流出
6	转	应收账款/绍兴公司	11 300.00		客户往来
		主营业务收入/A		10 000.00	部门、项目核算
		应交税费/应交增值税/销项税额		1 300.00	
7	付	银行存款/工行存款	1 000.00		现金流入、支票登记
		库存现金		1 000.00	现金流出
8	付	固定资产	38 000.00		
		应交税费/应交增值税/进项税	4 940.00		现金流出、支票登记
		银行存款/建行存款		42 940.00	
9	付	管理费用/其他	600.00		现金流出
		库存现金		600.00	
10	转	在途物资/甲材料	75 000.00		数量核算
		在途物资/乙材料	50 000.00		
		应交税费/应交增值税/进项税额	16 250.00		
		应付票据/上城公司		84 750.00	供应商往来
		应付账款/应付款项/上城公司		56 500.00	供应商往来
11	转	生产成本/直接材料/A	63 000.00		项目核算
		生产成本/直接材料/B	126 000.00		项目核算
		制造费用/材料费	3 000.00		
		管理费用/其他	4 500.00		
		原材料/甲材料		84 000.00	数量核算
		原材料/乙材料		112 500.00	数量核算
12	付	管理费用/办公费	100.00		
		制造费用/办公费	200.00		
		银行存款/工行存款		300.00	现金流出、支票登记
13	付	管理费用/修理费	1 200.00		
		银行存款/建行存款		1 200.00	现金流出、支票登记
14	付	销售费用/广告费用	9 800.00		
		银行存款/工行存款		9 800.00	现金流出、支票登记
15	转	应收票据/金华公司	565 000.00		客户往来
		主营业务收入/A		180 000.00	部门、项目核算
		主营业务收入/B		320 000.00	部门、项目核算
		应交税费/应交增值税/销项税额		65 000.00	
16	转	无形资产	70 000.00		
		实收资本		70 000.00	

续表

业务号	凭证类型	会计科目	借方金额/元	贷方金额/元	辅助信息
17	转	生产成本/直接人工/A 生产成本/直接人工/B 制造费用/人工费 管理费用/工资及福利费 应付职工薪酬/应付工资	80 000.00 60 000.00 20 000.00 70 000.00	 230 000.00	项目核算 项目核算
18	转	生产成本/直接人工/A 生产成本/直接人工/B 制造费用/人工费 管理费/工资及福利费 应付职工薪酬/职工福利费	11 200.00 8 400.00 2 800.00 9 800.00	 32 200.00	项目核算 项目核算
19	转	管理费用/修理费 长期待摊费用	400.00	 400.00	
20	转	财务费用/利息 应付利息/借款利息	800.00	 800.00	
21	转	制造费用/折旧费 管理费用/折旧费 累计折旧	60 000.00 28 000.00	 88 000.00	

任务实例 4 总账系统期末业务处理

任务准备

引入"任务实训 3"账套数据，进行银行对账；转账凭证的定义和生成；月末对账和结账。

任务处理 1 银行对账

1. 银行对账期初资料（银行存款余额调节表，如表 2.20 所示）

表 2.20 银行对账期初资料

银行存款余额调节表

2019 年 12 月 31 日

科目：工行存款

项 目	余额/元	项 目	余额/元
单位日记账账面余额	1 000 000.00	银行对账单账面余额	1 050 000.00
加：银行已收，企业未收	25 000.00	加：企业已收，银行未收	1 500.00
2019.12.29/委托收款/041121	20 000.00	2019.12.28/收字/15/转账支票/041228	1 500.00
2019.12.31/汇兑/042455	5 000.00		

项　目	余额/元	项　目	余额/元
减：银行已付，企业未付		减：企业已付，银行未付	26 500.00
		2019.12.30/付字 11/转账支票/041230	26 500.00
调整后余额	1 025 000.00	调整后余额	1 025 000.00

2. 本期银行对账单（银行对账单，如表 2.21 所示）

表 2.21　银行对账单

银行对账单

科目：工行存款　截止日期：2020.01.31

日　期	结算方式	票　号	借方/元	贷方/元	余额/元
01.01	现金支票	200901		1 200.00	1 048 800.00
01.04	转账支票	041228	1 500.00		1 050 300.00
01.08	现金缴款单		1 000.00		1 051 300.00
01.09	转账支票	041230		26 500.00	1 024 800.00

业务处理 1：银行对账期初录入

（1）以"203"夏天的身份登录总账系统，输入银行对账期初数据。

（2）选择"财务会计"|"总账"|"出纳"|"银行对账"|"银行对账期初录入"选项，打开"银行科目选择"窗口。

（3）选择科目"工行存款（100201）"，单击"确定"按钮，打开"银行对账期初"窗口。

（4）确定启用日期"2020.01.01"。

（5）输入单位日记账的调整前余额"1 000 000.00"；输入银行对账单的调整前余额"1 050 000.00"，如图 2-64 所示。

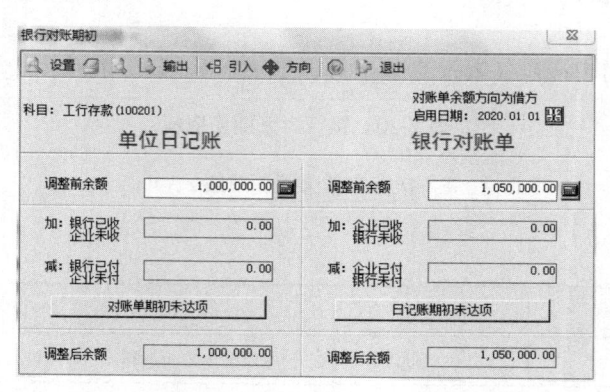

图 2-64　"银行对账期初"窗口

（6）单击"对账单期初未达项"按钮，打开"银行方期初"窗口，如图 2-65 所示。

（7）单击"增加"按钮，输入日期"2019.12.29"，结算方式"5 委托收款"，票号"041121"，借方金额"20 000"；单击"增加"按钮，输入下一笔未达账。

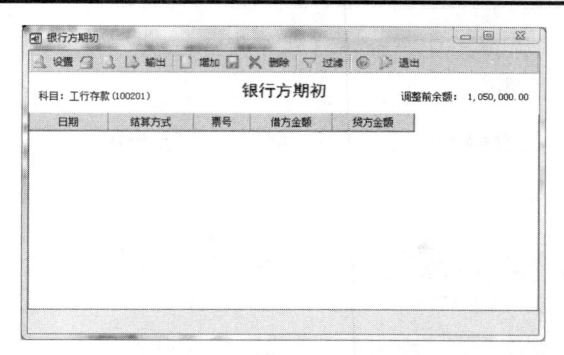

图 2-65 "银行方期初"窗口

（8）"日记账期初未达项"的输入同"对账单期初未达项"。

（9）单击"保存"按钮，再在工具栏上单击"退出"按钮。

业务处理 2：本月对账单录入

（1）在"总账"窗口，选择"出纳"｜"银行对账"｜"银行对账单"选项，打开"银行科目选择"窗口。

（2）选择科目"工行存款（100201）"，月份"2020.01—2020.01"，单击"确定"按钮，打开"银行对账单"窗口。

（3）单击"增加"按钮，输入银行对账单数据，单击"保存"按钮，如图 2-66 所示。

图 2-66 "银行对账单"窗口

> **提醒**
> - 第一次使用银行对账功能前，系统要求录入日记账及对账单未达账项，在开始使用银行对账之后不再使用。
> - 在录入完单位日记账、银行对账单期初未达账项后，请不要随意调整启用日期，尤其是向前调，这样可能会造成启用日期后的期初数不能再参与对账。

业务处理 3：银行对账——自动对账

（1）在"总账"窗口，选择"出纳"｜"银行对账"｜"银行对账单"选项，打开"银行科目选择"窗口。

（2）选择科目"工行存款（100201）"，月份"2020.01—2020.01"，单击"确定"按钮，打开"银行对账单"窗口。

（3）单击"对账"按钮，打开"自动对账"窗口。

（4）输入截止日期"2020.01.31"，日期相差 30 天之内，系统提供的其他对账条件保持默认，如图 2-67 所示。

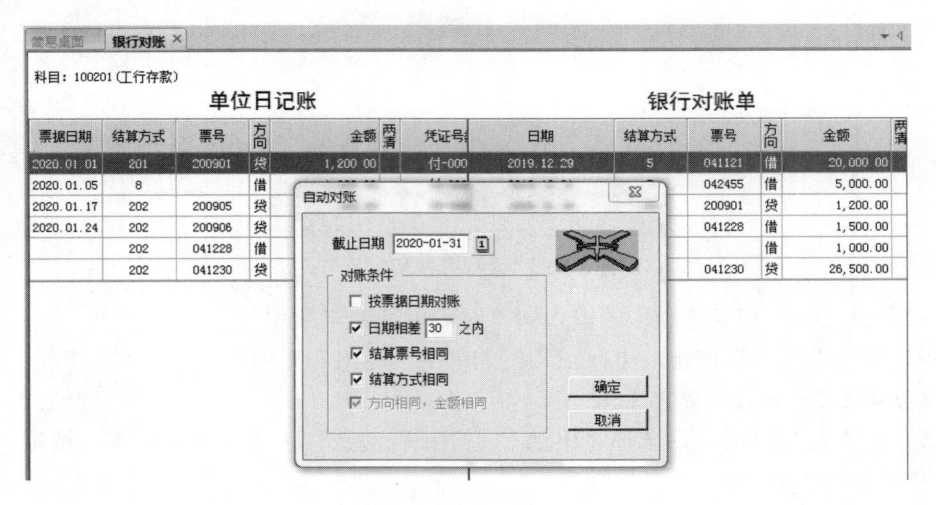

图 2-67 "自动对账"窗口

（5）单击"确定"按钮，显示自动对账结果，如图 2-68 所示。

> **提醒**
> - 对账条件中的方向、金额相同是必选条件，对账截止日期可以不输入。
> - 对于已达账项，系统自动在银行存款日记账和银行对账单双方的"两清"栏打上圆圈标记。

图 2-68 对账结果

业务处理 4：银行对账——手工对账（可选项）

（1）在"银行对账单"窗口，对于一些应勾选而未勾选上的账项，可分别双击"两清"栏，直接进行手工调整。手工对账的标记为"Y"，以区别于自动对账标记。

（2）对账完毕，单击"检查"按钮，检查结果是否平衡。

业务处理 5：输出余额调节表

（1）在"总账"窗口，选择"出纳"|"银行对账"|"余额调节表查询"选项，

打开"银行存款余额调节表"窗口。

（2）选择科目"工行存款（100201）"。

（3）单击"查看"按钮或双击该行，即显示该银行账户的银行存款余额调节表。

（4）单击"打印"按钮，打印银行存款余额调节表。

任务处理2　转账凭证的定义与生成

1. 1月30日，根据"任务实例3"的资料，按生产工人工资标准计算结转本月制造费用（附原始凭证1张）。

业务处理1：结转本月制造费用——设置成自定义转账凭证

（1）以"202"黄易的身份重新登录总账系统，查看科目汇总表，制造费用总额为86 000元。

（2）自定义转账凭证。

借：生产成本/制造费用/A(500103)　　QM（5101，月）*80000/(80 000+60 000)

　　生产成本/制造费用/B(500103)　　CE( )

贷：制造费用（5101）　　　　　　　　QM（5101，月）

（制造费用科目下若有明细科目，则必须输入明细科目代码）

① 在"总账"窗口，选择"期末"｜"转账定义"｜"自定义转账"选项，打开"自定义转账设置"窗口，单击"增加"按钮，打开"转账目录"窗口，输入转账序号"0001"、转账说明"结转制造费用"，选择凭证类别"转 转账凭证"，单击"确定"按钮，如图2-69所示。

图2-69　"转账目录"窗口

② 单击"增行"按钮，输入科目编码"500103"，输入项目为"A产品"，选择方向

"借",单击"金额公式",设置对应公式。

③ 单击"增行"按钮,输入科目编码"500103",输入项目为"B产品",选择方向"借",单击"金额公式",打开"公式向导"窗口,选择"期末余额"和函数"CE( )"。

④ 单击"增行"按钮,分别输入科目编码"510101、510102、510103、510104、510105",选择方向"贷",单击"金额公式"右方"…"按钮,打开"公式向导"窗口,选择"期末余额"和对应函数。其他制造费用的明细科目以此类推。

⑤ 单击"保存"按钮,保存该设置,如图2-70所示。单击"退出"按钮,退出"自定义转账设置"窗口。

摘要	科目编码	部门	个人	客户	供应商	项目	方向	金额公式
结转制造费用	500103					A产品	借	QM(5101,月)*80000/(80000+60000)
结转制造费用	500103					B产品	借	CE()
结转制造费用	510101						贷	QM(510101,月)
结转制造费用	510102						贷	QM(510102,月)
结转制造费用	510103						贷	QM(510103,月)
结转制造费用	510104						贷	QM(510104,月)
结转制造费用	510105						贷	QM(510105,月)

图2-70 "自定义转账设置"窗口

> **提醒**
>
> 转账科目可以为非末级科目;部门可为空,表示所有部门。
>
> 如果使用应收款、应付款管理系统,则在总账系统中,不能按客户、供应商辅助项进行结转,只能按科目总数进行结转。
>
> 输入转账计算公式有两种方法:一是直接输入计算公式;二是以引导方式录入公式。
>
> 可以根据自己的方法设置自定义转账凭证,只要结果正确就行。

⑥ 单击"转账生成"选项,打开"转账生成"窗口,选择"自定义转账"选项,单击右上角的"全选"按钮,如图2-71所示。单击"确定"按钮,自动生成转账凭证,保存该凭证,如图2-72所示。

⑦ 进入总账系统对上述产生的转账凭证进行审核、记账。

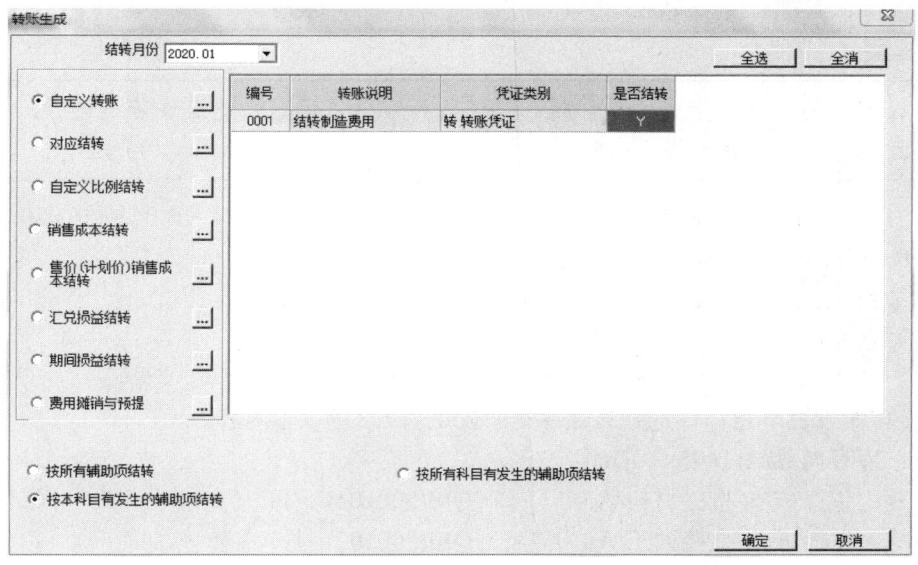

图 2-71 "转账生成"窗口

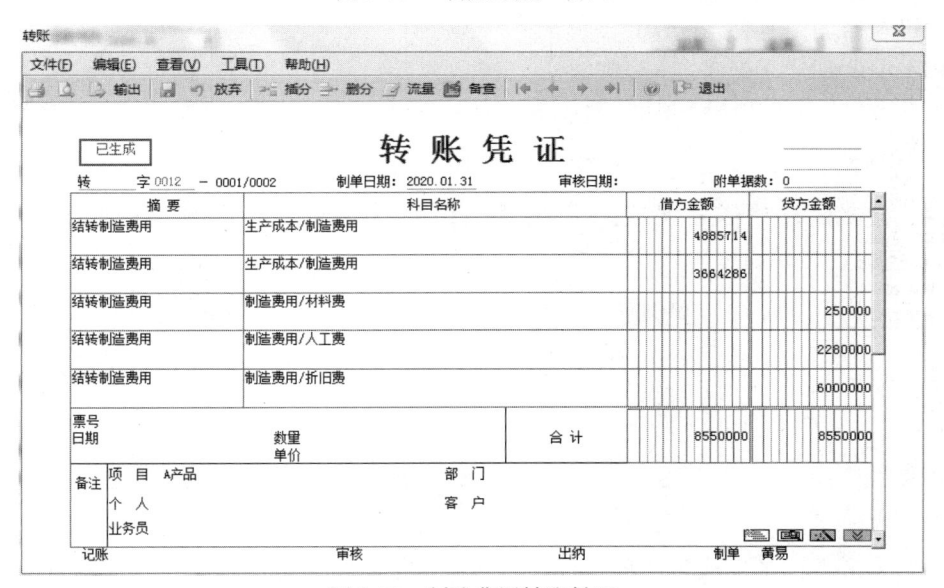

图 2-72 制造费用转账凭证

提醒

- 转账生成之前，注意转账月份为当前会计月份。
- 进行转账生成操作之前，应先将相关经济业务的记账凭证登记入账。
- 转账凭证每月只生成一次。
- 若使用应收款、应付款管理系统，则在总账系统中，不能按客户、供应商进行结转。
- 生成的转账凭证，仍须审核才能记账。

> **提醒**
>
> 以黄易的身份对生成的自动转账凭证进行审核、记账。此操作若不进行，后面的期间损益结转的数据将会出错。

2. 1月30日，A、B产品全部完工。其中，A产品3 370件，B产品46 080件，结转A、B产品的生产成本（附原始凭证1张）。

业务处理2：结转A、B产品生产成本。

（1）查看项目明细账：A产品直接材料"63 000"。

（2）在"总账"窗口，选择"期末"｜"转账定义"｜"自定义转账"选项，打开"自定义转账设置"窗口，选择转账序号"0002"，设置以下内容：

借：库存商品/A(1405)　　　　JG( )
　贷：生产成本/直接材料/A　　　QM(500101，月)
　　　生产成本/直接人工/A　　　QM(500102，月)
　　　生产成本/制造费用/A　　　QM(500103，月)

设置后如图2-73所示。

图2-73　结转A产品生产成本

（3）单击"转账生成"选项，打开"转账生成"窗口，选择"自定义转账"选项，在"是否结转"处双击，并单击"确定"按钮，自动生成转账凭证，保存该凭证，如图2-74所示。

（4）B产品自定义转账同上，操作步骤同本任务处理业务处理1。

（5）黄易进入总账系统对上述生成的转账凭证进行审核、记账。

3. 1月30日，结转销售一部本月已销产品的销售成本。其中A产品2 100件，单价60元，计126 000元；B产品32 000件，单价5元，计160 000元（附原始凭证1张）。

业务处理3：在总账系统里直接编制转账凭证，如图2-75所示。

4. 1月30日，计算出本月应交城市维护建设税4 284元，教育费附加1 836元（附原始凭证1张）。

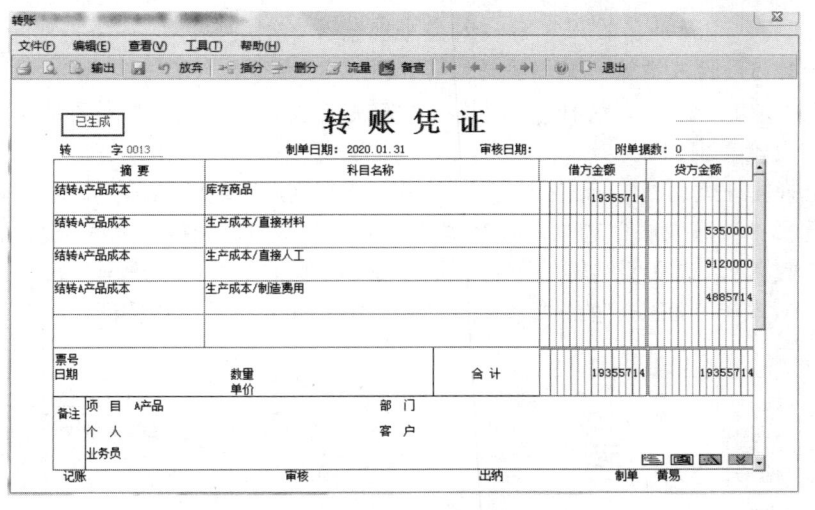

图 2-74 A 产品转账凭证

图 2-75 结转销售成本转账凭证

业务处理 4：在总账里直接编制转账凭证，如图 2-76 所示。

图 2-76 计提税费转账凭证

5．期末将"主营业务收入"等收入类账户结转本年利润。

业务处理 5：收入类账户结转设置。

（1）在"总账"窗口，选择"期末"｜"转账定义"｜"期间损益"选项，打开"期间损益结转设置"窗口。

（2）选择凭证类别"转 转账凭证"，选择"本年利润"科目 4103，单击"确定"按钮。

（3）选择"转账生成"选项，打开"转账生成"窗口，选择"期间损益结转"选项，类型选择"收入"，选择要结转的科目，如图 2-77 所示，单击"确定"按钮。自动生成收入类账户转本年利润账户的转账凭证，如图 2-78 所示，保存该凭证。

图 2-77　收入类账户结转设置

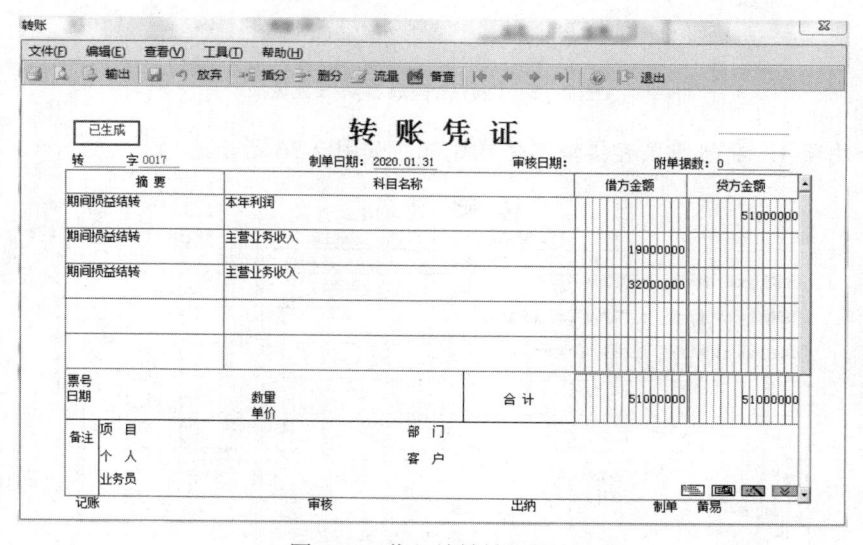

图 2-78　收入结转转账凭证

6．期末将"主营业务成本"等支出类账户结转本年利润。

业务处理 6：支出类账户结转设置

（1）在"总账"窗口，选择"期末"｜"转账生成"选项，打开"转账生成"窗口，选择"期间损益结转"，类型选择"支出"，选择要结转的科目，如图 2-79 所示，单击"确定"按钮。自动生成转账凭证，如图 2-80 所示，保存该凭证。

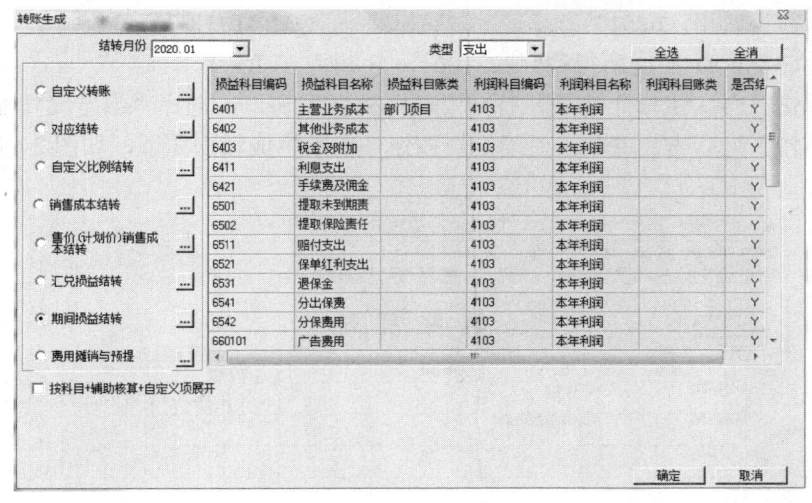

图 2-79　支出类账户结转设置

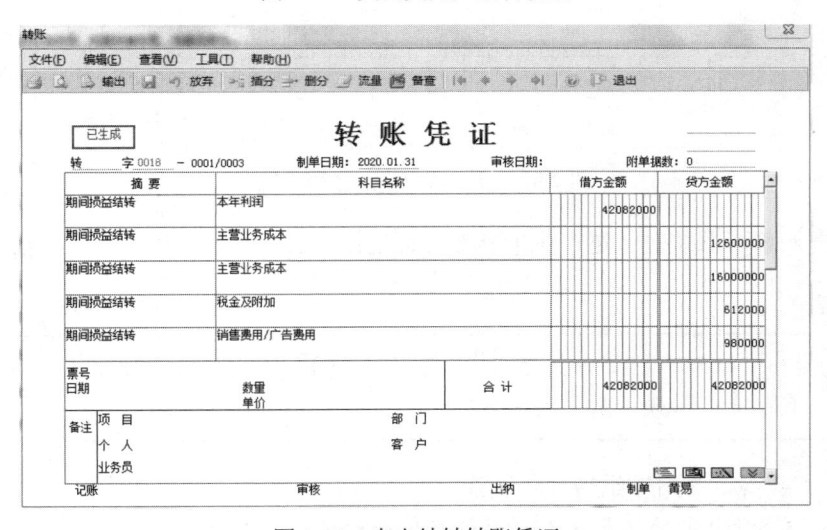

图 2-80　支出结转转账凭证

（2）黄易进入总账系统对上述产生的支出类转账凭证进行审核、记账。

> **提醒**
>
> 类型也可以选择"全部"，但建议"收入"和"支出"分开结转，使账户对应关系清楚。

7. 根据上项结果，计提本期应交所得税。

业务处理7：自定义转账

（1）在"总账"窗口，选择"期末"|"转账定义"|"自定义转账"选项，打开"自定义转账设置"窗口。单击"增加"按钮，打开"转账目录"窗口，输入转账序号"0003"，设置以下内容：

借：所得税费用（6801）　　　　　　　　QM(4103，月)*0.25
贷：应交税费/应交所得税（222106）　　　　JG( )

（2）单击"转账生成"选项，打开"转账生成"窗口，选择"自定义转账"选项，在"是否结转"处双击，并单击"确定"按钮，自动生成转账凭证，如图2-81所示，保存该凭证。

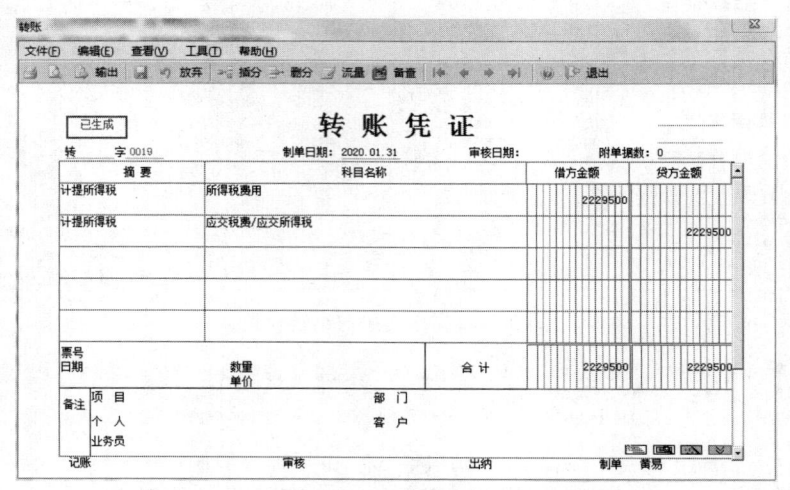

图2-81 计提所得税结转转账凭证

（3）进入总账系统对上述产生的转账凭证进行审核、记账。

> **提醒**
>
> JG( )是指"取对方科目计算结果"。其中的"( )"必须为英文符号，否则系统提示"金额公式不合法；未知函数名"。

8．将"所得税费用"结转本年利润。

业务处理8：自定义转账（也可以同本任务处理业务处理6）。

（1）在"总账"窗口，选择"期末"|"转账定义"|"自定义转账"选项，打开"自定义转账设置"窗口。单击"增加"按钮，打开"转账目录"窗口输入转账序号"0004"，设置以下内容：

借：本年利润（4103）　　　　　　QM(6801，月)
贷：所得税费用（6801）　　　　　QM(6801，月)

（2）选择"转账生成"选项，打开"转账生成"窗口，选择"自定义转账"选项，在"是否结转"处双击，并单击"确定"按钮，自动生成转账凭证，如图2-82所示，保存该凭证。

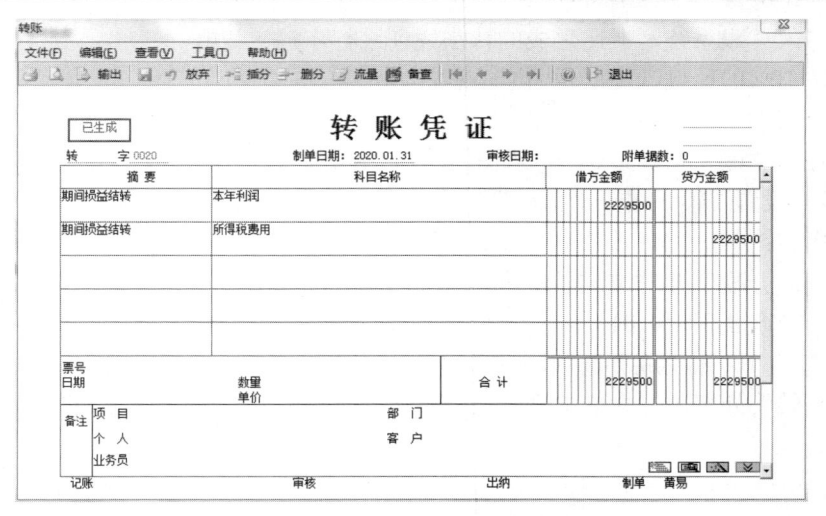

图 2-82 所得税费用结转转账凭证

（3）进入总账系统对上述产生的转账凭证进行审核、记账。

9．将本年利润转入利润分配/未分配利润账户。

业务处理 9：自定义转账

（1）在"总账"窗口，选择"期末"｜"转账定义"｜"自定义转账"选项，打开"自定义转账设置"窗口。单击"增加"按钮，打开"转账目录"窗口，输入转账序号"0005"，设置以下内容：

借：本年利润（4103）　　　　　　　　QM(4103，月)
　贷：利润分配/未分配利润（410415）　　QM(4103，月)

（2）选择"转账生成"选项，打开"转账生成"窗口，选择"自定义转账"选项，在"是否结转"处双击，并单击"确定"按钮，自动生成转账凭证，如图 2-83 所示保存该凭证。

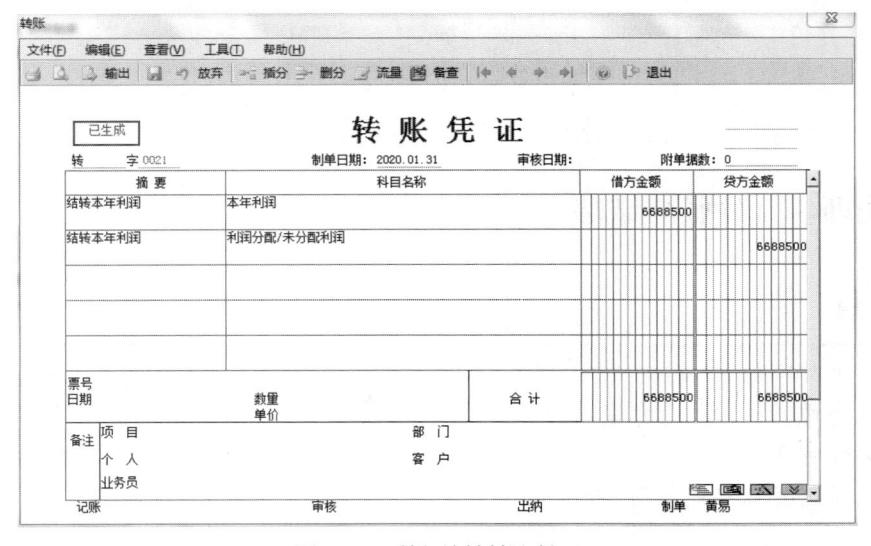

图 2-83 利润结转转账凭证

(3) 进入总账系统对上述生成的转账凭证进行审核、记账。

10. 按 10%的比例计提法定盈余公积。

业务处理 10：计提法定盈余公积

(1) 在"总账"窗口，选择"期末"|"转账定义"|"自定义转账"选项，打开"自定义转账设置"窗口。单击"增加"按钮，打开"转账目录"窗口，输入转账序号"0006"，设置以下内容：

借：利润分配/提取法定盈余公积（410402）　　　JG( )

贷：盈余公积（4101）　　　　　　　　　　　　FS( )*0.1

(2) 选择"转账生成"选项，打开"转账生成"窗口，选择"自定义转账"选项，在"是否结转"处双击，并单击"确定"按钮，自动生成转账凭证，如图 2-84 所示保存该凭证。

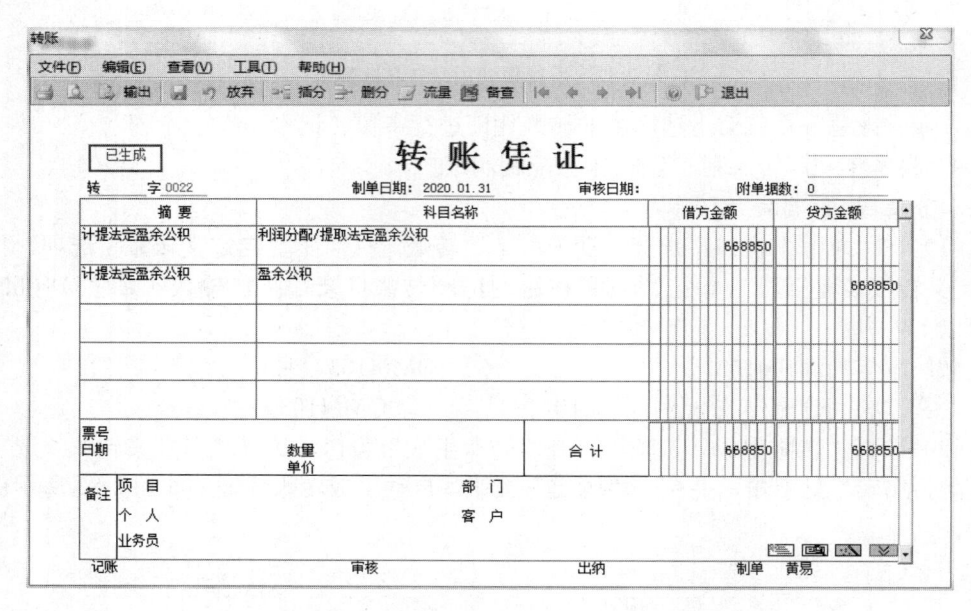

图 2-84　计提法定盈余公积结转转账凭证

(3) 进入总账系统对上述生成的转账凭证进行审核、记账。

任务处理 3　对账与结账

> **提醒**
> - 此处不结账，在完成任务实例 6 或任务实例 11 后才可以结账，即等其他系统结账后才能进行总账结账。
> - 结完账后，可能会由于非法操作或计算机病毒或其他原因造成数据被破坏，这时可以在此使用"取消结账"功能。

任务测评（见表 2.22）

表 2.22　总账期末业务生成凭证一览表

业务号	凭证类型	会计科目	借方金额/元	贷方金额/元	辅助信息
22	转	生产成本/制造费用/A	49 142.86		项目核算
		生产成本/制造费用/B	36 857.14		项目核算
		制造费用/材料费		3 000.00	
		制造费用/办公费		200.00	
		制造费用/人工费		22 800.00	
		制造费用/折旧费		60 000.00	
23	转	库存商品/A	203 342.86		项目核算
		生产成本/直接材料/A		63 000.00	项目核算
		生产成本/直接人工/A		91 200.00	项目核算
		生产成本/制造费用/A		49 142.86	项目核算
		库存商品/B	231 257.14		项目核算
		生产成本/直接材料/B		126 000.00	项目核算
		生产成本/直接人工/B		68 400.00	项目核算
		生产成本/制造费用/B		36 857.14	项目核算
24	转	主营业务成本/A	126 000.00		部门、项目核算
		主营业务成本/B	160 000.00		部门、项目核算
		库存商品/A		126 000.00	项目核算
		库存商品/B		160 000.00	项目核算
25	转	税金及附加	6 120.00		
		应交税费/应交城市维护建设税		4 284.00	
		应交税费/应交教育费附加		1 836.00	
26	转	主营业务收入/A	190 000.00		部门、项目核算
		主营业务收入/B	320 000.00		部门、项目核算
		本年利润		510 000.00	
27	转	本年利润	421 320.00		
		主营业务成本/A		126 000.00	部门、项目核算
		主营业务成本/B		160 000.00	部门、项目核算
		税金及附加		6 120.00	
		管理费用/办公费		100.00	
		管理费用/工资及福利费		79 800.00	
		管理费用/折旧费		28 000.00	
		管理费用/差旅费		4 000.00	
		管理费用/修理费		1 600.00	
		销售费用/广告费用		9 800.00	
		管理费用/其他		5 100.00	
		财务费用/利息		800.00	

续表

业务号	凭证类型	会计科目	借方金额/元	贷方金额/元	辅助信息
28	转	所得税费用	22 170.00		
		应交税费/应交所得税		22 170.00	
29	转	本年利润	22 170.00		
		所得税费用		22 170.00	
30	转	本年利润	66 510.00		
		利润分配/未分配利润		66 510.00	
31	转	利润分配/提取法定盈余公积	6 651.00		
		盈余公积		6 651.00	

学习任务3

薪资管理系统

3.1 薪资管理系统概述

3.1.1 薪资管理系统主要功能

薪资管理是企业管理的重要组成部分，其中对企业员工的业绩考评和薪酬的确定正确与否更是关系到企业每个职工的切身利益，对于调动每个职工的工作积极性、正确处理企业与职工之间的经济关系具有重要意义。薪资管理系统是各企事业单位最常使用的功能模块之一，其主要功能包括以下5个方面。

1. 系统初始设置

系统初始设置主要是设置系统工作必不可少的各种编码信息和初始数据。在薪资管理系统中，由于各单位的工资项目一般相差较大，因此系统应具有设置适合具体单位需要的工资项目功能，以便生成工资数据库。

2. 日常业务数据输入

日常业务数据输入主要是输入考勤、产量工时等每个月变动的工资数据，可能发生的人员变动和工资数据的变动也通过此功能进行处理。

3. 工资的结算与分配

工资的结算包括职工日工资的计算、职工个人应付工资合计、个人所得税的计算及实发工资的计算公式设定和计算，工资费用的分配、汇总、统计和进行工资费用的明细分类核算。

4. 工资数据的输出

工资数据的输出包括工资数据的查询，工资单、工资汇总表的打印，向账务系统、成本核算系统输送规定格式的数据，以及工资管理所需要的各种管理信息等。

5. 系统维护和管理

系统维护和管理包括系统备份、恢复，操作人员权限的分配和口令设置等。

3.1.2 薪资管理系统与其他系统的关系

薪资管理系统与学习任务 1 中的基础设置共享基础数据；薪资管理系统将工资费用计提与分摊的结果生成转账凭证，传递到总账系统进行账务处理；薪资管理系统将工资费用分配表数据传送到成本核算系统，供计算成本时使用。

3.1.3 薪资管理系统的业务处理流程

工资业务处理过程的主要步骤：对来源于企业各部门的考勤、加班和产量工时记录进行审核，并计算病事假扣款、个人所得税和应发工资等，综合行政部门的代扣款计算职工实发工资；根据以上原始数据和计算结果编制工资结算单；对工资结算单数据按职工所属部门和工作性质进行汇总，编制工资汇总表及工资费用分配表、个人所得税申报表、职工福利费计提表等；根据各汇总报表编制记账凭证，并进行账务处理。

3.2 薪资管理系统初始设置

使用计算机进行工资核算前，需要进行薪资管理系统的初始设置，以建立薪资管理系统的应用环境。在进行初始设置前，应进行必要的数据准备，如规划企业职工的编号规则，进行人员类别的划分，整理好设置的工资类别项目及核算方法，并准备好部门档案、人员档案、基本工资数据等基本信息。

3.2.1 启用薪资管理系统

在使用薪资管理系统前，应该已经在系统管理中建立了账套，否则无法启用薪资管理系统。

3.2.2 建立工资账套

初次进入薪资管理系统后应根据企业的实际情况建立相应的工资账套。工资账套的建立可分为 4 个步骤，即参数设置、扣税设置、扣零设置及人员编码设置。

3.2.3 设置工资类别

薪资管理系统提供处理多个工资类别的功能，为需要进行统一工资核算管理的单位提供解决方案。薪资管理系统是按工资类别进行管理的，每个职工类别下有职工档案、工资变动、工资数据、扣税处理和银行账号代发等内容。

3.2.4 设置人员附加信息

由于各个企业对人员档案所提供的信息要求不一,系统中除了兼顾人员档案管理的基本功能,还提供了人员附加信息的设置功能。这在一定程度上丰富了人员档案管理的内容,便于对人员进行更加有效的管理。

3.2.5 设置人员类别

人员类别是指按某种特定的分类方式将企业职工分成若干类,不同类别的人员工资水平可能不同,从而有助于实现工资的多级化管理。人员类别的设置还与工资费用的分配、分摊有关。合理设置人员类别,便于按人员类别进行工资汇总计算,为企业提供不同人员类别的工资信息。

3.2.6 设置工资项目

工资数据最终由各个工资项目体现。工资项目设置即定义工资核算所涉及的项目名称、类型和宽度等。薪资管理系统中提供了一些固定的工资项目,它们是工资账中不可缺少的,主要包括"应发合计""扣款合计""实发合计"。如果在工资建账时设置了"扣零处理",则系统在工资项目中自动生成"本月扣零"和"上月扣零"两个指定名称的项目;如果选择了"扣税处理",则系统在工资项目中自动生成"计件工资"项目,这些项目不能被删除和重命名。其他项目可以根据实际需要定义或参照增加,如基本工资和奖金等。

在此设置的工资项目对于多个工资类别的工资账套而言,是针对所有工资类别所需要使用的全部工资项目;对于单工资类别而言,就是此工资账套所使用的全部项目。

3.2.7 设置银行名称

当企业采用银行代发形式发放工资时,需要确定银行名称及账号长度。发放工资的银行可以按需设置多个,这里的银行名称设置是指所有工资类别涉及的银行名称。如果同一工资类别中的人员由于在不同的工作地点,则须由不同的银行代发工资,或者不同的工资类别由不同的银行代发工资。

3.2.8 设置人员档案

1. 增加人员档案

人员档案的设置用于登记工资发放人员的姓名、职工编号、所在部门和人员类别等信息，此外，人员的增减变动都必须先在此功能中处理。人员档案的操作针对某个工资类别，即只有先打开相应的工资类别才能进行人员档案的设置。

2. 修改人员档案

人员档案在修改的状态下可以进行"停发工资"、"调出"和"数据档案"的编辑。

3.2.9 设置工资项目及计算公式

1. 设置工资项目

由于不同的工资类别，工资发放项目各不相同，计算公式也不相同，因此在进入某个工资类别后，应选择本工资类别所需要的工资项目，再设置工资项目对应的计算公式。

2. 设置计算公式

设置计算公式即定义工资项目之间的运算关系，计算公式设置的正确与否关系到工资核算的最终结果。定义公式可以通过选择工资项目、运算符、关系符和函数等组合完成。设置计算公式可以直接输入，也可以利用公式向导参照输入。

3.3 工资日常业务处理

3.3.1 工资变动

第一次使用薪资管理系统必须将所有人员的基本工资数据录入计算机，每月发生的工资数据变动也在此进行调整，如奖金的录入、扣款信息的录入等。在处理工资变动前，需要事先设置好工资项目及计算公式。录入工资数据后，要进行工资计算与汇总，系统会自动计算并生成每个职工的应发工资和实发工资。

3.3.2 扣缴所得税

个人所得税是根据《中华人民共和国个人所得税法》对个人所得征收的一种税。在手工情况下，每个月月末，财务部门都要对超过扣除基数金额的部分进行纳税申报。系统提供只对工资薪金所得征收所得税的申报功能。

鉴于许多企业、事业单位计算职工个人所得税的工作量较大，系统提供了个人所得税自动计算功能，用户只需要定义所得税税率并设置扣税基数就可以由系统自动计算个人所得税。这样既能减轻用户的工作负担，又能提高工作效率。

3.3.3 银行代发

银行代发即由银行发放企业职工个人工资。这种做法既能减轻财务部门发放工资工作的烦琐，有效地避免财务部门到银行提取大笔款项所承担的风险，又能提高对员工个人工资的保密程度。

3.3.4 工资分摊

工资分摊是指将应发工资按部门类别分摊到相应的成本费用类账户。工资附加费计提是指按应发工资计提职工福利费、工会经费和职工教育费。职工福利费也是按部门类别分摊到相应的成本费用类账户，工会经费、职工教育经费计入当期损益，通过分摊构成设置和工资附加费比例计提设置，计算机可以自动生成转账会计凭证，供总账处理。

3.4 统计分析

工资业务处理完成后，同时生成相关工资报表数据。系统提供了多种形式的报表反映工资核算的结果。报表的格式是工资项目按照一定的格式由系统设定的，如果对报表提供的固定格式不满意，还可使用系统的修改表和新建表功能。

3.4.1 工资表

工资表用于本月工资的发放和统计。本功能主要完成查询和打印各种工资表的工作。工资表包括以下一些由系统提供的原始表：工资卡、工资发放条、部门工资汇总表、部门条件汇总表、工资发放签名表、人员类别汇总表、条件（明细）表及工资变动汇总（明细）表。

在薪资管理系统中，选择"统计分析"|"账表"|"工资表"选项，打开"工资表"窗口。选择要查看的工资表，单击"查看"按钮，输入查询条件，即可得到相应的查询结果。

3.4.2 工资分析表

工资分析表是以工资数据为基础，通过对部门、人员类别的工资数据进行分析和比较生成的各种分析表，主要供决策人员使用。工资分析表包括工资增长分析表、按月分类统计表、部门分类统计表、工资项目分析表、员工工资汇总表、按项目分类统计表、员工工资项目统计表、分部门各月工资构成分析表及部门工资项目构成分析表。

3.4.3 工资类别汇总

在多个工资类别中，以部门编码、人员编码和人员姓名为标准，将此 3 项内容相同人员的工资数据做合计。如果需要统计所有工资类别本月发放工资的合计数，或某些工资类别中的人员工资都由一个银行代发,希望生成一套完整的工资数据传送到银行,则可使用此项功能。

任务实例 5　工资业务处理

任务准备

引入"任务实例 2"或"任务实例 4"中的账套数据;薪资管理系统初始资料;薪资管理系统日常变动数据;月末工资附加费计提和分摊标准。

任务处理 1　工资基础信息设置

1. 建立工资账套

工资类别个数:2 个;核算币种:人民币 RMB;实行代扣个人所得税,不进行扣零处理;人员编码长度:3 位;启用日期:2020 年 1 月。

业务处理 1:工资账套信息

(1)打开工资管理系统。登录企业应用平台后,在"业务工作"中,选择"人力资源"|"薪资管理"选项,打开"建立工资套"窗口。

> **提醒**
> - 在启动薪资管理系统前应先在系统管理中设置相应的账套,并在企业门户中启用薪资管理系统。
> - 进入薪资管理系统的日期必须大于或等于薪资管理系统的启用日期。

(2)在建账第一步"参数设置"中,选择本账套所需处理的工资类别个数为"多个",默认币别为"人民币 RMB",单击"下一步"按钮,如图 3-1 所示。

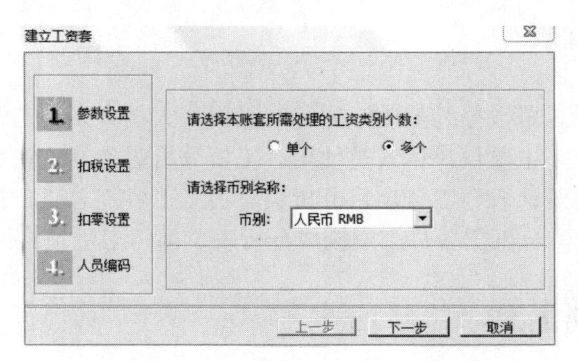

图 3-1　"建立工资套"窗口

(3)在建账第二步"扣税设置"中,选中"是否从工资中代扣个人所得税"复选框,单击"下一步"按钮,如图3-2所示。

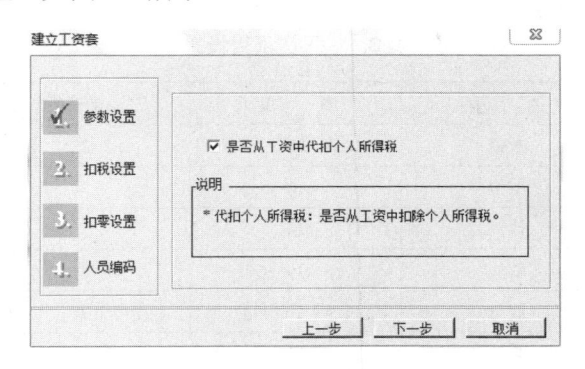

图3-2 扣税设置

(4)在建账第三步"扣零设置"中,不做选择,直接单击"下一步"按钮。

> **提醒**
> - 工资类别包括正式人员和临时人员,所以应选择"多个"。
> - 是否选择计件工资要根据企业实际情况而定。
> - 选择代扣个人所得税后,系统将自动生成工资项目"代扣税",并自动进行代扣个人所得税的计算。
> - 扣零处理是指每次发放工资时将零头扣下,积累取整,于下次工资发放时补上。系统在计算工资时将依据扣零类型(扣零至元、扣零至角、扣零至分)进行扣零计算。
> - 建账完毕后,部分建账参数可以通过选择"人力资源"|"薪资管理"|"设置"|"选项"选项进行修改。

2. 人员附加信息

人员附加信息包括性别、年龄、技术职称、职务。(部门档案、人员类别、银行名称、人员档案已在任务实例1中设置。)

业务处理2:人员附加信息设置

(1)选择"人力资源"|"薪资管理"|"设置"|"人员附加信息设置"命令,打开"人员附加信息设置"窗口。

(2)单击"增加"按钮,分别选择"性别""年龄""技术职称""职务"按钮。全部增加完毕后,单击"确定"按钮,如图3-3所示。

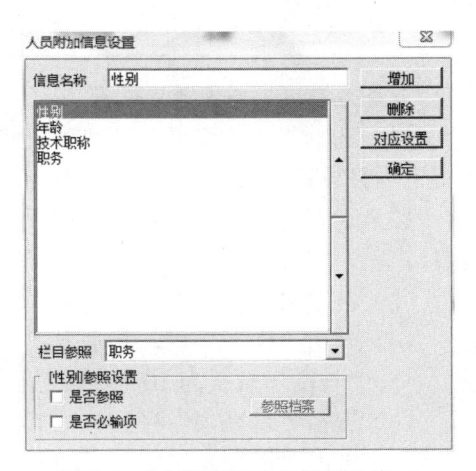

图3-3 "人员附加信息设置"窗口

3. 工资项目（见表3.1）

表3.1 工资项目设置

项目名称	类　　型	长　　度	小数位数	工资增减项
基本工资	数值	10	2	增项
岗位工资	数值	10	2	增项
工龄工资	数值	10	2	增项
岗位津贴	数值	10	2	增项
奖金	数值	10	2	增项
应发合计	数值	10	2	增项
病假天数	数值	8	2	其他
病假扣款	数值	8	2	减项
事假天数	数值	8	2	其他
事假扣款	数值	8	2	减项
房租水电	数值	8	2	减项
扣款合计	数值	8	2	减项
实发合计	数值	10	2	增项
代扣税	数值	8	2	减项
福利费	数值	8	2	其他
工会经费	数值	8	2	其他
教育经费	数值	8	2	其他

注意

● 临时人员的档案及工资情况略。

业务处理3：工资项目设置

（1）选择"人力资源"｜"薪资管理"｜"设置"｜"工资项目设置"选项，打开"工资项目设置"窗口，如图3-4所示。

（2）选择"工资项目设置"选项卡，单击"增加"按钮，工资项目列表中增加一个空行。

（3）从"名称参照"下拉列表框中选择"基本工资"选项。

（4）双击"类型"栏，单击下拉列表框，从下拉列表中选择"数字"选项。

（5）"长度"默认为10。双击"小数"栏，将小数位数设置为2。

（6）双击"增减项"栏，单击下拉列表框，从下拉列表中选择"增项"选项。

（7）单击"增加"按钮，增加其他工资项目。若"名称参照"下拉列表框中没有所需项目，可在类型中直接输入。

（8）增加完成后，根据实验资料，单击"工资项目设置"窗口中的"上移"和"下移"按钮,对这些项目进行排序。

（9）单击"确认"按钮,系统弹出"工资项目已经改变,请确认各工资类别的公式是否正确。否则计算结果可能不准确"信息提示窗口,如图3-4所示,单击"确定"按钮。

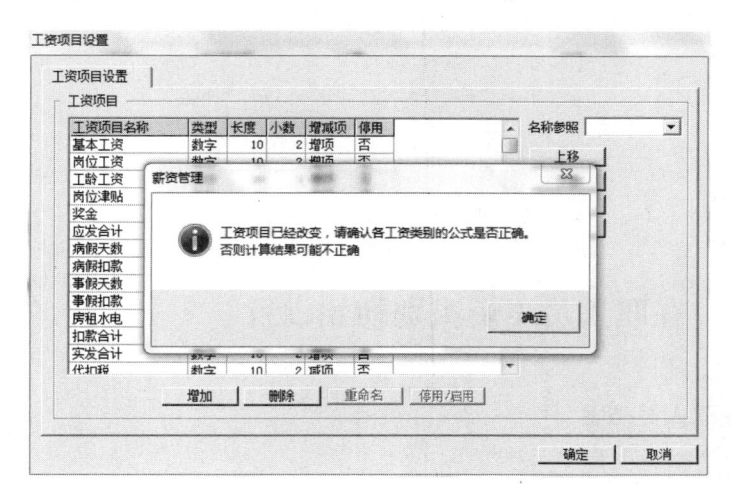

图3-4 "工资项目设置"窗口

> **提醒**
> - 系统提供若干常用工资项目供参考,可选择输入。对于参照中未提供的工资项目,可以双击"工资项目名称"一栏直接输入,或先从"名称参照"下拉列表框中选择一个项目,然后单击"重命名"按钮修改为需要的项目。
> - 如果建账时选择了"是否核算计件工资",则系统提供"计件工资"工资项目。
> - 如果建账时选择了"代扣个人所得税",则系统提供代扣税项目。
> - 如果建账时选择了"扣零",则系统提供"本月扣零"和"上月扣零"两个工资项目。
> - 工资项目名称必须唯一。已使用的工资项目不可删除,不能修改数据类型。
> - 系统提供的固定工资项目不能修改。

4. 建立工资类别

001 在职人员工资　　002 临时人员工资

业务处理4：建立在职人员工资

（1）选择"人力资源"｜"薪资管理"｜"工资类别"｜"新建工资类别"选项,打开"新建工资类别"窗口。

（2）在文本框中输入第一个工资类别名称"在职人员工资",如图3-5所示。

（3）单击"下一步"按钮,在"新建工资类别—请选择部门"窗口中单击"选定全部部门"按钮,再单击"完成"按钮,系统弹出"是否以2020-01-01为当前工资类别的启用日期？"信息提示窗口,单击"是"按钮,进入"在职人员工资"窗口。

（4）选择"关闭工资类别"选项,关闭"在职人员工资"工资类别。

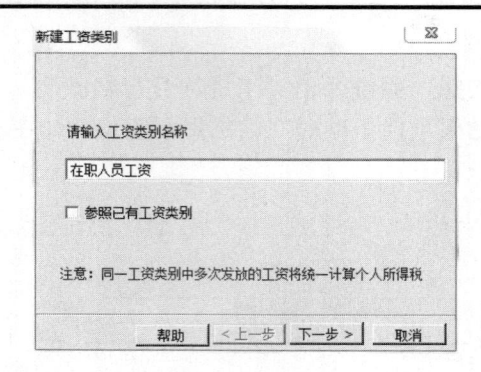

图 3-5 新建工资类别

任务处理 2 在职人员工资类别初始设置

1. 设置在职人员档案

业务处理 1：导入人员档案

（1）选择"人力资源"｜"薪资管理"｜"工资类别"｜"打开工资类别"选项，打开"打开工资类别"窗口。

（2）选择"在职人员工资"工资类别，单击"确认"按钮。

（3）选择"设置"｜"人员档案"选项，打开"人员档案"窗口，如图 3-6 所示。

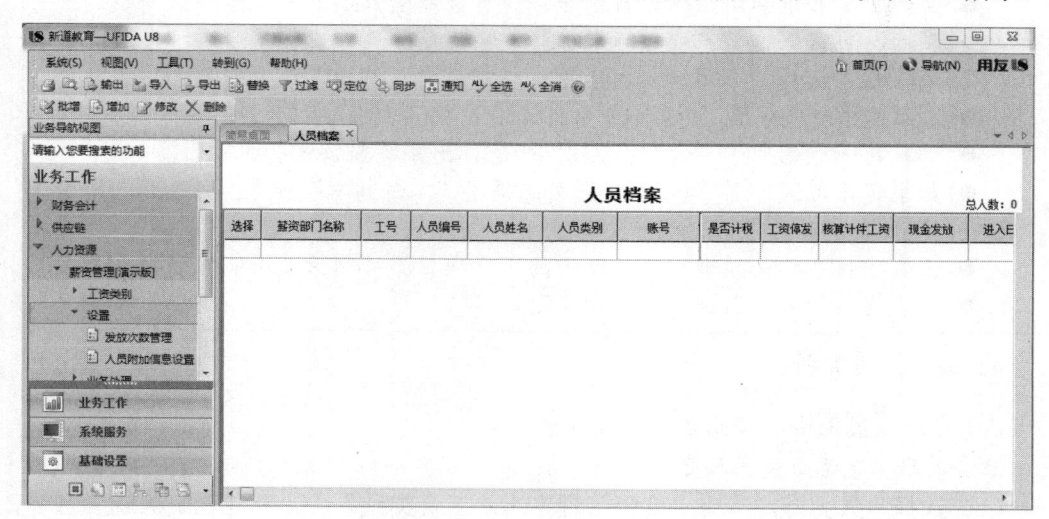

图 3-6 "人员档案"窗口

（4）单击工具栏上的"批增"按钮，打开"人员批量增加"窗口，单击"查询"按钮，选择"在职人员工资"，单击"确定"按钮，系统导入任务实例 1 中的人员档案信息，如图 3-7 所示。

选择	薪资部门名称	工号	人员编号	人员姓名	人员类别	账号	中方人员	是否计税	工资停发	核算计件工资	现金发放
	总经理办公室		101	刘力	企业管理人员	111111111110	是	是	否	否	否
	财务部		201	张山	企业管理人员	222222222220	是	是	否	否	否
	财务部		202	黄易	企业管理人员	333333333330	是	是	否	否	否
	财务部		203	夏天	企业管理人员	444444444440	是	是	否	否	否
	财务部		204	王梅	企业管理人员	555555555550	是	是	否	否	否
	销售一部		30101	王宏	销售人员	666666666660	是	是	否	否	否
	销售一部		30102	周记	销售人员	777777777770	是	是	否	否	否
	销售二部		30201	王刚	销售人员	888888888880	是	是	否	否	否
	销售二部		30202	李洋	销售人员	999999999990	是	是	否	否	否
	供应部		401	刘浪	采购人员	101010101010	是	是	否	否	否
	一车间		50101	宋江	车间管理人员	101010101020	是	是	否	否	否
	一车间		50102	白云	生产人员	101010101030	是	是	否	否	否
	二车间		50201	李翔	车间管理人员	101010101040	是	是	否	否	否
	二车间		50202	王建	生产人员	101010101050	是	是	否	否	否

总人数：14

图 3-7　人员档案信息列表

（5）双击人员档案信息列表中"刘力"所在行，打开"人员档案明细"窗口，单击"附加信息"选项卡，在"性别"中输入"男"，在"年龄"中输入"36"，在"技术职称"中输入"经济师"，在"职务"中输入"总经理"，单击"确认"按钮。

（6）依上述顺序修改所有人员档案，最后单击工具栏上的"退出"按钮。

提醒

- 由于在进行银行名称设置时已经设置了"录入时需要自动带出的账号长度"，因此，在输入第一个人员档案后，其他的人员档案中的银行账号会自动带出相应的账号的位数。
- 在增加人员档案时，"人员档案明细"窗口"基本信息"选项卡中的"停发工资"、"调出"和"数据档案"不可选，只有在修改状态下才能编辑。

2. 设置在职人员工资项目，包括表 3.1 中的所有项目

业务处理 2：选择工资项目

（1）选择"人力资源"｜"薪资管理"｜"设置"｜"工资项目设置"选项，打开"工资项目设置"窗口。

（2）选择"工资项目设置"选项卡，单击"增加"按钮，即可在工资项目列表中增加一个空行。

（3）从"名称参照"下拉列表框中选择"基本工资"选项，"工资项目名称""类型""长度""小数""增减项"都自动带出，不能修改。

（4）所有项目增加完成后，单击"工资项目设置"窗口中的"上移"和"下移"按钮，按照任务资料所给顺序调整工资项目的排列位置，如图 3-8 所示。

（5）操作完成后，单击"确定"按钮，退出该窗口。

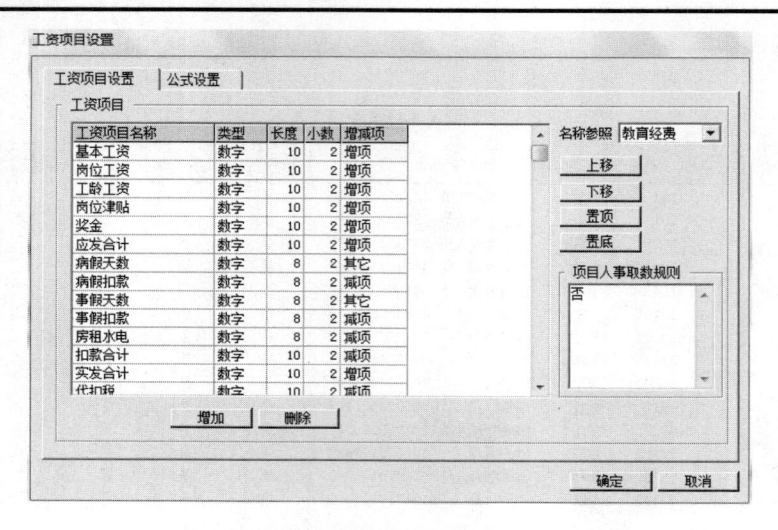

图 3-8 "工资项目设置"窗口

3. 在职人员工资项目公式

应发合计=基本工资+岗位工资+工龄工资+岗位津贴+奖金
病假扣款=（基本工资+岗位工资+工龄工资）/21.75×0.6×病假天数
事假扣款=（基本工资+岗位工资+工龄工资）/21.75×事假天数
扣款合计=事假扣款+病假扣款+水电费用+代扣税
实发合计=应发合计−扣款合计

¥ 注意

本例只须设置病假扣款和事假扣款，其他 3 个公式为系统默认。

业务处理 3：设置计算公式

（1）在"工资项目设置"窗口中选择"公式设置"选项卡。
（2）单击"增加"按钮，在工资项目列表中增加一个空行，单击该行，在下拉列表框中选择"应发合计"选项。
（3）单击"应发合计公式定义"文本框，依次单击工资项目列表中的"基本工资"、运算符"+"、工资项目列表中的"岗位工资"、运算符"+"、工资项目列表中的"工龄工资"、运算符"+"、工资项目列表中的"岗位津贴"、运算符"+"、工资项目列表中的"奖金"，最后单击"公式确认"按钮，如图 3-9 所示。
（4）病假扣款、事假扣款、扣款合计及实发合计的公式设置参照以上操作。

4. 个人所得税

业务处理 4：设置所得税纳税基数

选择"人力资源"｜"薪资管理"｜"设置"｜"选项"｜"编辑"｜"税率设置"选项，打开"个人所得税申报表——税率表"窗口，修改基数为 5 000 元，单击"确定"按钮退出，如图 3-10 所示。

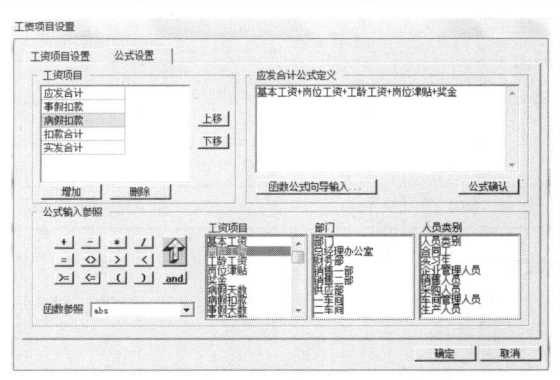

图 3-9　工资项目公式设置　　　图 3-10　"个人所得税纳税申报表——税率表"窗口

提醒

- 在"工资变动"中,系统默认以"实发合计"作为扣税基数,所以在执行完个人所得税计算后,需要到"工资变动"中执行"计算"和"汇总"功能,以保证"代扣税"这个工资项目正确地反映出单位实际代扣个人所得税的金额。
- 应先调整个人所得税计提基数,再进行工资变动。如果先进行工资变动再修改个人所得税的计提基数,就应该在修改了个人所得税的计提基数后,再进行一次工资变动,否则工资数据将不正确。

任务处理 3　在职人员日常工资业务

1. 工资数据（见表 3.2）

表 3.2　工资数据

金额单位：元

人员编号	姓名	基本工资	岗位工资	工龄工资	岗位津贴	奖金	病假天数/天	事假天数/天
101	刘力	2 800	800	112	111	1 500	3	0
201	张山	2 500	788	122	123	1 220	0	3
202	黄易	2 300	777	222	122	1 100	0	0
203	夏天	2 100	677	100	122	1 080	0	0
204	王梅	1 750	721	100	111	1 030	0	0
30101	王宏	2 050	777	120	133	1 230	0	0
30102	周记	1 950	678	222	123	1 160	2	0
30201	王刚	2 100	876	122	123	1 050	0	4
30202	李洋	1 870	678	122	123	1 240	0	0
401	刘浪	1 950	789	122	133	1 260	0	0
50101	宋江	2 000	765	233	133	1 320	0	0

续表

人员编号	姓名	基本工资	岗位工资	工龄工资	岗位津贴	奖金	病假天数/天	事假天数/天
50102	白云	1 550	511	111	150	1 160	0	0
50201	李翔	1 900	311	121	140	1 270	0	0
50202	王建	1 250	411	101	150	1 146	0	0

业务处理1：输入在职人员的基本工资数据

（1）选择"人力资源"｜"薪资管理"｜"业务处理"｜"工资变动"选项，打开"工资变动"窗口。

（2）单击"编辑"下拉列表框，进入"工资数据录入—页编辑"窗口，输入"工资数据"。或在"过滤器"下拉列表框中选择"过滤设置"，打开"项目过滤"窗口，依次选择"工资项目"列表框中的"基本工资""岗位工资""工龄工资""岗位津贴""奖金""病假天数""事假天数"选项，单击">"按钮，将这7项移入"已选项目"列表框中，如图3-11所示。

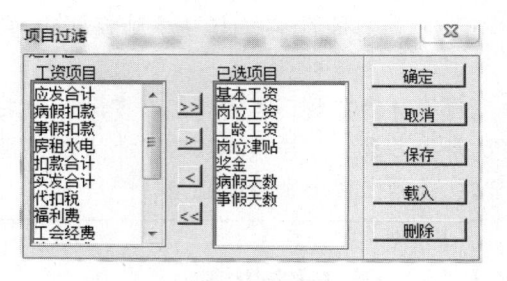

图3-11 项目过滤设置

（3）单击"确定"按钮，返回"工资变动"窗口，此时每个人的工资项目只显示7项。输入所有在职人员的工资数据。

（4）在"过滤器"下拉列表框中选择"所有项目"选项，屏幕上显示所有工资项目，如图3-12所示。

选择	工号	人员编号	姓名	部门	人员类别	基本工资	岗位工资	工龄工资	岗位津贴	奖金	应发合计	病假天数	病假扣款	事假天数	事假扣款	扣款合计	实发合计
	101		刘力	总经理办公室	企业管理人员	3,800.00	800.00	112.00	111.00	2,000.00	6,823.00	3.00	389.96			432.95	6,390.05
	201		张山	财务部	企业管理人员	3,500.00	788.00	122.00	123.00	1,720.00	6,253.00			3.00	608.28	627.62	5,625.38
	202		黄易	财务部	企业管理人员	3,300.00	777.00	222.00	122.00	1,600.00	6,021.00					30.63	5,990.37
	203		夏天	财务部	企业管理人员	3,100.00	677.00	100.00	122.00	1,580.00	5,579.00					17.37	5,561.63
	204		王梅	财务部	企业管理人员	2,750.00	721.00	100.00	111.00	1,530.00	5,212.00					6.36	5,205.64
	30101		王宏	销售一部	销售人员	3,050.00	777.00	120.00	133.00	1,730.00	5,810.00					24.30	5,785.70
	30102		周记	销售一部	销售人员	2,950.00	678.00	222.00	122.00	1,660.00	5,633.00	2.00	212.41			225.03	5,407.97
	30201		王刚	销售二部	销售人员	3,100.00	876.00	122.00	123.00	1,550.00	5,771.00			4.00	753.66	754.18	5,016.82
	30202		李洋	销售二部	销售人员	2,870.00	678.00	122.00	123.00	1,740.00	5,533.00					15.99	5,517.01
	401		刘袁	供应部	采购人员	2,950.00	789.00	122.00	133.00	1,760.00	5,754.00					22.62	5,731.38
	50101		宋江	一车间	车间管理人员	3,000.00	765.00	233.00	133.00	1,820.00	5,951.00					28.53	5,922.47
	50102		白云	一车间	车间管理人员	2,550.00	511.00	111.00	150.00	1,660.00	4,982.00						4,982.00
	50201		李翔	二车间	车间管理人员	2,900.00	311.00	121.00	140.00	1,770.00	5,242.00					7.26	5,234.74
	50202		王建	二车间	生产人员	2,250.00	411.00	101.00	150.00	1,646.00	4,558.00						4,558.00
合计						42,070.00	9,559.00	1,930.00	1,797.00	23,766.00	79,122.00	5.00	602.37	7.00	1,361.94	2,192.84	76,929.16

当前月份：1月　总人数：14　当前人数：14

图3-12 "工资变动"窗口

2. 工资数据计算与汇总

业务处理2：工资数据计算与汇总

（1）在"工资变动"窗口中，单击工具栏上的"计算"按钮，计算工资数据。

（2）单击工具栏上的"汇总"按钮，汇总工资数据。

（3）单击工具栏上的"退出"按钮，退出"工资变动"窗口。

3. 查看个人所得税

业务处理3：查看个人所得税

（1）选择"人力资源"｜"薪资管理"｜"业务处理"｜"扣缴所得税"选项，打开"栏目选择"窗口。

（2）单击"确定"按钮，进入"系统扣缴个人所得税年度申报表"窗口，可以看到每个职工被扣缴的所得税情况，如图 3-13 所示。

系统扣缴个人所得税年度申报表
2020年1月 -- 2020年1月

总人数：14

姓名	证件号码	所得项目	所属期间…	所属期间…	收入额	减费用额	应纳税所得额	税率	速算扣除数	应纳税额	已扣缴税款
刘力		工资	20200101	20201231			1433.04	3	0.00	42.99	42.99
张山		工资	20200101	20201231			644.72	3	0.00	19.34	19.34
黄易		工资	20200101	20201231			1021.00	3	0.00	30.63	30.63
夏天		工资	20200101	20201231			579.00	3	0.00	17.37	17.37
王梅		工资	20200101	20201231			212.00	3	0.00	6.36	6.36
王宏		工资	20200101	20201231			810.00	3	0.00	24.30	24.30
周记		工资	20200101	20201231			420.59	3	0.00	12.62	12.62
王刚		工资	20200101	20201231			17.34	3	0.00	0.52	0.52
李洋		工资	20200101	20201231			533.00	3	0.00	15.99	15.99
刘浪		工资	20200101	20201231			754.00	3	0.00	22.62	22.62
宋江		工资	20200101	20201231			951.00	3	0.00	28.53	28.53
白云		工资	20200101	20201231			0.00	0	0.00	0.00	0.00
李翔		工资	20200101	20201231			242.00	3	0.00	7.26	7.26
王建		工资	20200101	20201231			0.00	0			
合计							7617.69		0.00	228.53	228.53

图 3-13 "系统扣缴个人所得税年度申报表"窗口

4. 工资费用分摊与工资附加费计提（见表3.3）

应付工资=应发合计×100%

福利费=应发合计×14%

工会经费=应发合计×2%

教育经费=应发合计×1.5%

表 3.3 工资分摊表金额

单位：元

工资分摊		应付工资		福利费		工会经费、教育经费	
部门		借方	贷方	借方	贷方	借方	贷方
总经理办公室	管理人员	660 201	221 101	660 201	221 102	660 204 660 205	221 103 221 104
财务部	管理人员	660 201	221 101	660 201	221 102		
供应部	采购人员						
销售部	销售人员	660 102	221 101	660 102	221 102		
一车间	车间管理人员	510 102	221 101	510 102	221 102		
一车间	生产人员	500 102	221 101	500 102	221 102		
二车间	车间管理人员	510 102	221 101	510 102	221 102		
二车间	生产人员	500 102	221 101	500 102	221 102		

业务处理 4-1：工资分摊设置

（1）选择"人力资源"｜"薪资管理"｜"业务处理"｜"工资分摊"选项，打开"工资分摊"窗口。

（2）单击"工资分摊设置"按钮，打开"分摊类型设置"窗口。

（3）单击"增加"按钮，打开"分摊计提比例设置"窗口。

（4）输入计提类型名称为"应付工资"，分摊比例为"100"，返回"分摊类型设置"窗口，再依次设置"福利费""工会经费""教育经费"等计提分摊项目，如图 3-14 所示。

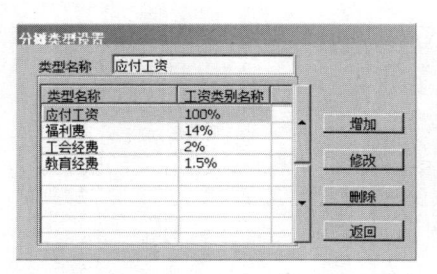

图 3-14 "分摊类型设置"窗口

（5）选中"应付工资"，再单击"工资分摊设置"按钮，打开"分摊构成设置"窗口，按表 3.3 工资分摊表金额内容进行设置，如图 3-15 所示。

图 3-15 "分摊构成设置"窗口

业务处理 4-2：生成分摊工资费用的凭证

（1）选择需要分摊的计提费用类型，确定分摊计提的月份为"2020.01"。

（2）选择核算部门：总经理办公室、财务部、销售部、供应部、制造部。

（3）选中"明细到工资项目"和"按项目核算"复选框，如图3-16所示。

（4）单击"确定"按钮，打开"工资分摊明细"窗口，如图3-17所示。

（5）选中"合并科目相同、辅助项相同的分录"复选框，单击工具栏上的"制单"按钮，即可生成记账凭证。

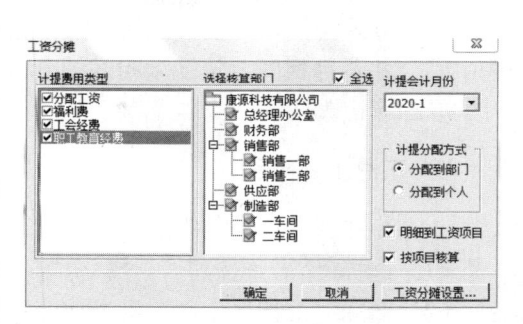

图3-16 "工资分摊"窗口

图3-17 "工资分摊明细"窗口

（6）单击凭证左上角的"字"，选择"转 转账凭证"，输入附单据数，单击"保存"按钮，凭证左上角出现"已生成"标记，代表该凭证已传递到总账系统，如图3-18所示。

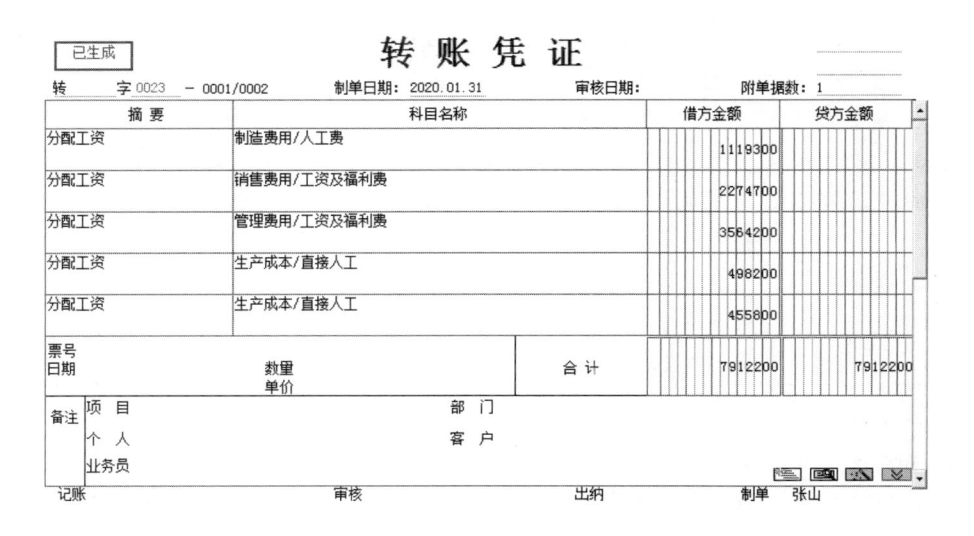

图3-18 生成凭证

（7）以此类推，在应付工资总额一览表中选择"福利费""工会经费""教育经费"。选中"合并科目相同、辅助项相同的分录"复选框，单击工具栏上的"制单"按钮，即可生成相应记账凭证。

5. 汇总工资类别

业务处理5：汇总工资类别
（1）选择"人力资源"｜"薪资管理"｜"工资类别"｜"关闭工资类别"选项。
（2）选择"维护"｜"工资类别汇总"选项，打开"选择工资类别"窗口。
（3）选择要汇总的工资类别，单击"确定"按钮，完成工资类别汇总。
（4）选择"工资类别"｜"打开工资类别"选项，打开"打开工资类别"窗口。
（5）选择"998汇总工资类别"，单击"确定"按钮，等月末处理后可查看工资类别汇总后的各项数据。

任务处理4　工资月末处理

业务处理1：月末工资数据处理
月末结转本月工资数据到下个月，不进行清零处理。
（1）选择"人力资源"｜"薪资管理"｜"业务处理"｜"月末处理"选项，打开"月末处理"窗口。单击"确定"按钮，系统弹出"月末处理之后，本月工资将不许变动，继续月末处理吗？"信息提示窗口。
（2）单击"是"按钮，系统继续弹出"是否选择清零项？"信息提示窗口，单击"否"按钮。系统弹出"月末处理完毕！"信息提示窗口，单击"确定"按钮返回。

> ⓘ 提醒
> - 如果系统弹出"是否选择清零项？"信息提示窗口，单击"是"按钮，则打开"选择清零项目"窗口。在"请选择清零项目"列表框中，选择"请假天数"、"请假扣款"和"奖励工资"，单击">"按钮，将所选项目移动到右侧的列表框中。
> - 只有主管人员才能执行月末处理功能，所以应以账套主管的身份登录系统。
> - 只有在会计年度的1～11月才能进行月末结转，且只有在当月工资数据处理完毕后才可进行。
> - 若要处理多个工资类别，则应打开工资类别，分别进行月末结转。
> - 若本月工资数据未汇总，系统将不允许进行月末结转。进行期末处理后，当月数据将不允许再改动。

业务处理2：账表查询
利用账表查询功能可查看工资分钱清单、工资发放签名表、各种工资汇总表。
（1）在"在职人员工资类别"窗口，选择"统计分析"｜"账表"｜"工资表"选项，打开"工资表"窗口。

（2）选择"工资发放签名表"，单击"查看"按钮，选择"总经理办公室""财务部""销售部""供应部""制造部"，单击"确定"按钮，生成工资发放签名表。

（3）选择部门，可以分部门查看工资情况。

业务处理 3：凭证查询

（1）在"在职人员工资类别"窗口，选择"统计分析"|"凭证查询"选项，打开"凭证查询"窗口。

（2）选择所要查询的起始月份和终止月份，显示查询期间凭证列表。

（3）选取一张凭证，单击"删除"按钮，可删除标记为"未审核"的凭证。

（4）单击"冲销"按钮，则可对当前标记为"记账"的凭证进行红字冲销操作，自动生成与原凭证相同的红字凭证。

（5）单击"单据"按钮，显示生成凭证的原始凭证。

（6）单击"凭证"按钮，显示单张凭证。

任务测评

工资分摊业务生成的凭证，如表 3.4 所示。

表 3.4　工资分摊业务生成凭证一览表

业务号	凭证类型	会计科目	借方金额/元	贷方金额/元	辅助信息
1	转	销售费用/工资及福利费 管理费用/工资及福利费 生产成本/直接人工/A 生产成本/直接人工/B 制造费用/人工费/一车间 制造费用/人工费/二车间 应付职工薪酬/应付工资	14 877.00 23 892.00 3 032.00 2 858.00 4 451.00 3 542.00	52 652.00	项目核算 项目核算
2	转	销售费用/工资及福利费 管理费用/工资及福利费 生产成本/直接人工/A 生产成本/直接人工/B 制造费用/人工费/一车间 制造费用/人工费/二车间 应付职工薪酬/职工福利费	2 082.78 3 344.88 424.48 400.12 623.14 495.88	7 371.28	项目核算 项目核算
3	转	管理费用/工会经费 应付职工薪酬/工会经费	1 053.04	1 053.04	
4	转	管理费用/教育经费 应付职工薪酬/教育经费	789.80	789.80	

学习任务4

固定资产系统

4.1 固定资产系统概述

4.1.1 固定资产系统主要功能

固定资产系统主要完成企业固定资产日常业务的核算和管理,生成固定资产卡片,按月反映固定资产的增加、减少、原值变化及其他变动,并输出相应的增减变动明细账,按月自动计提折旧,生成折旧分配凭证,同时输出一些同设备管理相关的报表和账簿。

4.1.2 固定资产系统与其他系统的关系

固定资产系统中资产的增加、减少及原值和累计折旧的调整、折旧计提都要将有关数据以记账凭证的形式传输到总账系统,同时通过对账保持固定资产账目与总账的平衡,并可以修改、删除及查询凭证。固定资产系统为成本核算系统提供计提折旧有关费用的数据。财务报表系统也可以通过相应的取数函数从固定资产系统中提取分析数据。

4.1.3 固定资产系统的业务处理流程

固定资产业务流程比较简单,主要是固定资产增加时,增加新的卡片进行固定资产增加的处理;固定资产减少时,根据固定资产减少资料进行减少的处理;固定资产变动时,根据变动资料增加变动单,添加变动单记录。根据固定资产卡片的记录和相应的折旧方法,计提折旧和分配折旧费用;根据固定资产实际情况,进行减值准备的计提或冲回处理;根据以上处理的结果在月末进行汇总过账,将相关的凭证传递到总账系统和成本核算系统进行必要的数据处理。

4.2 固定资产系统初始设置

固定资产系统初始化是根据企业的具体情况,建立一个适合本单位的固定资产子账套的过程。固定资产系统初始化的内容主要包括建立固定资产子账套、基础设置和录入固定资产卡片。

4.2.1 建立固定资产子账套

建立固定资产子账套是根据企业的具体情况，在已经建立会计核算的基础上，建立一个适合企业实际需要的固定资产子账套的过程。建立固定资产子账套需要设置的内容主要包括约定及说明、启用月份、折旧信息、编码方式、账务接口和完成设置6个部分。

4.2.2 基础设置

在使用固定资产系统进行固定资产卡片录入和日常业务处理前，应检查系统是否已经完成了相应的基础设置。固定资产系统的基础设置主要包括选项、部门档案、部门对应折旧科目、资产类别、增减方式、使用状况和折旧方法的设置。

1. 选项设置

由于在建立固定资产子账套时已经进行了有关选项的设置，因此在"选项"设置中只能对允许修改的参数进行修改，其他参数只能查看。

2. 部门档案设置

在"部门档案"设置中，可以对企业的各职能部门进行分类和描述，以便确定固定资产的归属。部门档案的设置在各个系统中是共享的，在固定资产系统中检查其设置的内容是否完整，并可以根据企业的实际需要进行设置或修改。

3. 部门对应折旧科目设置

对固定资产计提折旧后必须把折旧费用归入成本或费用，根据不同使用者的具体情况按部门或按类别归集。当按部门归集折旧费用时，某个部门所属的固定资产折旧费用将归集到一个比较固定的科目，所以对应折旧科目设置就是给部门选择一个折旧科目。在录入卡片时，该科目自动显示在卡片中，不必一个一个地输入，可提高工作效率。然后在生成部门折旧分配表时，每个部门按折旧科目汇总，生成记账凭证。

4. 资产类别设置

固定资产的种类繁多，规格不一，要强化固定资产管理，及时、准确地做好固定资产核算，必须建立科学的固定资产分类体系，为核算和统计管理提供依据。企业可以根据自身的特点和管理要求，确定一个较为合理的资产分类方法。对固定资产类别可以分别进行增加、修改和删除的操作。

5. 增减方式设置

增减方式包括增加方式和减少方式两类。增加的方式主要有直接购入、投资者投入、捐赠转入、盘盈、在建工程转入、融资租入。减少的方式主要有出售、盘亏、投资转出、捐赠转出、报废、毁损和融资租出等。设置租出的增加和减少的方式主要用于确定租出计价和处理原则,以及对租出的汇总管理。

6. 使用状况设置

从固定资产核算管理的角度,需要明确资产的使用状况,这样一方面可以正确地计算和计提折旧,另一方面便于统计固定资产的使用状况,提高资产的利用效率。系统预置的使用状况有在用、季节性停用、经营性出租、大修理停用、未使用及不需用几种。

7. 折旧方法设置

折旧方法是系统自动计算折旧的基础。系统给出了常用的 6 种方法:不提折旧、平均年限法(一和二)、工作量法、年数总和法、双倍余额递减法。这 6 种方法是系统设置的折旧方法,只能选用,不能删除和修改。另外,如果这几种方法都不能满足企业的使用需要,可利用系统提供的折旧方法的自定义功能,定义适合自己的折旧方法的名称和计算公式。

4.2.3 录入固定资产卡片

固定资产卡片是固定资产核算和管理的依据,为了保持历史资料的连续性,在使用固定资产系统进行核算前,除了要进行基础设置,还必须将建账日前的数据录入系统中,使固定资产系统中有一个完整的数据资料。固定资产卡片的录入并不用必须在第一个期间结账前完成,任何时刻都可以录入。

4.3 固定资产日常业务处理

固定资产系统的日常业务处理主要包括固定资产卡片管理、固定资产增减业务处理及固定资产的各种变动管理、生成凭证和账簿管理。

4.3.1 固定资产卡片管理

卡片管理是对固定资产系统中所有卡片进行综合管理的功能操作。通过卡片管理可完成卡片修改、卡片删除、卡片查询及卡片打印等操作。

4.3.2 固定资产增减处理

在系统的使用过程中,总会出现固定资产增加或减少的业务。固定资产的增减处理是在固定资产系统中通过控制固定资产的增减卡片等方式实现的。

资产增加是指购进或通过其他方式增加企业资产。资产增加需要输入一张新的固定资产卡片，与固定资产期初输入相对应。资产减少是指资产在使用过程中，会由于各种原因（如毁损、出售、盘亏等）退出企业，此时要做资产减少处理。资产减少需要输入资产减少卡片并说明减少原因。

4.4 期末业务处理

在固定资产系统中，期末业务处理的工作主要包括计提减值准备、计提折旧、资产盘点、制单处理及对账与结账的处理工作。

4.4.1 计提减值准备

企业应当在期末或至少在每年年度终止时，对固定资产逐项进行检查。如果由于市价持续下跌，或技术陈旧等原因导致其可回收金额低于账面价值，应当将可回收金额低于账面价值的差额作为固定资产减值准备。固定资产减值准备必须按单项资产计提。

4.4.2 计提折旧

自动计提折旧是固定资产系统的主要功能之一。系统根据已经录入的有关固定资产资料，每期计提折旧一次，并自动生成折旧分配表，然后制作记账凭证，将本期的折旧费用自动登账，并将当期的折旧额累加到累计折旧项目。

影响折旧的因素主要有原值、减值准备、累计折旧、净残值（率）、折旧方法、使用年限及使用状况。

4.4.3 制单处理

固定资产系统和总账系统之间存在数据的自动传输关系，这种传输是通过记账凭证来完成的。

制作凭证可以采用"立即制单"和"批量制单"两种方法。如果在"选项"中设置了"业务发生后立即制单"，则当需要制单的业务发生时，系统自动调出不完整的凭证供修改；如果在"选项"中未选中"业务发生后立即制单"，则可以利用系统提供的"批量制单"功能完成制单的工作。批量制单功能可以同时将一批需要制单的业务连续制作成凭证并传输到总账系统。

4.5 账表管理

在固定资产的管理过程中，需要及时掌握资产的统计、汇总和其他各方面的信息。固定资产系统根据用户对系统的日常操作，自动提供这些信息，以报表的形式提供给财务人员和资产管理人员。本系统提供的报表分为 4 类：固定资产账簿、分析表、统计表和折旧表。另外，如果所提供的报表不能满足要求，可利用系统提供的自定义报表功能，定义符合要求的报表。

1. 固定资产账簿

固定资产的账簿资料主要包括固定资产总账、固定资产明细账和固定资产登记簿。固定资产明细账包括单个固定资产明细账与分别按部门和按类别登记的固定资产明细账。这些账簿以不同的方式，序时地反映了资产的变化情况，在查询的过程中可以联查到某个时期、某个部门、某个类别的明细资料及记账凭证，从而获得全面的固定资产的信息。

2. 分析表

分析表主要通过对固定资产的综合分析，为管理者提供管理和决策依据。系统提供了 4 种分析表：部门构成分析表、价值结构分析表、类别构成分析表和使用状况分析表。管理者可以通过这些分析表，了解企业固定资产计提折旧的情况和剩余价值大小等内容。

3. 统计表

统计表是由于管理资产的需要，按管理目的统计的数据。系统提供了 8 种统计表：固定资产原值一览表、固定资产到期提示表、固定资产统计表、评估汇总表、评估变动表、盘盈盘亏报告表、逾龄资产统计表和役龄资产统计表。这些表从不同的侧面对资产进行统计分析，使管理者可以全面、细致地了解企业对资产的管理，为及时掌握资产的价值、数量及新旧程度等指标提供依据。

4. 折旧表

系统提供了 5 种折旧表：部门折旧计提汇总表、固定资产折旧表、固定资产累计折旧表、固定资产折旧计算明细表、固定资产折旧清单表。通过固定资产折旧表可以了解并掌握企业所有固定资产本期、本年某部门、某类别固定资产计提折旧明细情况。

任务实例 6　固定资产日常业务处理

任务准备

可以引入"任务实例 2"账套数据，也可以引入"任务实例 4"或"任务实例 5"，但要注意凭证生成的时间顺序。

固定资产系统参数、原始卡片；日常业务数据；月末处理数据。

任务处理 1　设置初始资料

1. 控制参数（见表 4.1）

表 4.1　控制参数

控制参数	参数设置
启用月份	2020.01
折旧信息	本账套计提折旧 折旧方法：平均年限法 折旧汇总分配周期：1 个月 当（月初已计提月份=可使用月份–1）时，将剩余折旧全部提足
编码长度	资产类别编码方案：2112
自动编码方式	固定资产编码方式：按"类别编码+部门编码+序号"自动编码，卡片序号长度为 3
账务接口	与账务系统进行对账 固定资产对账科目：1601，固定资产 累计折旧对账科目：1602，累计折旧
补充参数	业务发生后立即制单 月末结账前一定要完成制单登账业务 固定资产默认入账科目：1601，固定资产 累计折旧默认入账科目：1602，累计折旧 减值准备默认入账科目：1603，固定资产减值准备

建立固定资产子账套需要设置的内容主要包括约定及说明、启用月份、折旧信息、编码方式、账务接口和完成设置 6 个部分。

栏目说明

- 在启动固定资产系统前，应先在系统管理中设置相应的账套。
- 在"固定资产初始向导——折旧信息"窗口中，需要选定"本账套计提折旧"复选框；如果不选中该复选框，则账套内所有与折旧有关的功能均不能操作。该复选框在初始化设置完成后不能修改。
- 系统设置了 6 种常用的折旧方法，选择折旧方法以便在设置资产类别时自动带出。对具体的固定资产可以重新定义折旧方法。
- 如果选中"当（月初已计提月份=可使用月份–1）时将剩余的折旧全部提足（工作量法除外）"复选框，则除工作量法外，只要上述条件满足，该月月折旧额=净值–净残值，并且不能手工修改；如果不选中该复选框，则该月不提足折旧并且可以手工修改。但是如果以后各月按照公式计算的月折旧额是负数时，则认为公式无效，令月折旧率=0，月折旧额=净值–净残值。
- 建账完成后，当需对账套中的某些参数进行修改时，可以选择"设置"|"选项"选项重新设置；当某些参数设置错误又不允许修改，但必须纠正时，则只能通过"重新初始化"功能实现，但应注意重新初始化将清空对该账套所做的一切工作。

业务处理 1-1：固定资产系统初始化

（1）选择"开始"|"程序"|"用友 u8v10.1"|"企业应用平台"选项。

（2）输入操作员"201"张山，输入密码"1"；在"账套"下拉列表框中选择"001康源科技有限公司"；"操作日期"为"2020-01-01"，单击"确定"按钮，进入企业门户。

（3）选择"业务工作"|"财务会计"|"固定资产"选项，弹出"这是第一次打开此账套，还未进行过初始化，是否进行初始化？"信息提示窗口，如图 4-1 所示，单击"是"按钮，打开"初始化账套向导"窗口，如图 4-2 所示。

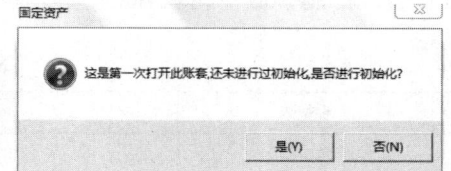

图 4-1 初始化提示窗口

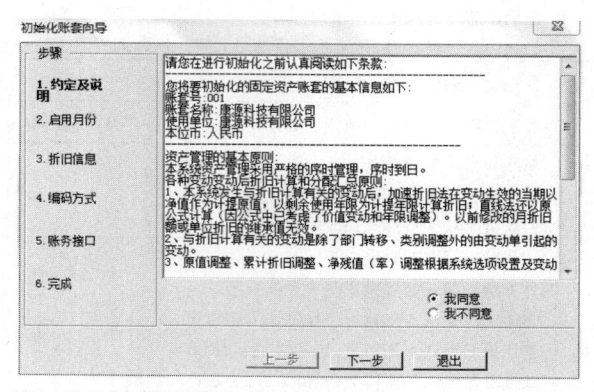

图 4-2 "初始化账套向导"窗口

（4）选择"1.约定及说明"，单击"我同意"单选按钮。

（5）单击"下一步"按钮，显示"2.启用月份"窗口，选择启用月份"2020.01"，如图 4-3 所示。

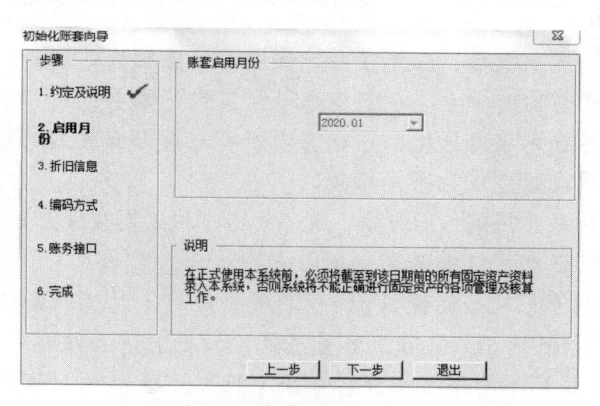

图 4-3 账套启用月份设置

（6）单击"下一步"按钮，显示"3.折旧信息"窗口。选中"本账套计提折旧"复选框；选择主要折旧方法为"平均年限法（一）"，折旧汇总分配周期为"1"个月；选中"当（月初已计提月份=可使用月份-1）时将剩余折旧全部提足（工作量法除外）"复选框，如图 4-4 所示。

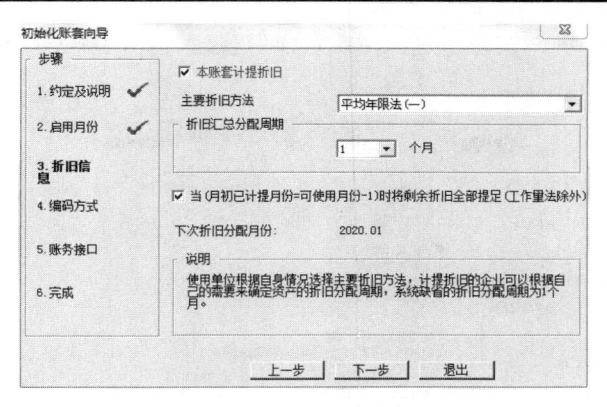

图 4-4 折旧信息设置

（7）单击"下一步"按钮，显示"4.编码方式"窗口。确定资产类别编码长度为"2112"；选择"自动编码"单选按钮，选择固定资产编码方式为"类别编号+部门编码+序号"，选择序号长度为"3"，如图 4-5 所示。

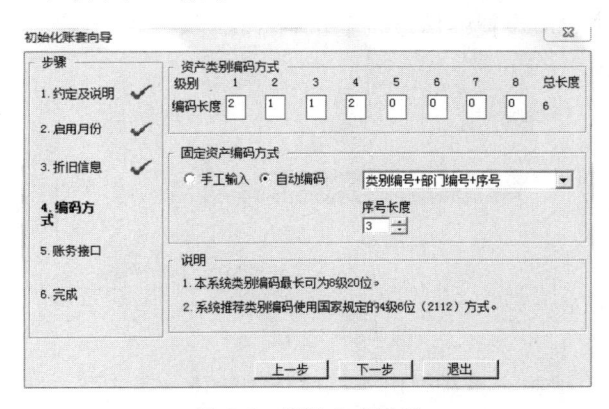

图 4-5 编码方式设置

（8）单击"下一步"按钮，显示"5.账务接口"窗口。选中"与账务系统进行对账"复选框；选择固定资产对账科目为"1601，固定资产"，累计折旧对账科目为"1602，累计折旧"，如图 4-6 所示。

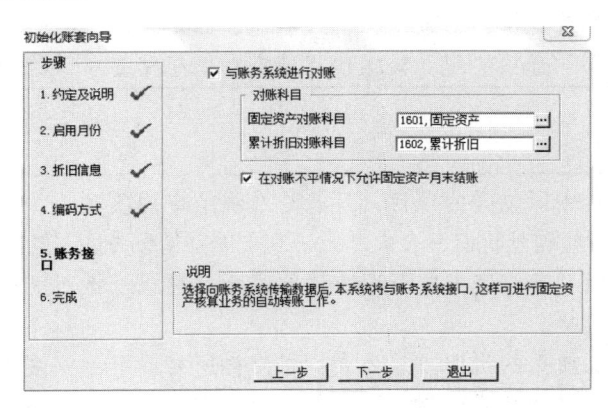

图 4-6 账务接口设置

（9）单击"下一步"按钮，进入"6.完成"窗口，如图4-7所示。

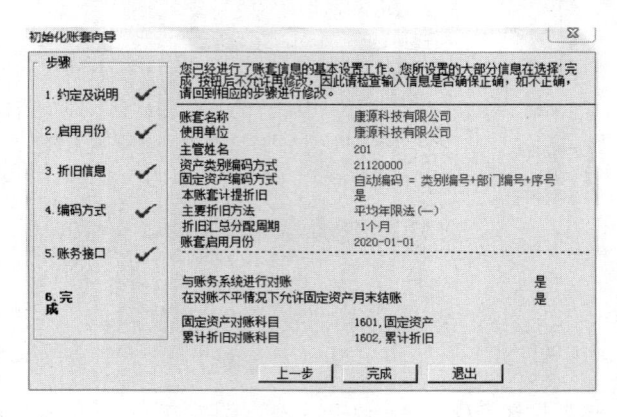

图4-7 完成设置

（10）单击"完成"按钮，完成本账套的初始化，系统弹出"已经完成了新账套的所有设置工作，是否确定所设置的信息完全正确并保存对新账套的所有设置？"信息提示窗口，如图4-8所示。

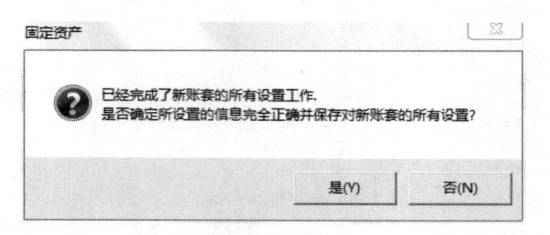

图4-8 "完成"窗口

（11）单击"是"按钮，系统弹出"已成功初始化本固定资产账套"信息提示窗口，单击"确定"按钮。

> **提醒**
> - 初始化设置完成后，有些参数不能修改，所以要慎重。
> - 如果发现参数有错，必须改正，只能通过固定资产系统的"维护"|"重新初始化账套"选项实现。该操作将清空对该子账套所做的一切工作。

> **提醒**
> - 自定义公式中所包含的项目，只能是系统给定的项目。
> - 定义月折旧额和月折旧率公式时，必须有单项包含关系，但不能同时互相包含。
> - 计提折旧时，若自定义的折旧方法的月折旧额或月折旧率出现负数，则自动终止折旧计提。
> - 修改卡片已使用的折旧方法公式，将使得所有使用该方法的资产折旧的计提方法按修改过的公式计算折旧，但以前各期间已经计提的折旧不变。

业务处理 1-2：补充参数设置

（1）在"固定资产"窗口，选择"设置"|"选项"选项，打开"选项"窗口。

（2）单击"编辑"按钮，选择"与账务系统接口"选项卡。

（3）选中"业务发生后立即制单""月末结账前一定要完成制单登账业务"复选框；选择默认入账科目为"1601,固定资产"、"1602,累计折旧"、"1603,固定资产减值准备"和"22210101,进项税额"，如图4-9所示，然后单击"确定"按钮。

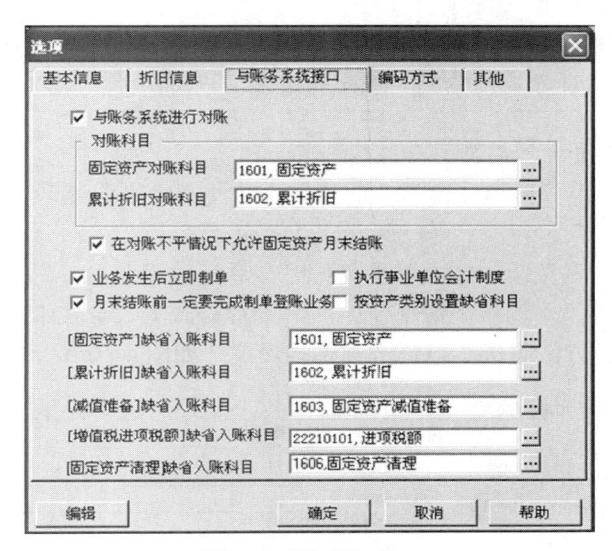

图4-9 "选项"窗口

2. 资产类别（见表4.2）

表4.2 资产类别

编码	类别名称	净残值率/%	折旧方法	计提属性
01	交通运输设备		平均年限法（一）	正常计提
011	经营用设备	4	平均年限法（一）	正常计提
012	非经营用设备	5	平均年限法（一）	正常计提
02	电子及通信设备		平均年限法（一）	正常计提
021	经营用设备	4	平均年限法（一）	正常计提
022	非经营用设备	4	平均年限法（一）	正常计提
03	房屋建筑物		平均年限法（一）	正常计提
031	厂房	5	平均年限法（一）	正常计提
032	其他	5	平均年限法（一）	正常计提

栏目说明

- 只有在最新会计期间才可以增加资产类别,月末结账后不能增加。
- 资产类别编码不能重复,同级的类别名称不能相同。
- "类别编码""类别名称""计提属性""卡片样式"不能为空。
- 其他各项内容的输入是为了录入卡片时能够直接默认,可以为空。
- 不能修改和删除非明细类别编码,修改明细类别编码时只能修改本级的编码。
- 使用过的类别计提属性不允许删除或增加下级类别。

业务处理2:设置资产类别

(1)在"固定资产"窗口,选择"设置"|"资产类别"选项,打开"资产类别"窗口。

(2)单击"增加"按钮,输入类别名称"交通运输设备",选择计提属性为"正常计提",折旧方法为"平均年限法(一)",卡片样式为"含税卡片样式",单击"保存"按钮,用同样的方法完成其他资产类别的设置,如图4-10所示。

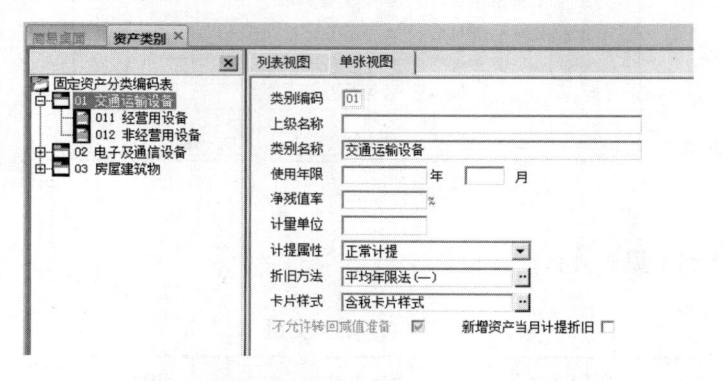

图4-10 "资产类别"窗口

3. 部门对应折旧科目(见表4.3)

表4.3 部门对应折旧科目

部　　门	对应折旧费用
总经理办公室、财务部	660202,管理费用/折旧费
供应部	660202,管理费用/折旧费
销售部	660103,销售费用/折旧费
制造部	510103,制造费用/折旧费

业务处理3:设置部门对应折旧科目

(1)选择"财务会计"|"总账管理"|"设置"|"部门对应折旧科目"选项,打开"部门对应折旧科目"窗口,如图4-11所示。

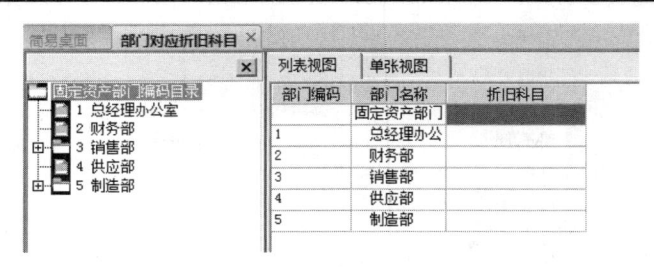

图 4-11 "部门对应折旧科目"窗口

（2）选择部门"总经理办公室"，单击"修改"按钮。
（3）选择折旧科目"660202,折旧费"，单击"保存"按钮。
（4）用同样的方法完成其他部门折旧科目的设置。

> **提醒**
> - 在使用部门的折旧科目功能前，必须已建立部门档案。
> - 设置上级部门的折旧科目，则下级部门可以自动继承。下级部门也可以选择与上级部门不同的会计科目。

4. 增减方式的对应入账科目（见表 4.4）

表 4.4 增减方式的对应入账科目

增减方式	对应入账科目
增加方式	
直接购入	100201, 工行存款
减少方式	
出售	100201, 工行存款
毁损	1606, 固定资产清理

业务处理 4：设置增减方式的对应入账科目

（1）选择"财务会计"｜"总账管理"｜"设置"｜"增减方式"选项，打开"增减方式"窗口。
（2）在左侧列表框中，单击"直接购入"增加方式，单击"修改"按钮。
（3）输入对应入账科目"100201, 工行存款""22210101, 进项税额"，单击"保存"按钮。
（4）用同样的方法输入减少方式"出售"和"毁损"的对应入账科目"1606, 固定资产清理"，如图 4-12 所示。

> **提醒**
> 当固定资产发生增减变动、系统生成凭证时，会默认采用这些科目。

图 4-12 增减方式入账科目设置

5. 固定资产原始卡片（见表 4.5）

表 4.5 固定资产卡片录入

类别编码	名称	所在部门	增加方式	使用年数	开始使用日期	原值/元	累计折旧/元
031	仓库	销售一部	购入	10	2016-12-01	600 000	201 600
012	小汽车	总经理办公室	购入	5	2018-06-01	200 000	28 800
022	计算机 A	财务部	购入	5	2018-12-01	8 000	1 536
022	计算机 B	销售二部	购入	5	2019-06-01	8 000	768
021	数字机床	一车间	购入	5	2019-06-01	4 000	384

业务处理 5：输入固定资产原始卡片

（1）选择"财务会计"｜"总账管理"｜"卡片"｜"录入原始卡片"选项，打开"固定资产类别档案"窗口，如图 4-13 所示。

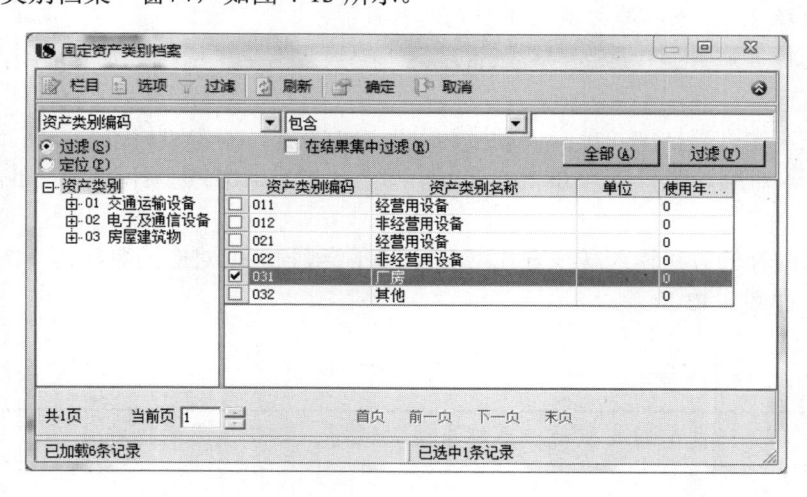

图 4-13 "固定资产类别档案"窗口

（2）选择固定资产类别"031 厂房"，单击"确认"按钮，进入"固定资产卡片"窗口，如图4-14所示。

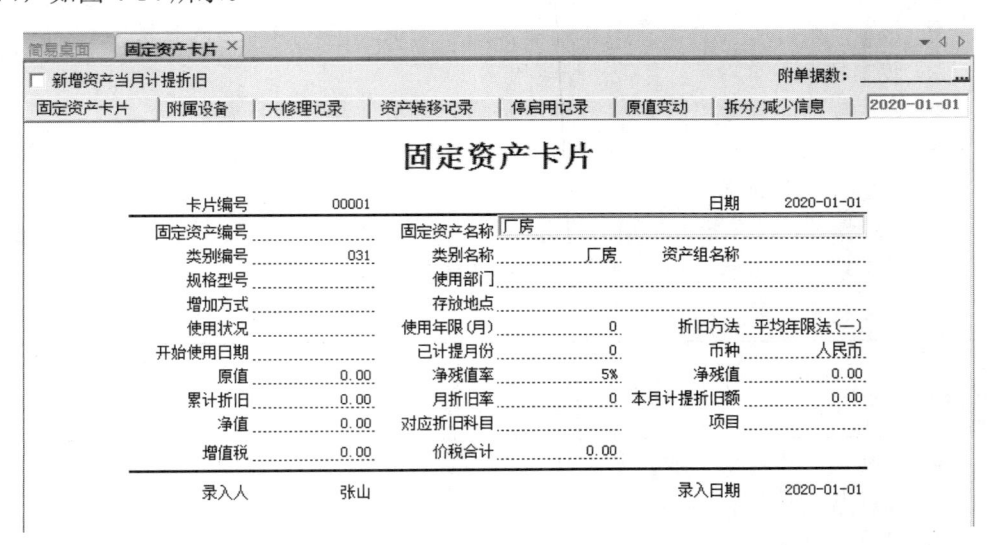

图4-14 "固定资产卡片"窗口

（3）输入固定资产名称为"厂房"；双击"部门名称"选择"单部门使用"，再选择"销售一部"；双击"增加方式"选择"直接购入"；双击"使用状况"选择"在用"；输入开始使用日期为"2016-12-01"；输入原值为"600000"，累计折旧为"201600"；输入使用年限（月）为"120"；其他信息系统自动计算得出。

（4）单击"保存"按钮，系统弹出"数据成功保存！"信息提示窗口，单击"确定"按钮，如图4-15所示。

图4-15 保存固定资产卡片信息

（5）用同样方法完成其他固定资产卡片的录入。使用状况均为"在用"。

> **提醒**
> - 卡片中的固定资产编号根据初始化或选项设置中的编码方式自动编码，用户也可以手工录入。
> - 录入与计算折旧有关的项目后，系统会自动计算月折旧额。
> - 录入原值、累计折旧、累计工作量，一定是卡片录入月月初的价值，否则将会出现计算错误。
> - 已计提月份不包括使用期间停用等不计提折旧的月份，否则不能正确计算折旧。
> - 如果输入原值和净值，可自动计算累计折旧。
> - 对应折旧科目，根据所选择的使用部门自动带出。

> **提醒**
> - 修改某一使用状况的"是否计提折旧"后，对折旧计算的影响从当期开始，不调整以前的折旧计算。
> - "在用"状况下默认的内容，因涉及卡片的大修理记录和停用记录表的自动填写，不能删除，但使用状况名称可以修改。

栏目说明

"卡片编号"：系统根据初始化时定义的编码方案自动设定，不能修改。如果删除一张卡片又不是最后一张时，系统将保留空号。

"已计提月份"：系统将根据开始使用日期自动计算出来，但可以修改，应将使用期间停用等不计提折旧的月份扣除。

"月折旧率""月折旧额"：录入与计算折旧有关的项目后，系统会按照录入的内容自动计算出并显示在相应项目内。可与手工计算的值比较，核对是否有错误。

任务处理2 日常业务处理

1. 1月5日，财务部购买扫描仪一台，价值2 000元，进项税260元，净残值率4%，预计使用年限（月）60个月，款项已用银行存款支付，已投入使用。

业务处理1：资产增加

（1）在"固定资产"窗口，选择"卡片"｜"资产增加"选项，打开"固定资产类别档案"窗口。

（2）选择资产类别"022 非经营用设备"，单击"确定"按钮，打开"固定资产卡片"窗口。

（3）输入固定资产名称为"扫描仪"；双击"使用部门"选择"财务部"，双击"增加方式"选择"直接购入"，双击"使用状况"选择"在用"；输入原值为"2000"，使用年限（月）为"60"，开始使用日期为"2020-01-05"，增值税为"260"，如图4-16所示。

图 4-16 资产增加业务 1

（4）单击"保存"按钮，显示"业务发生后立即制单。"信息提示窗口，如果同意则将会自动生成资产增加的付款凭证，但此处进项税不能输入，所以资产增加可以在批量制单中生成。

2. 1 月 20 日，销售一部购入货车一辆，单价 100 000 元/辆，增值税 13 000 元，以工行转账支票付讫，净残值率 5%，预计使用年限（月）60 个月，已投入使用。

业务处理 2：资产增加

（1）在"固定资产"窗口，选择"卡片"|"资产增加"选项，打开"固定资产类别档案"窗口。

（2）选择资产类别为"012 非经营用设备"，单击"确定"按钮，打开"固定资产卡片"窗口。

（3）输入固定资产名称为"货车"；双击"使用部门"选择"销售一部"；双击"增加方式"选择"直接购入"；双击"使用状况"选择"在用"；输入原值为"100000"，"增值税"为"13 000"，使用年限（月）为"60"，开始使用日期为"2020-01-20"，如图 4-17 所示。

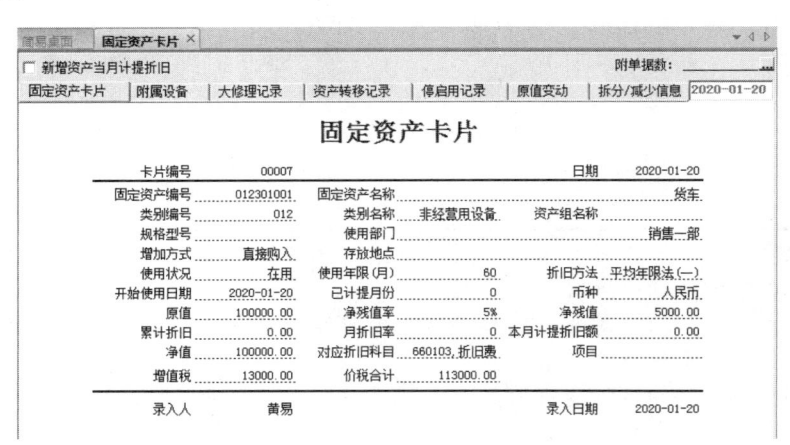

图 4-17 资产增加业务 2

> **提醒**
> - 固定资产原值一定要输入卡片录入月月初的价值，否则会出现计算错误。
> - 新卡片第一个月不计提折旧，累计折旧为空或0。
> - 卡片输入完成后，可以立即制单，也可以不立即制单。如果选择立即制单则无法输入增值税，只能在批量制单中进入"填制凭证"窗口，选择凭证类型为"付款凭证"，修改制单日期、附件数，单击"保存"按钮。

3．1月31日计提折旧。

业务处理3：折旧处理

（1）在"固定资产"窗口，选择"处理"｜"计提本月折旧"选项，系统弹出"是否要查看折旧清单？"信息提示窗口，单击"否"按钮。

（2）系统继续弹出"本操作将计提本月折旧，并花费一定时间，是否要继续？"信息提示窗口，单击"是"按钮。

（3）系统计提折旧完成后，打开"折旧分配表"窗口，单击"凭证"按钮，打开"填制凭证"窗口，选择"转 转账凭证"，单击"保存"按钮，如图4-18所示。

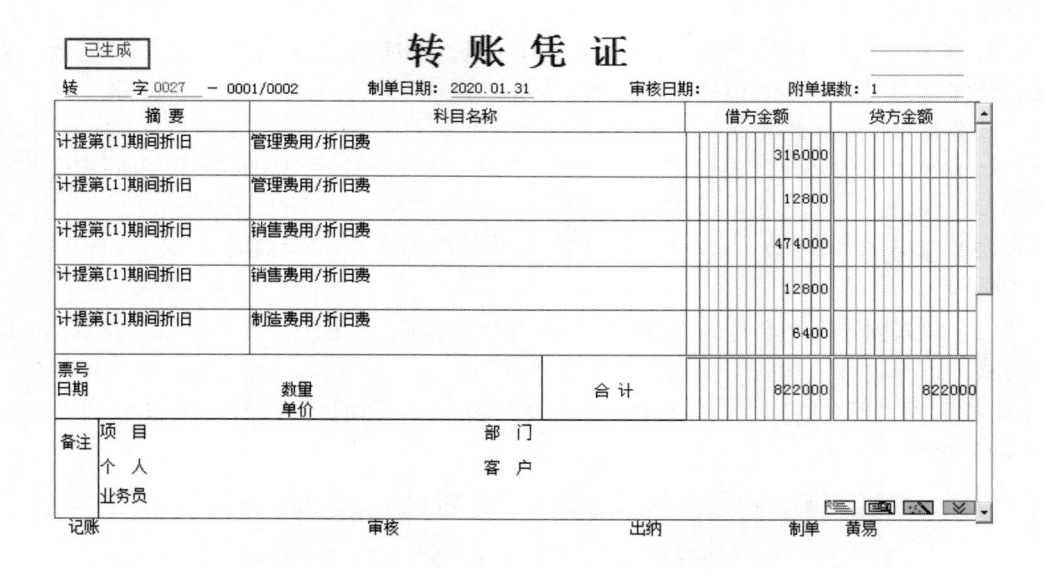

摘 要	科目名称	借方金额	贷方金额
计提第[1]期间折旧	管理费用/折旧费	316000	
计提第[1]期间折旧	管理费用/折旧费	12800	
计提第[1]期间折旧	销售费用/折旧费	474000	
计提第[1]期间折旧	销售费用/折旧费	12800	
计提第[1]期间折旧	制造费用/折旧费	6400	
	合计	822000	822000

转字 0027 - 0001/0002 制单日期：2020.01.31 审核日期： 附单据数：1

图4-18 "转账凭证"窗口

> **提醒**
> - 如果上次计提折旧已通过记账凭证把数据传输到账务系统，则必须删除该凭证才能重新计提折旧。
> - 计提折旧后，又对账套进行了影响折旧计算或分配的操作，必须重新计提折旧，否则系统不允许结账。
> - 只有当账套开始计提折旧后，才可以使用资产减少功能；否则，减少资产只能通过删除卡片来完成。

4. 1月31日经批准将财务部原有的计算机A以1 000元的价格出售，银行已收到款项。

业务处理4-1：资产减少

（1）在"固定资产"窗口，选择"卡片"|"资产减少"选项，打开"资产减少"窗口。

（2）选择卡片编号为"00003"，单击"增加"按钮。

（3）选择减少方式为"出售"，输入清理收入为"1000"，如图4-19所示。

图4-19 "资产减少"窗口

（4）单击"凭证"按钮，自动生成凭证，如图4-20所示。

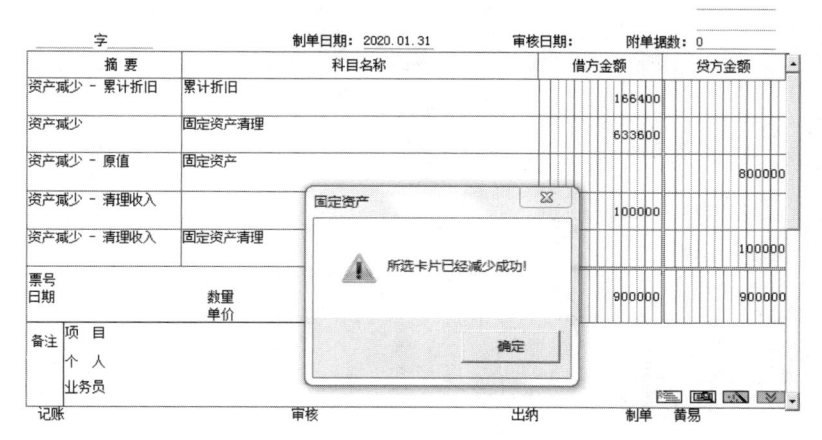

图4-20 生成凭证

（5）选择"收款凭证"，修改其他项目，如图4-21所示，单击"确定"按钮。

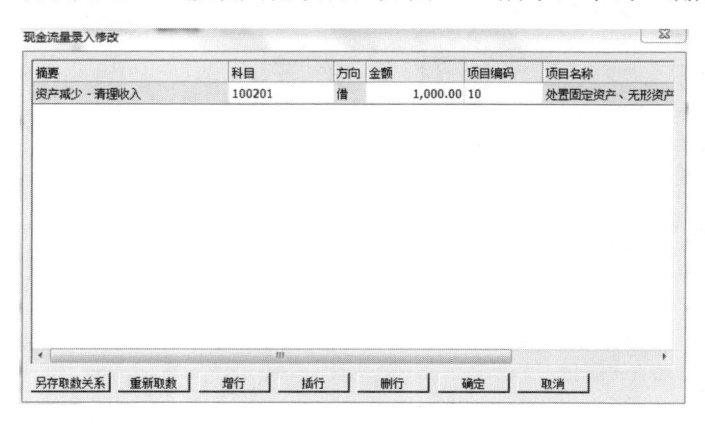

图4-21 "现金流量录入修改"窗口

> **提醒**
> - 本账套需要进行计提折旧后，才能减少资产。
> - 如果要减少的资产较少或没有共同点，则可以通过输入资产编号或卡片号，单击"增加"按钮，将资产添加到资产减少表中。
> - 如果要减少的资产较多并且有共同点，则通过单击"条件"按钮，输入一些查询条件，将符合该条件的资产挑选出来进行批量减少操作。

业务处理4-2：批量制单

（1）在"固定资产"窗口，选择"处理"|"批量制单"选项，打开"批量制单"窗口。

（2）单击"制单选择"选项卡，选择业务处理1，如图4-22所示。

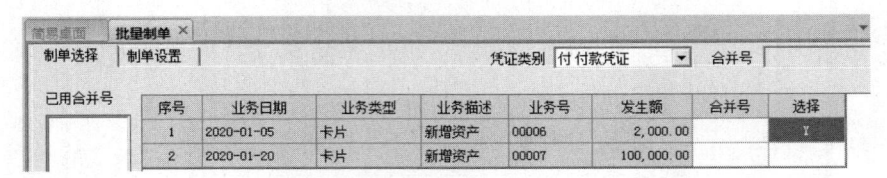

图4-22 "制单选择"窗口

（3）单击"制单设置"选项卡，显示资产增加账户借贷关系，如图4-23所示。

图4-23 "制单设置"窗口

（4）单击"凭证"按钮，打开"填制凭证"窗口，选择"付 付款凭证"，补充输入"借22210101，贷200101"，单击"保存"按钮，如图4-24所示。

图4-24 资产增加付款凭证

业务处理 4-3：总账系统处理

固定资产系统生成的凭证自动传递到总账系统，总账系统对传递来的凭证进行审核和记账。

> **提醒**
> 只有总账系统记账完毕，固定资产系统期末才能和总账系统进行对账。

任务处理 3　月末处理

月末处理包括计提减值准备、计提折旧、查看折旧清单、生成记账凭证、对账和结账。

业务处理 1：账表管理

（1）选择"固定资产"｜"账表"｜"我的账表"选项，打开"账表"窗口。
（2）单击"折旧表"，选择"（部门）折旧计提汇总表"。
（3）单击"打开"按钮，打开"条件"窗口。
（4）选择期间"2020.01"，汇总部门"1—2"，单击"确定"按钮。

业务处理 2：生成记账凭证

平时已经生成凭证，月末无须再生成凭证。

任务测评

固定资产业务生成的凭证，如表 4.6 所示。

表 4.6　固定资产业务生成凭证一览表

业务号	凭证类型	会计科目	借方金额/元	贷方金额/元	辅助信息
1	付	固定资产	2 000.00		
		银行存款/工行存款		2 000.00	现金流量项目
		应交税费——进项税额	260.00		
		银行存款/工行存款		260.00	现金流量项目
2	付	固定资产	100 000.00		
		银行存款/工行存款		100 000.00	现金流量项目
		应交税费——进项税额	13 000.00		
		银行存款/工行存款		13 000.00	现金流量项目
3	转	管理费用/折旧费	3 160.00		
		管理费用/折旧费	128.00		
		销售费用/折旧费	4 740.00		
		销售费用/折旧费	128.00		
		制造费用/折旧费	64.00		
		累计折旧		8 220.00	

续表

业务号	凭证类型	会计科目	借方金额/元	贷方金额/元	辅助信息
4	收	累计折旧	1 664.00		现金流量项目
		固定资产清理	5 336.00		
		银行存款/工行存款	1 000.00		
		固定资产		8 000.00	

> ⓘ **提醒**
>
> ● 系统自动产生表 4.6 的 4 号凭证时，其会计分录如下。
>
> 借：累计折旧　　　　　　　1 664.00
> 　　固定资产清理　　　　　　6 336.00（手工将其改为 5 336.00）
> 　　银行存款/工行存款　　　　1 000.00（手工输入）
> 贷：固定资产　　　　　　　　8 000.00

学习任务5

财务报表系统

5.1 系统概述

用友 ERP-U8 管理软件中的 UFO 报表是报表事务处理工具。它与用友账务等系统有完善的接口，具有方便的自定义报表功能、数据处理功能，内置多个行业的常用会计报表。该系统也可以独立运行，用于处理日常办公事务。

5.1.1 财务报表系统主要功能

1. 文件管理功能

财务报表系统提供了各类文件管理功能，除能完成一般的文件管理外，财务报表系统的数据文件还能够转换为不同的文件格式，如文本文件、mdb 文件、xls 文件等。此外，通过财务报表系统提供的"导入"和"导出"功能，可以实现和其他流行财务软件之间的数据交换。

2. 格式设计功能

财务报表系统提供了格式设计功能，可以设置报表尺寸、组合单元，画表格线，调整行高、列宽，设置字体和颜色，设置显示比例等。同时，财务报表系统还内置了 11 种套用格式和 16 个行业的标准财务报表模板，包括最新的现金流量表，方便用户制作标准的报表。对于用户单位内部常用的管理报表，财务报表系统还提供了自定义模板功能。

3. 公式设计功能

财务报表系统提供了绝对单元公式和相对单元公式，可以方便、迅速地定义计算公式、审核公式、舍位平衡公式；财务报表系统还提供了各种丰富的函数，在系统向导的引导下，用户可以轻松地从用友账务及其他子系统中提取数据，生成财务报表。

4. 数据处理功能

财务报表系统提供了数据处理功能，可以用固定的格式管理大量数据不同的表页，并在每张表页之间建立有机的联系。此外，财务报表系统还提供了表页的排序、查询、审核、舍位平衡和汇总功能。

5. 图表功能

财务报表系统可以很方便地对数据进行图形组织和分析，制作包括直方图、立体图、圆饼图和折线图等在内的多种分析图表，并能编辑图表的位置、大小、标题、字体和颜色。

6. 打印功能

财务报表系统提供了"所见即所得"和"打印预览"的功能，可以随时观看报表或图形的打印效果。在打印报表时，可以打印格式或数据，可以设置表头和表尾，可以以0.3～3的比例系数缩放打印，可以横向或纵向打印等。

5.1.2 财务报表系统与其他子系统的关系

财务报表系统主要从其他子系统中提取编制报表所需的数据。总账、薪资管理、固定资产、应收款管理、应付款管理、财务分析、采购、库存、存货核算和销售子系统均可向财务报表系统传递数据，生成财务部门所需的各种会计报表。

5.1.3 财务报表系统的数据处理流程

在手工环境下，编制凭证、登记账簿、编制会计报表是一个完整的账务处理程序，在会计电算化方式下，出于报表灵活性方面的考虑，一般将报表的处理从账务系统中独立出来，形成通用报表系统，以便生成满足各类用户对不同信息需要的多种报表。因此，在会计电算化方式下，财务报表系统数据处理的流程如图5-1所示。

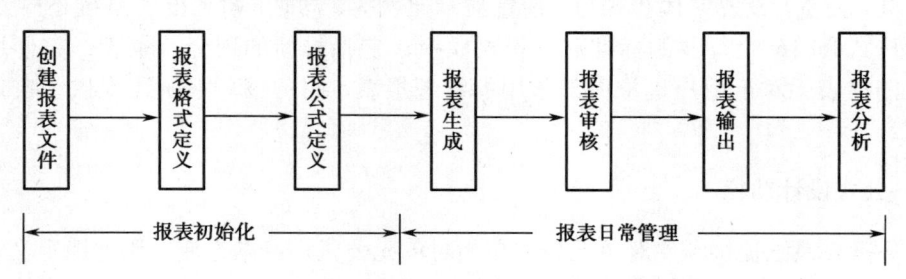

图5-1 财务报表系统数据处理流程

5.2 财务报表系统初始设置

5.2.1 自定义报表

1. 定义报表格式

报表格式的定义在"格式"状态下进行。格式设计对整个报表都有效,具体包括:设置报表尺寸、定义组合单元、画表格线、输入报表中的项目、定义行高和列宽、设置单元风格、设置单元属性、确定关键字在表页上的位置。

2. 定义报表公式

报表公式的定义在"格式"状态下进行。在财务报表系统中,由于各种报表之间存在着密切的数据间的逻辑关系,所以报表中各种数据的采集、运算钩稽关系的检测就用到了不同的公式。报表公式主要有计算公式、审核公式和舍位平衡公式。

报表的计算公式在一般情况下必须进行设置,审核公式和舍位平衡公式则是根据需要设置的。

5.2.2 报表模板

1. 调用报表模板

前面介绍的是自定义报表。自定义报表可以设计出个性化的报表,但对于一些会计实务上常用的、格式基本固定的财务报表,如果逐一自定义无疑费时、费力。针对这种情况,财务报表系统为用户提供了 16 个行业的标准财务报表模版。用户可以套用系统提供的标准报表格式,并在标准格式的基础上根据自己单位的具体情况加以局部修改,免去从头至尾建立报表、定义格式公式的烦琐工作。利用报表模板可以迅速建立一张符合实际需要的财务报表。

2. 自定义报表模板

对于一些本企业常用但报表模板中没有提供标准格式的报表,在定义完这些报表后可以将其定制为报表模板,以便在使用时可以直接调用这个模板。自定义报表模板主要需要定义报表的所属行业和报表名称。

5.2.3 报表数据处理

报表数据处理主要包括生成报表数据、审核报表数据和舍位平衡操作等工作。数据处理工作必须在"数据"状态下进行,处理时系统会根据已定义的单元公式、审核公式和舍位平衡公式自动进行取数、审核及舍位等操作。

报表数据处理一般是针对某个特定表页进行的，因此在进行数据处理时还涉及表页的操作，如增加、删除、插入和追加表页等。

报表的数据包括报表单元的数值、字符及游离于单元外的关键字。数值单元只能生成数字，而字符单元既能生成数字又能生成字符。数值单元和字符单元可以由公式生成，也可以由键盘输入，而关键字必须由键盘输入。

5.2.4 表页管理及报表输出

报表的输出包括报表的屏幕输出和打印输出。输出时可以针对报表格式输出，也可以针对某一特定表页输出。输出报表格式必须在"格式"状态下操作，而输出表页必须在"数据"状态下操作。输出表页时，格式和报表数据一起输出。

输出表页数据时会涉及表页的相关操作，如表页排序、查找和透视等。屏幕输出时还可以对报表的显示风格和显示比例加以设置。在打印报表前可以在预览窗口预览，打印时还可以进行页面设置和打印设置等操作。

任务实例7　报表业务处理

任务准备

引入"任务实例4"或"任务实例5"、"任务实例6"的账套数据。利用报表模块生成资产负债表、利润表、现金流量表主表；自定义一张货币资金表。

任务处理1　调用报表模板生成资产负债表

业务处理1：调用资产负债表模板

以账套主管"张山"的身份进行财务报表系统。

（1）在"格式"状态下，选择"格式"｜"报表模板"选项，打开"报表模板"窗口。

（2）选择所在的行业为"2007年新会计制度科目"，财务报表为"资产负债表"。

（3）单击"确认"按钮，即可打开"资产负债表"模板，如图5-2所示。

业务处理2：调整报表模板

（1）单击"数据/格式"按钮，使"资产负债表"处于"格式"状态。

（2）输入单位名称，根据本单位的实际情况，调整报表格式，修改报表公式。

（3）保存调整后的报表模板。

资产负债表

提示无数据

会企01表

编制单位：　　　　　　xxxx 年　　xx 月　　xx 日　　　　　　　　　单位：元

资　产	行次	期末余额	年初余额	负债和所有者权益（或股东权益）	行次	期末余额	年初余额
流动资产：				流动负债			
货币资金	1	公式单元	公式单元	短期借款	32	公式单元	公式单元
交易性金融资产	2	公式单元	公式单元	交易性金融负债	33	公式单元	公式单元
应收票据	3	公式单元	公式单元	应付票据	34	公式单元	公式单元
应收账款	4	公式单元	公式单元	应付账款	35	公式单元	公式单元
预付款项	5	公式单元	公式单元	预收款项	36	公式单元	公式单元
应收利息	6	公式单元	公式单元	应付职工薪酬	37	公式单元	公式单元
应收股利	7	公式单元	公式单元	应交税费	38	公式单元	公式单元
其他应收款	8	公式单元	公式单元	应付利息	39	公式单元	公式单元
存货	9	公式单元	公式单元	应付股利	40		
一年内到期的非流动资产	10			其他应付款	41	公式单元	公式单元
其他流动资产	11			一年内到期的非流动负债	42		
流动资产合计	12	公式单元	公式单元	其他流动负债	43		
非流动资产：				流动负债合计	44	公式单元	公式单元
可供出售金融资产	13	公式单元	公式单元	非流动负债：			
持有至到期投资	14	公式单元	公式单元	长期借款	45		
长期应收款	15	公式单元	公式单元	应付债券	46		
长期股权投资	16	公式单元	公式单元	长期应付款	47		
投资性房地产	17	公式单元	公式单元	专项应付款	48		
固定资产	18	公式单元	公式单元	预计负债	49	公式单元	公式单元
在建工程	19	公式单元	公式单元	递延所得税负债	50	公式单元	公式单元
工程物资	20	公式单元	公式单元	其他非流动负债	51		

图 5-2 "资产负债表"模板

业务处理 3：生成资产负债表数据

（1）在"数据"状态下，选择"数据"｜"关键字"｜"录入"选项，打开"录入关键字"窗口。

（2）输入关键字：年为"2020"，月为"1"，日为"31"，如图 5-3 所示。

（3）单击"确认"按钮，系统弹出"是否重算第 1 页？"信息提示窗口。

（4）单击"是"按钮，系统会自动根据单元公式计算 1 月份数据；单击"否"按钮，系统不计算 1 月份数据，以后可利用"表页重算"功能生成 1 月份数据。

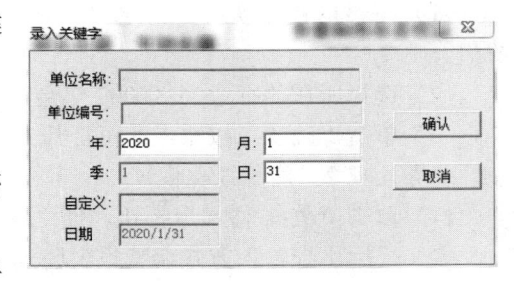

图 5-3 "录入关键字"窗口

（5）单击工具栏上的"保存"按钮，将生成的报表数据保存。数据见本任务的任务测评。

任务处理 2　调用报表模板生成利润表

业务处理：

操作原理同"资产负债表"，"利润表"模板如图 5-4 所示。

利润表

会企02表

编制单位：		xxxx 年	xx 月	单位：元
演示数据	项目	行数	本期金额	上期金额
	一、营业收入	1	公式单元	公式单元
	减：营业成本	2	公式单元	公式单元
	税金及附加	3	公式单元	公式单元
	销售费用	4	公式单元	公式单元
	管理费用	5	公式单元	公式单元
	财务费用	6	公式单元	公式单元
	资产减值损失	7	公式单元	公式单元
	加：公允价值变动收益（损失以"-"号填列）	8	公式单元	公式单元
	投资收益（损失以"-"号填列）	9	公式单元	公式单元
	其中：对联营企业和合营企业的投资收益	10		
	二、营业利润（亏损以"-"号填列）	11	公式单元	公式单元
	加：营业外收入	12	公式单元	公式单元
	减：营业外支出	13	公式单元	公式单元
	其中：非流动资产处置损失	14		
	三、利润总额（亏损总额以"-"号填列）	15	公式单元	公式单元
	减：所得税费用	16	公式单元	公式单元
	四、净利润（净亏损以"-"号填列）	17	公式单元	公式单元
	五、每股收益：	18		
	（一）基本每股收益	19		

图 5-4 "利润表"模板

任务处理 3 调用报表模板生成现金流量表

业务处理 1：调用现金流量表模板

（1）在"格式"状态下，选择"格式"|"报表模板"选项，打开"报表模板"窗口。

（2）选择所在的行业为"2007 年会计制度科目"，财务报表为"现金流量表"。

（3）单击"确认"按钮，即可打开"现金流量表"模板。

业务处理 2：调整报表模板

（1）单击"数据/格式"按钮，使"现金流量表"处于"格式"状态。

（2）采用引导输入方式调整报表公式。

（3）选中单元 C6。

（4）单击"fx"按钮，打开"定义公式"窗口。

（5）单击"函数向导"按钮，打开"函数向导"窗口。

（6）在"函数分类"列表框中选择"用友账务函数"，在右侧的"函数名"列表框中选择"现金流量项目金额（XJLL）"，单击"下一步"按钮，打开"用友账务函数"窗口。

（7）单击"参照"按钮，打开"账务函数"窗口。

（8）单击"项目编码"右侧的"参照"按钮，打开"现金流量项目"选项。

（9）双击与 C6 单元左侧相对应的项目，单击"确定"按钮，返回"用友账务函数"窗口。

（10）单击"确定"按钮，返回"定义公式"窗口，单击"确认"按钮。
（11）重复步骤（3）～（10）的操作，输入其他单元公式。
（12）单击工具栏上的"保存"按钮，保存调整后的报表模板。

业务处理3：生成现金流量表主表数据
（1）在"数据"状态下，选择"数据"｜"表页重算"选项。
（2）系统弹出"是否重算第1页？"信息提示窗口。
（3）单击"是"按钮，系统会自动根据单元公式计算1月份数据。
（4）选择"文件"｜"另存为"选项，输入文件名"现金流量表"，单击"另存为"按钮，将生成的报表数据保存。

任务处理4　自定义货币资金表

1. 报表格式（见表5.1）

表5.1　货币资金表

单位名称：　　　年　月　日

项　目	行　次	期初数/元	期末数/元
库存现金	1		
银行存款	2		
其他货币资金	3		
合计	4		

制表人：

2. 报表公式

库存现金期初数：C4=QC("1001",月)
库存现金期末数：D4=QM("1001",月)
银行存款期初数：C5=QC("1002",月)
银行存款期末数：D5=QM("1002",月)
其他货币资金期初数：C6=QC("1012",月)
其他货币资金期末数：D6=QM("1012",月)
期初数合计：C7=C4+C5+C6
期末数合计：D7=D4+D5+D6

业务处理1：报表定义——报表格式定义
1）启动财务报表系统
（1）进入企业应用平台后，选择｜"财务会计"｜"UFO报表"选项，进入财务报表系统。
（2）选择"文件"｜"新建"选项，建立一张空白报表，报表名默认为"report1.rep"。

> **提醒**
> - 空白报表建立起来后，里面没有任何内容，所有单元的类型均默认为数量单位。
> - 新报表建立后，默认的状态栏为"格式"状态。

2）设置报表尺寸

查看空白报表底部左下角的"格式/数据"按钮，使当前状态为"格式"状态。

（1）选择"格式"｜"表尺寸"选项，打开"表尺寸"窗口。

（2）输入行数为"7"，列数为"4"，如图 5-5 所示，单击"确认"按钮。

> **提醒**
> 设置完报表的尺寸后，还可以选择"格式"｜"插入"或"删除"选项，通过增加或减少行或列来调整报表大小。

3）定义组合单元

（1）选择需合并的单元区域 A1:D1。

（2）选择"格式"｜"组合单元"选项，打开"组合单元"窗口，如图 5-6 所示。

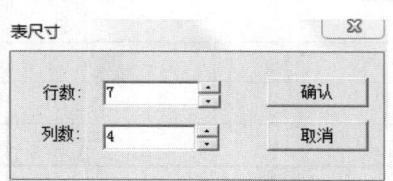

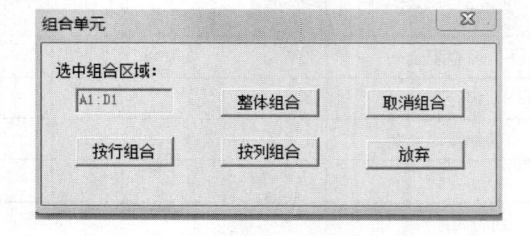

图 5-5 "表尺寸"窗口　　　　图 5-6 "组合单元"窗口

（3）选择组合方式"整体组合"或"按行组合"，该单元即合并成一个单元格。

（4）同理，定义 A2:D2 单元为组合单元。

> **提醒**
> - 组合单元可以用该区域或者区域中的任意一个单元名来加以表示。
> - 组合单元实际上就是一个大的单元,所有针对单元的操作对组合单元均有效。
> - 若要取消所定义的组合单元，可以在"组合单元"窗口中单击"取消组合"按钮实现。

4）画表格线

（1）选中报表需要画线的单元区域 A3:D6。

（2）选择"格式"｜"区域画线"选项，打开"区域画线"窗口。

（3）选中"网线"单选按钮，如图 5-7 所示，单击"确认"按钮，将所选区域画上表格线。

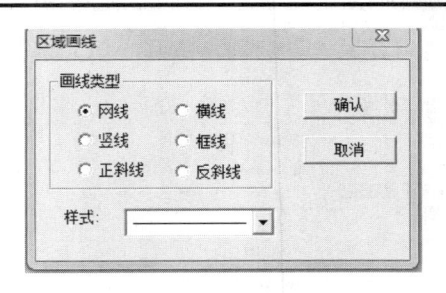

图 5-7 "区域画线"窗口

> **提醒**
>
> 画好的表格在"格式"状态下变化并不明显,操作完以后可以在"数据"状态下查看效果。

5)输入报表项目

(1)选中需要输入内容的单元或组合单元。

(2)在该单元或组合单元中输入相关文字内容,例如,在 A1 组合单元中输入"货币资金表"字样。

> **提醒**
>
> ● 报表项目是指报表的文字内容,主要包括表头内容、表体项目和表尾项目等,不包括关键字。
> ● 在输入报表项目时,编制单位、日期一般不需要输入,财务报表系统将其单独设置为关键字。
> ● 一个表样单元最多能输入 63 个字符或 31 个汉字,允许换行显示。

6)定义报表行高和列宽

(1)选中要调整的单元所在行 A1。

(2)选择"格式"|"行高"选项,打开"行高"窗口。

(3)输入行高为"7",如图 5-8 所示,单击"确认"按钮。

(4)选中需要调整的单元所在的列,选择"格式"|"列宽"选项,可设置该列的宽度。

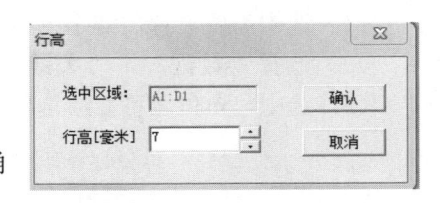

图 5-8 "行高"窗口

> **提醒**
>
> 行高和列宽的定义可以通过菜单操作,也可以直接利用鼠标拖动某行或某列来调整。

7)设置单元风格

(1)选中标题所在组合单元 A1。

（2）选择"格式"｜"单元属性"选项，打开"单元格属性"窗口，如图5-9所示。

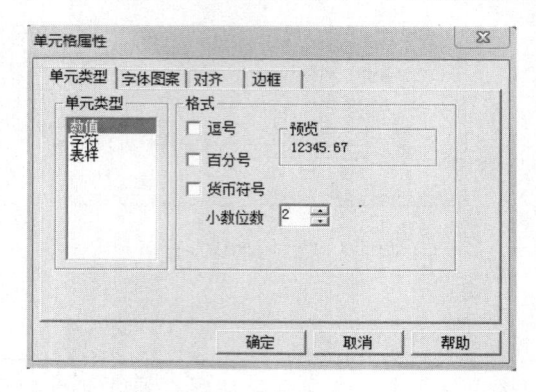

图5-9 "单元格属性"窗口

（3）选择"字体图案"选项卡，设置字体为"黑体"，字号为"14"。
（4）选择"对齐"选项卡，设置对齐方式为"居中"，单击"确定"按钮。
8）定义单元属性
（1）选中单元D7。
（2）选择"格式"｜"单元属性"选项，打开"单元格属性"窗口。
（3）选择"单元类型"选项卡，选择"字符"选项，单击"确定"按钮。

提醒

- 在"格式"状态下，输入的内容均默认为表样单元。
- "字符"单元类型和"数值"单元类型输入后，只对本表页有效；"表样"单元类型输入后，对所有的表页都有效。

9）设置关键字
（1）选中需要设置关键字的组合单元A2。
（2）选择"数据"｜"关键字"｜"设置"选项，打开"设置关键字"窗口。
（3）选中"单位名称"单选按钮，如图5-10所示，单击"确定"按钮。

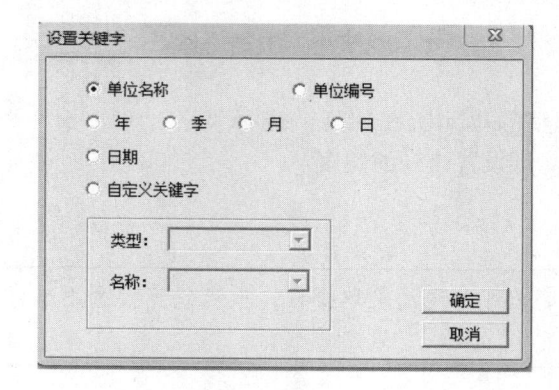

图5-10 "设置关键字"窗口

（4）同理，设置"年""月""日"关键字。

> **提醒**
> - 在"格式"状态下定义关键字，在"数据"状态下输入关键字的值。
> - 每张报表可以同时定义多个关键字。
> - 关键字（如年、月等）会随同报表数据一起显示，在定义关键字时既要考虑编制报表的需要，又要考虑打印的需要。
> - 如果关键字的位置设置错误，可以选择"数据"｜"关键字"｜"取消"选项，取消后再重新设置。
> - 关键字在一张报表中只能定义一次，即同一张报表中不能有重复的关键字。

10）调整关键字位置

（1）选择"数据"｜"关键字"｜"偏移"选项，打开"定义关键字偏移"窗口。

（2）在需要调整位置的关键字后面输入偏移量：年"120"，月"90"，日"60"。正数表示向右偏移，负数表示向左偏移。

（3）单击"确定"按钮。

> **提醒**
> - 关键字的位置可以用偏移量来表示，负数值表示向左移，正数值表示向右移。在调整时，可以通过输入正的或负的数值来调整。
> - 关键字偏移量的单位为像素。

业务处理 2：定义报表公式

1）定义单元公式——直接输入公式

直接输入公式是指通过键盘直接输入。在这种方式下，只需要按照公式的格式输入公式。其优点是输入速度快，但要求使用者对系统比较熟悉。

（1）选中需要定义公式的单元 C7，即"货币资金"的期初数。

（2）选择"数据"｜"编辑公式"｜"单元公式"选项，打开"定义公式"窗口。

（3）在"定义公式"窗口中直接输入总账期初函数公式。

QC("1001",全年,,,年,,)+QC("1002",全年,,,年,,)+QC("1012",全年,,,年,,)，如图 5-11 所示。

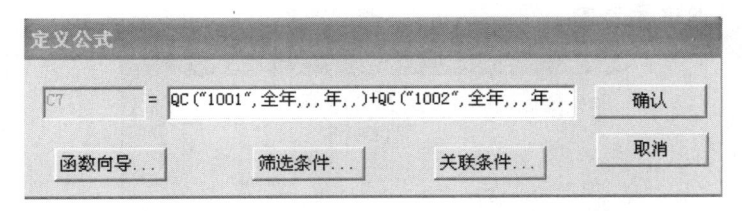

图 5-11 "定义公式"窗口

（4）单击"确认"按钮。

> **提醒**
> - 单元公式中涉及的符号均为英文半角字符。
> - 单击"fx"按钮、双击某公式单元、按"="键这三种方法都可以打开"定义公式"窗口。

2）定义单元公式——引导输入公式

利用"函数向导"输入公式。如果用户对财务报表系统的函数不太了解，直接定义单元公式会有困难，可以利用"函数向导"引导输入公式。使用者按照系统提示，输入取数来源，选择科目代码、会计期间、借贷方向、发生额或余额等，系统即可生成需要的公式。

（1）选中被定义单元 D4，即"库存现金"期末数。

（2）单击"fx"按钮，打开"定义公式"窗口。

（3）单击"函数向导"按钮，打开"函数向导"窗口。

（4）在"函数分类"列表框中选择"用友账务函数"，在右侧的"函数名"列表框中选择"期末（QM）"，如图 5-12 所示。

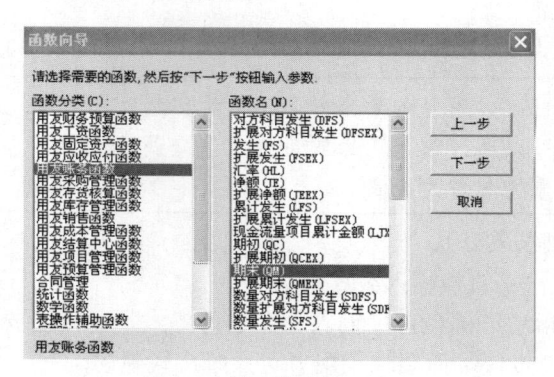

图 5-12 "函数向导"窗口

（5）单击"下一步"按钮，打开"用友账务函数"窗口。

（6）单击"参照"按钮，打开"账务函数"窗口。

（7）单击"科目"右侧的"…"按钮，选择"1001"（库存现金）选项，如图 5-13 所示。

（8）输入其他单元公式。

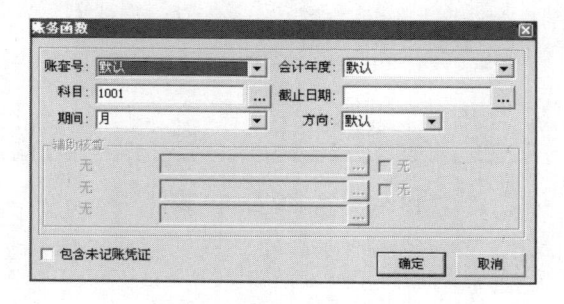

图 5-13 "账务函数"窗口

> **提醒**
>
> 账套号和会计年度如果选择默认，以后在选择取数的账套时，需要进行账套初始工作；如果直接输入，则不需要再进行账套初始工作。如果输入的会计科目有辅助核算，还可以输入相关辅助核算内容；如果没有辅助核算，则"辅助核算"复选框呈灰色，不可输入。

3）定义审核公式

审核公式用于审核报表或报表间钩稽关系是否正确。例如，"资产负债表"中的"资产总计的年初数=负债及所有者权益的年初数"。

在一般的报表中，有关项目间或同其他报表间存在一定的钩稽关系，可以根据这些关系定义审核公式。设置的方法与设置运算公式的方法类似，但审核公式中允许使用的运算符除计算公式允许使用的运算符外，还可使用"＜""＜＞""＞"等逻辑运算符。

（1）选择"数据"｜"编辑公式"｜"审核公式"选项，打开"审核公式"窗口。

（2）在"审核关系"列表框中输入以下内容：C16=G16
MESS"资产总计的年初数＜＞负债及所有者权益的年初数"，如图5-14所示。

（3）单击"确定"按钮。

本任务实例的"货币资金表"中不存在这种钩稽关系。

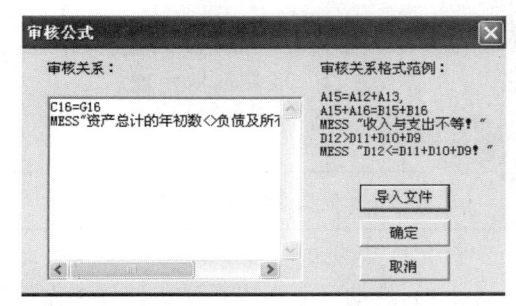

图5-14 "审核公式"窗口

> **提醒**
>
> 审核公式在"格式"状态下编辑，在"数据"状态下执行。

4）定义舍位平衡公式

（1）选择"格式"｜"编辑公式"｜"舍位公式"选项，打开"舍位平衡公式"窗口。

（2）确定信息：舍位表名 SW1，舍位范围 C4:D6，舍位位数 3，平衡公式"C6=C4+C5，D6=D4+D5"。

（3）单击"完成"按钮。

> **提醒**
>
> - 舍位平衡公式是指用来重新调整报表数据进位后的小数位平衡关系的公式。
> - 每个公式一行，各公式间用逗号","隔开。最后一条公式不用写逗号，否则公式无法执行。
> - 等号左边只能为一个单元（不带页号和表名）。
> - 舍位公式中只能使用"+""-"符号，不能使用其他运算符及函数。
> - 计算公式为报表单元赋值的公式。利用它可以将单元赋值为数值或字符，可以实现报表系统从其他系统取数，以及一些小计、合计、汇总操作。

- 审核公式：报表数据间的检查公式。它主要用于：报表数据来源定义完成后，审核报表的合法性；报表数据生成后，审核报表数据的正确性。
- 舍位平衡公式：用于在报表数据进行进位或小数取整时调整数据。例如，将以"元"为单位的报表数据变成以"万元"为单位的报表数据，且表中的平衡关系仍然成立。

5）保存报表格式

（1）选择"文件"｜"保存"选项。如果是第一次保存，则打开"另存为"窗口。

（2）选择保存文件夹为"C:\U8SOFT\Ufo\UFOmodel\2007 年会计制度科目"，输入报表文件名"货币资金表"，选择保存类型为"*.REP"，单击"另存为"按钮。

提醒

- 报表格式设置完成后要及时将这张报表格式保存下来，以便以后随时调用。
- 如果没有保存就退出，系统会提示"是否保存报表？"，以防止误操作。

业务处理 3：报表数据处理

提醒

报表数据处理必须在"数据"状态下进行。

1）打开报表

（1）启动财务报表系统，选择"文件"｜"打开"选项。

（2）选择文件夹"C:\U8SOFT\Ufo\UFOmodel\2007 年会计制度科目"中的报表文件"货币资金表.REP"，单击"打开"按钮。

（3）单击空白报表底部左下角的"格式/数据"按钮，使当前状态为"数据"状态。

2）增加表页

（1）选择"编辑"｜"追加"｜"表页"选项，打开"追加表页"窗口。

（2）输入需要增加的表页数"2"，单击"确认"按钮。

提醒

- 追加表页是在最后一张表页后追加 N 张空表页，插入表页是在当前表页后插入一张空表页。
- 一张报表最多能管理 99 999 张表页，演示版软件系统最多能管理 4 张表页。

3）输入关键字值

（1）选择"数据"｜"关键字"｜"录入"选项，打开"录入关键字"窗口。

（2）输入单位名称为"康源科技有限公司"，年为"2020"，月为"1"，日为"31"。

（3）单击"确认"按钮，系统弹出"是否重算第 1 页？"信息提示窗口。

（4）单击"是"按钮，系统会自动根据单元公式计算 1 月份数据；单击"否"按钮，系统不计算 1 月份数据，以后可利用"表页重算"功能生成 1 月份数据。

> **提醒**
> - 每张表页对应不同的关键字，输出时随同单元一起显示。
> - 日期关键字可以确认数据取数的时间范围，即确定数据生成的具体日期。

4）生成报表

（1）选择"数据"｜"表页重算"选项，系统弹出"是否重算第 1 页？"信息提示窗口。

（2）单击"是"按钮，系统会自动在初始的账套和会计年度范围内根据单元公式计算并生成数据。

> **提醒**
> 可将生成的数据报表保存到指定位置。

5）报表舍位操作。

（1）选择"数据"｜"舍位平衡"选项。

（2）系统会自动根据前面定义的舍位平衡公式进行舍位操作，并将舍位后的报表保存在 SW1.REP 文件中。

> **提醒**
> - 舍位操作后，可以将 SW1.REP 文件打开查阅一下。
> - 如果舍位平衡公式有误，系统状态栏会提示"无效命令或错误参数！"信息。

业务处理 4：表页管理及报表输出

1）表页排序

（1）选择"数据"｜"排序"｜"表页"选项，打开"表页排序"窗口。

（2）确定信息：选择第一关键字"年"，排序方向"递增"；第二关键字"月"，排序方向"递增"。

（3）单击"确认"按钮，系统将自动把表页按年份递增顺序重新排列，如果年份相同则按月份递增顺序排列。

2）表页查找

（1）选择"编辑"｜"查找"选项，打开"查找"窗口。

（2）确定查找内容"表页"，确定查找条件"月=1"。

（3）单击"查找"按钮，查找到符合条件的表页作为当前表页。

业务处理 5：图表功能

1）追加图表显示区域

（1）在"格式"状态下，选择"编辑"｜"追加"｜"行"选项，打开"追加行"窗口。

（2）输入追加行数"10"，单击"确定"按钮。

2）插入图表对象

（1）在"数据"状态下，选择数据区域 A3:D6。

（2）选择"工具"｜"插入图表对象"选项，在追加的图表工作区，拖动鼠标左键至适当大小后,打开"区域作图"窗口。

(3) 选择确定信息:数据组"行",操作范围"当前表页"。

(4) 输入图表名称"资金分析图",图表标题"资金对比",X轴标题"期间",Y轴标题"金额"。

(5) 选择图表格式"成组直方图",单击"确认"按钮。

(6) 将图表中的对象调整到合适位置。

> **提醒**
> - 插入的图表对象实际上也属于报表的数据,因此有关图表对象的操作必须在"数据"状态下进行。
> - 选择图表对象显示区域时,区域不能少于2行×2列,否则会提示出现错误。

3) 编辑图表对象——编辑图表主标题

(1) 双击图表对象的任意位置,选中图表。

(2) 选择"编辑"|"主标题"选项,打开"编辑标题"窗口。

(3) 输入主标题"资金对比分析",单击"确认"按钮。

4) 编辑图表对象——编辑图表主标题字样

(1) 选中主标题"资金对比分析"。

(2) 选择"编辑"|"标题字样"选项,打开"标题字样"窗口。

(3) 选择字体"黑体",字形"粗体",字号"12",效果"加下画线",单击"确认"按钮。

任务测评

"利润表"和"资产负债表"模板分别如图 5-15 和图 5-16 所示。

利润表

编制单位:康源科技 2020 年 1 月

会企02表
单位:元

项目	行数	本期金额	上期金额
一、营业收入	1	510,000.00	
减:营业成本	2	286,000.00	
税金及附加	3	6,120.00	
销售费用	4	9,800.00	
管理费用	5	118,100.00	
财务费用	6	800.00	
资产减值损失	7		
加:公允价值变动收益(损失以"-"号填列)	8		
投资收益(损失以"-"号填列)	9		
其中:对联营企业和合营企业的投资收益	10		
二、营业利润(亏损以"-"号填列)	11	89,180.00	
加:营业外收入	12		
减:营业外支出	13		
其中:非流动资产处置损失	14		
三、利润总额(亏损总额以"-"号填列)	15	89,180.00	
减:所得税费用	16	22,295.00	
四、净利润(净亏损以"-"号填列)	17	66,885.00	
五、每股收益:	18		
(一)基本每股收益	19		

图 5-15 "利润表"模板

资产负债表

编制单位:康源科技　　　2020 年 1 月 31 日　　　演示数据　　　会企01表　单位:元

资　产	行次	期末余额	年初余额	负债和所有者权益(或股东权益)	行次	期末余额	年初余额
流动资产:				流动负债:			
货币资金	1	1,348,410.00	1,431,300.00	短期借款	32	800,000.00	800,000.00
交易性金融资产	2	20,000.00	20,000.00	交易性金融负债	33		
应收票据	3	916,000.00	351,000.00	应付票据	34	552,750.00	468,000.00
应收账款	4	244,130.00	232,830.00	应付账款	35	173,500.00	147,000.00
预付款项	5			预收款项	36		
应收利息	6			应付职工薪酬	37	305,790.00	43,590.00
应收股利	7			应交税费	38	420,795.00	350,520.00
其他应收款	8	3,800.00	8,000.00	应付利息	39	3,480.00	2,680.00
存货	9	2,569,400.00	2,496,800.00	应付股利	40		
一年内到期的非流动资产	10			其他应付款	41	10,640.00	10,640.00
其他流动资产	11			一年内到期的非流动负债	42		
流动资产合计	12	5,101,740.00	4,539,930.00	其他流动负债	43		
非流动资产:				流动负债合计	44	2,266,955.00	1,822,430.00
可供出售金融资产	13			非流动负债:			
持有至到期投资	14			长期借款	45	1,500,000.00	1,500,000.00
长期应收款	15			应付债券	46		
长期股权投资	16	280,000.00	280,000.00	长期应付款	47		
投资性房地产	17			专项应付款	48		
固定资产	18	8,213,348.40	8,263,348.40	预计负债	49		
在建工程	19			递延所得税负债	50		
工程物资	20			其他非流动负债	51		
固定资产清理	21			非流动负债合计	52	1,500,000.00	1,500,000.00
生产性生物资产	22			负债合计	53	3,766,955.00	3,322,430.00
油气资产	23			所有者权益(或股东权益):			
无形资产	24	396,540.00	326,540.00	实收资本(或股本)	54	7,070,000.00	7,000,000.00
开发支出	25			资本公积	55	1,078,000.00	1,078,000.00
商誉	26			减:库存股	56		
长期待摊费用	27	159,600.00	160,000.00	盈余公积	57	892,688.50	886,000.00
递延所得税资产	28			未分配利润	58	1,343,584.90	1,283,388.40
其他非流动资产	29			所有者权益(或股东权益)合计	59	10,384,273.40	10,247,388.40
非流动资产合计	30	9,049,488.40	9,029,888.40				
资产总计	31	14,151,228.40	13,569,818.40	负债和所有者权益(或股东权益)总计	60	14,151,228.40	13,569,818.40

图 5-16 "资产负债表"模板

下篇　ERP供应链管理系统

供应链管理系统中有采购与应付款管理、销售与应收款管理、库存与存货管理功能模块。为实现企业财务、业务的一体化管理，本教程将采购与应付款管理、销售与应收款管理、库存与存货管理进行组合形成供应链管理系统。供应链管理系统主要核算企业的采购、销售、库存等经济业务，供应链管理系统的数据关系如下图所示。

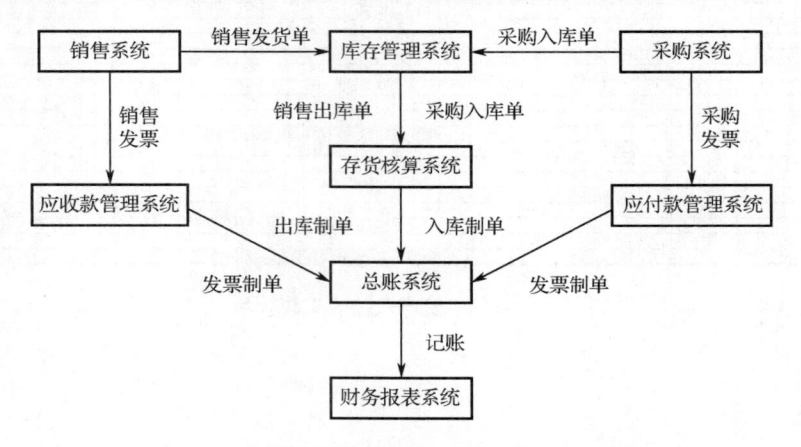

供应链系统的数据关系图

销售系统通过对销售订单、销售发货单、销售发票的处理，将已审核的销售发票传递至应收款管理系统进行收款结算，并由应收款管理系统生成相应的记账凭证，总账系统接收应收款管理系统的记账凭证，对其进行审核、记账处理。另外，销售系统将销售发货单传递至库存管理系统，由库存管理系统生成销售出库单，并审核。存货核算系统根据库存管理系统传递过来的销售出库单自动生成记账凭证，交由总账系统进行审核、记账处理。

采购系统通过对采购入库单与采购发票的处理，将采购发票传递至应付款管理系统，由应付款管理系统进行付款结算，并生成相应的记账凭证，交由总账系统进行审核、记账处理。另外，采购系统又将采购入库单传入库存管理系统进行审核。最后，存货核算系统接收库存管理系统传递过来的采购入库单，据此生成记账凭证，交由总账系统进行审核、记账处理。

库存管理系统的主要任务是生成并审核各种出、入库单，并交由存货核算系统生成记账凭证。存货核算系统接收库存管理系统传递过来的出、入库单，确定出、入库存货的成本并生成记账凭证，交由总账系统进行审核、记账处理。

学习任务6

供应链系统初始管理

6.1 供应链系统初始设置

供应链系统的初始设置是为用户利用计算机处理自己企业的采购与应付业务准备一个适宜的允许环境，使通用的采购与应付款管理系统能够适应本企业采购与应付业务的管理需要，同时，可在企业的经济业务处理发生变化时，对已有的设置进行修改以便适应企业的这种变化。

1. 初始建账

供应链系统初始建账的作用与其他系统是一样的，即为系统今后日常数据处理的需要，建立各种数据库文件的结构。因此，初始建账非常重要，一旦设置错误，将影响系统的日常处理。而且，设置时要考虑到企业将来的业务发展。例如，初始建账时，要设置供应商、客户、存货等代码的位数。

2. 系统初始设置

供应链系统初始设置是在"启动与注册"购销存系统后，在进行业务处理前，根据核算要求和实际业务情况进行的有关设置，以便系统根据设定的选项进行相应业务的处理，主要包括账套参数的设置、基础信息设置等。

3. 各种基础档案设置

各种基础档案指的是存货档案、仓库档案、供应商档案、客户档案、部门档案和人员档案，需要设置的信息包括供应商代码、供应商名称、电话、地址、付款条件和信用情况等，一般来说，档案代码一经设置并使用，应该既不允许删除也不允许修改，只允许增加新的档案信息。

4. 出入库类型设置

出入库类型设置主要是指对各种出入库业务类型进行设置，以便系统对不同的出入库业务做不同的处理，主要设置类型编码、类型名称。出入库类型有采购入库、产成品入库、退货入库、委托代销入库、调拨入库、其他入库、销售出库、材料出库、退货出库、调拨出库、其他出库等。

5. 付款条件设置

供应商采用赊销方式进行销售时,为了促使客户及时支付货款,当客户能够在一定的期限内付款时,供应商可以给客户一定的折扣。付款条件通常表示为 5/10、2/20、0/30,它的意思是客户在 10 天内偿还货款,可得到 5%的折扣,即只付原价的 95%的货款;在 20 天内偿还货款,可得到 2%的折扣,即只付原价的 98%的货款;在 30 天内偿还货款,则须按照全额支付货款;在 30 天以后偿还货款,则不仅要按全额支付货款,还可能要支付延期付款利息或违约金。为了处理这种业务需要进行付款条件的设置。付款条件主要设置折扣有效期限、对应折扣率和应付账款的到期天数。

6.2 初始数据录入

1. 采购与应付款期初余额录入

采购系统初始数据录入比较复杂,需要录入期初暂估入库的存货(即货已到票未到的存货)、期初在途存货(即票已到货未到的存货)、期初受托代销的存货。

应付款管理系统的期初余额录入是指企业已形成的但又尚未结算的应付款项的录入,即录入尚未结算的采购发票、代垫费用、预付款等应付、预付单据。它是初次使用本系统必须做的工作,以达到实现手工业务延续的目的。

2. 销售与应收款期初余额录入

销售系统初始数据录入主要包括期初发货单和日常委托代销发货业务开始前发生且未完全结算的委托代销发货单的录入。期初尚未结算的销售发票、代垫费用单等在应收款管理系统中录入。

应收款期初余额录入是指企业已形成的但又尚未结算的应收款项的录入,即录入尚未结算的销售发票、代垫费用、预收款等应收、预收单据。它是初次使用本系统时必须做的工作,以达到实现手工业务延续的目的。

3. 库存与存货期初余额录入

在初次启动库存管理系统时录入存货的期初数据。期初数据的录入主要包括期初存货的数量、金额、仓库、货位、入库时间、批号等信息。在初次使用时应先输入全部存货的期初余额,录入存货的期初数据后必须要和其他模块进行对账,以保证相同数据在不同模块的衔接性。

当有关的期初数据录入完毕,必须进行期初记账,将录入的各存货的期初数据记入库存台账、批次台账等账簿中。只有在期初数据记账后才能开始处理日常业务。如果第一次使用库存管理系统,没有期初数据,可以不录入,但必须进行期初记账。如果期初数据是由"结转上年"得来的,则结转上年后已是期初记账后状态,不需要进行期初记账。

任务实例 8　供应链系统初始设置

任务准备

可以引入"任务实例 2"的账套数据,也可以以单位名称"正元信息技术有限公司"另建一套账。

初始建账;采购初始数据;销售初始数据;库存与存货初始数据;应付及应收初始数据。

任务处理　初始资料设置

1. 修改"任务实例 2"中的凭证信息(见表 6.1)。

表 6.1　凭证信息

凭证类别	限制类型	限制科目
收款凭证	借方必有	1001,1002
付款凭证	贷方必有	1001,1002
转账凭证	凭证必无	1001,1002

2. 修改"任务实例 2"中的会计科目及余额(见表 6.2)。

表 6.2　会计科目

单位:元

科目编码	科目名称	核算账类	受控系统	期初余额
1001	库存现金			30 900.00
1002	银行存款	不设二级科目		1 250 000.00
1122	应收账款	客户往来	应收系统	223 290.00
1123	预付账款	供应商往来	应付系统	
1402	在途物资	不设二级科目		45 000
1403	原材料	不设二级科目		16 000
1405	库存商品	不设数量、项目核算		1 574 200
220201	应付账款/应付款项	供应商往来	应付系统	52 650.00
220202	应付账款/暂估应付账款			
2203	预收账款	客户往来	应收系统	
2221	应交税费			
222101	应交增值税			
22210101	进项税额			
22210105	销项税额			

续表

科目编码	科目名称	核算账类	受控系统	期初余额
4001	实收资本			3 086 740.00
5001	生产成本	不设项目核算		
6001	主营业务收入	不设部门项目核算		
6401	主营业务成本	不设部门项目核算		

（1）应收账款（1122）（见表6.3）。

表6.3 应收账款

单位：元

日期	凭证号	客户名称	摘要	方向	期初余额	业务员	票号
2019-12-26	转-25	温州公司	销售	借	71 190.00	周记	031226
2019-12-27	转-26	金华公司	销售	借	152 100.00	李洋	031227

（2）应付账款——应付款项（220201）（见表6.4）。

表6.4 应付账款——应付款项

单位：元

日期	凭证号	供应商	摘要	方向	金额	业务员	票号
2019-12-16	转-16	滨江公司	购进	贷	52 650.00	刘浪	041217

业务处理1和业务处理2：参见"任务实例2的任务处理2"（此处略）。

> **注意**
>
> 录入基本账及辅助账期初余额后，要进行期初试算平衡与对账。只有试算平衡后才能对本期凭证进行记账操作。

3．存货分类（见表6.5）。

表6.5 存货分类

存货分类编码	存货分类名称
01	原材料
02	产成品
03	外购品
04	应税劳务

业务处理3：存货分类设置

（1）在"基础设置"窗口中，选择"基础档案"｜"存货"｜"存货分类"选项，打开"存货分类"窗口。

（2）单击"增加"按钮，依次输入"01 原材料""02 产成品""03 外购品""04 应税劳务"，如图6-1所示。

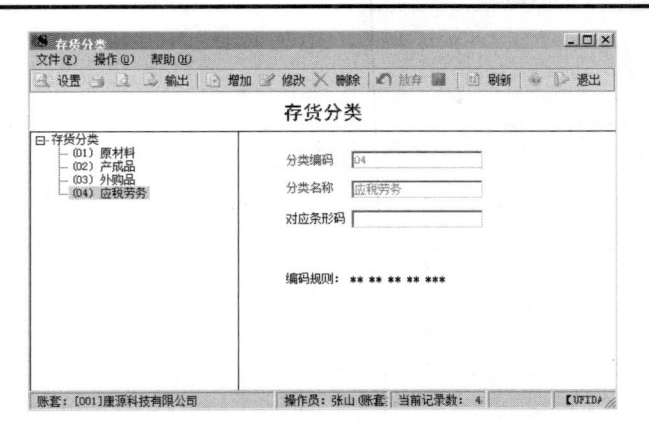

图 6-1 "存货分类"窗口

4．计量单位（见表 6.6）。

表 6.6　计量单位

单位组编码	计量单位组名称	计量单位编码	计量单位名称	计量单位组类别
01	基本计量	01	盒	无换算
01	基本计量	02	台	无换算
01	基本计量	03	元	无换算

业务处理 4：计量单位设置

（1）在"基础设置"窗口中，选择"基础档案"｜"存货"｜"计量单位"｜"分组"选项，打开"计量单位"窗口。

（2）单击"增加"按钮，输入计量单位编码"01"、计量单位组名称"基本计量"，计量单位组类别选择"无换算率"。

（3）选择"基本计量"｜"单位"选项，依次输入计量单位名称，如图 6-2 所示。

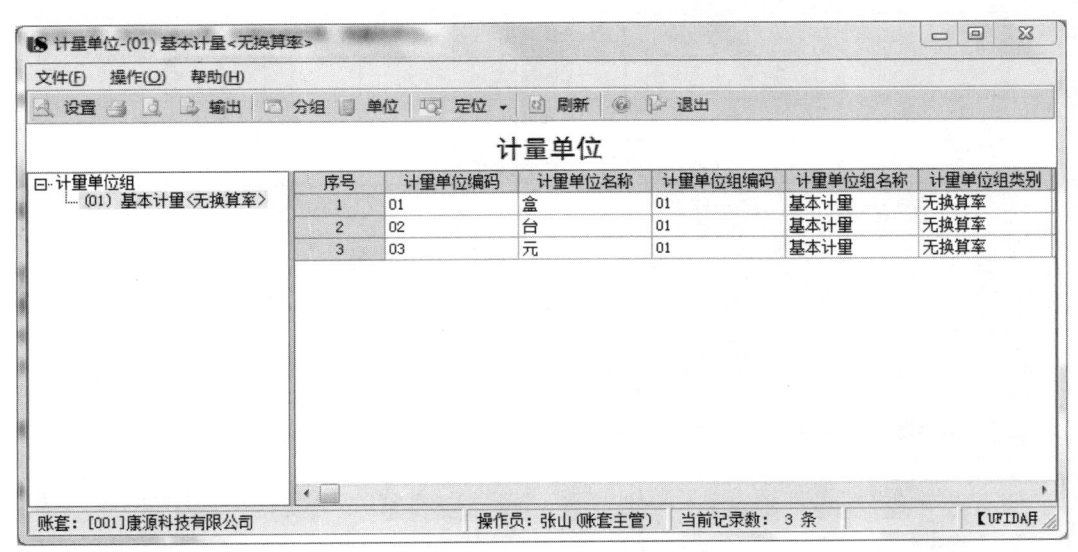

图 6-2　设置计量单位

5. 存货档案（见表6.7）。

表6.7 存货档案

存货编码	存货名称	主计量单位	存货分类	存货属性
011	芯片	盒	01	外购、生产耗用
012	硬盘	盒	01	外购、生产耗用
021	联想计算机	台	02	自制、销售（内销）
031	激光打印机	台	03	外购、销售（内销）
041	运费	元	04	应税劳务

业务处理5：存货档案设置

（1）在"基础设置"窗口，选择"基础档案"｜"存货"｜"存货档案"选项，打开"存货档案"窗口。

（2）单击"增加"按钮，输入存货编码"011"、存货名称"芯片"、主计量单位名称"盒"、存货属性"外购、生产耗用"，其他以此类推，如图6-3所示。

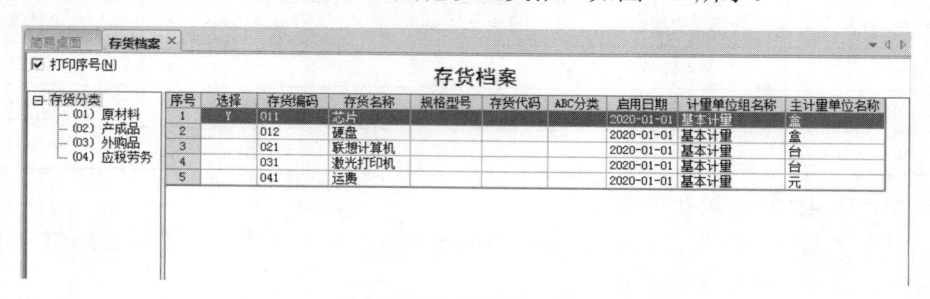

图6-3 "存货档案"窗口

6. 仓库档案（见表6.8）。

表6.8 仓库档案

仓库编码	仓库名称	计价方式
1	原材料库	移动平均法
2	产成品库	全月平均法
3	外购品库	全月平均法

业务处理6：仓库档案设置

（1）在"基础设置"窗口，选择"基础档案"｜"业务"｜"仓库档案"选项，打开"仓库档案"窗口。

（2）单击"增加"按钮，输入仓库编码"1"、仓库名称"原材料库"、计价方式"移动平均法"，其他以此类推，如图6-4所示。

图6-4 "仓库档案"窗口

7. 收发类别（见表6.9）。

表6.9 收发类别

类别编码	类别名称	收发标志
1	入库	收
11	采购入库	收
12	其他入库	收
2	出库	发
21	销售出库	发
22	其他出库	发
23	生产出库	发

业务处理7：收发类别设置

（1）在"基础设置"窗口，选择"基础档案"｜"业务"｜"收发类别"选项，打开"收发类别"窗口。

（2）单击"增加"按钮，输入收发类别编码"23"、收发类别名称"生产出库"，收发标志选择"发"，如图6-5所示。其他以此类推。

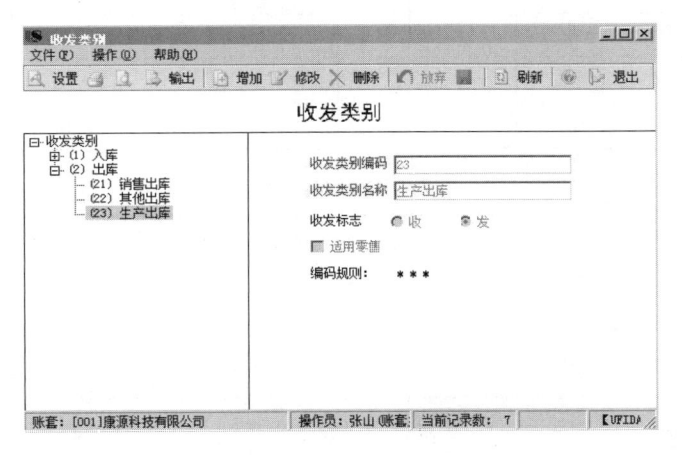

图6-5 "收发类别"窗口

8. 采购类型（见表6.10）。

表6.10 采购类型

采购类型编码	采购类型名称	入库类别	是否默认
01	普通采购	采购入库	是

业务处理8：采购类型设置

（1）在"基础设置"窗口，选择"基础档案"｜"业务"｜"采购类型"选项，打开"采购类型"窗口。

（2）单击"增加"按钮，输入采购类型编码"01"、采购类型名称"普通采购"、入库类别"采购入库"、是否默认值"是"，如图6-6所示。

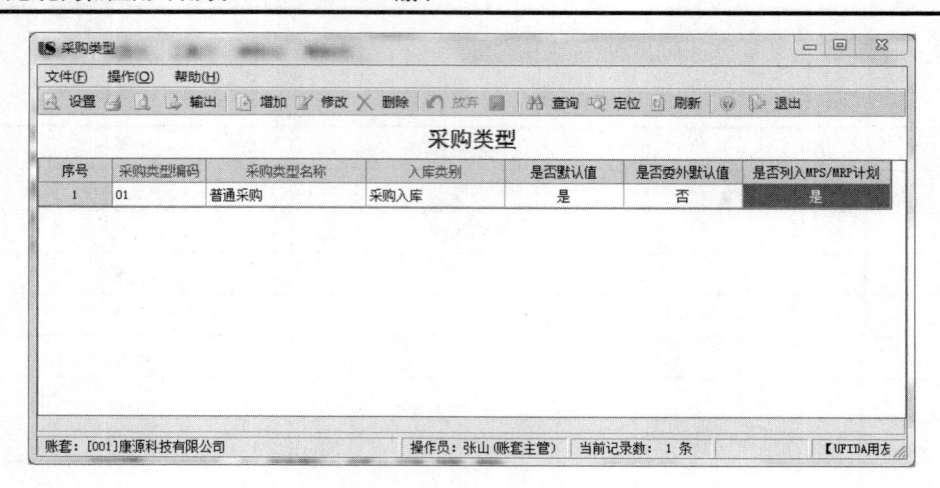

图 6-6 "采购类型"窗口

9. 存货系统科目（见表 6.11～表 6.13）。

表 6.11 存货科目

仓库编码	仓库名称	存货分类编码	存货分类名称	存货科目编码	存货科目名称
1	原材料库	01	原材料	1403	原材料
2	产成品库	02	产成品	1405	库存商品
3	外购品库	03	外购品	1405	库存商品

表 6.12 对方科目

收发类别编码	收发类别名称	存货分类编码	存货分类名称	对方科目编码	对方科目名称
11	采购入库	01	原材料	1402	在途物资
21	销售出库	02	产成品	6401	主营业务成本
23	生产领料	01	原材料	5001	生产成本

表 6.13 税金科目

存货编码	存货名称	科目编码	科目名称
01	原材料	22210101	进项税额
02	产成品	22210105	销项税额

业务处理 9-1：存货科目设置

（1）选择"业务工作"｜"供应链系统"｜"存货核算"｜"初始设置"｜"科目设置"选项，打开"存货科目"窗口。

（2）单击"增加"按钮，输入仓库编码"1"、仓库名称"原材料库"、存货分类编码"01"、存货分类名称"原材料"、存货科目编码"1403"、存货科目名称"原材料"，其他以此类推，如图 6-7 所示。

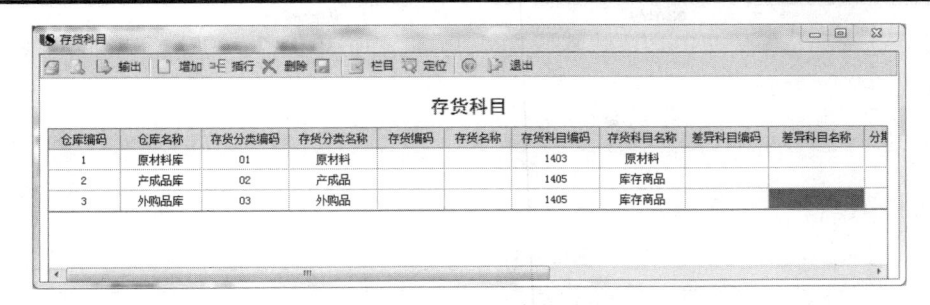

图 6-7 "采购类型"窗口

业务处理 9-2：对方科目设置

（1）选择"业务工作"|"供应链系统"|"存货核算"|"初始设置"|"对方科目"选项，打开"对方科目"窗口。

（2）选中"采购入库"栏目，输入对方科目编码"1402"、对方科目名称"在途物资"，其他以此类推，如图 6-8 所示。

图 6-8 "对方科目"窗口

业务处理 9-3：税金科目设置

（1）选择"业务工作"|"供应链系统"|"存货核算"|"初始设置"|"科目设置"|"税金科目"选项，打开"税金科目"窗口。

（2）单击"增加"按钮，输入存货大类编码"01"、存货大类名称"原材料"、税金科目编码"22210101"、科目名称"进项税额"。

（3）单击"增加"按钮，输入存货大类编码"02"、存货大类名称"产成品"、税金科目编码"22210105"、科目名称"销项税额"。

10．采购系统初始资料。

录入期初采购入库单：2019 年 12 月 28 日，收到下城公司发来的芯片 10 盒，单价 1 600 元，已验收入原材料库，尚未收到专用发票。进行采购期初记账。

业务处理 10：采购系统初始设置

（1）从企业门户进入采购系统。

（2）选择"业务"|"入库"|"入库单"选项，打开"期初采购入库单"窗口。

（3）单击"增加"按钮，输入入库日期、仓库、供货单位、部门等信息。

（4）选择存货编码"011"，输入数量"10"，暂估单价"1 600"，单击"保存"按钮，如图6-9所示。

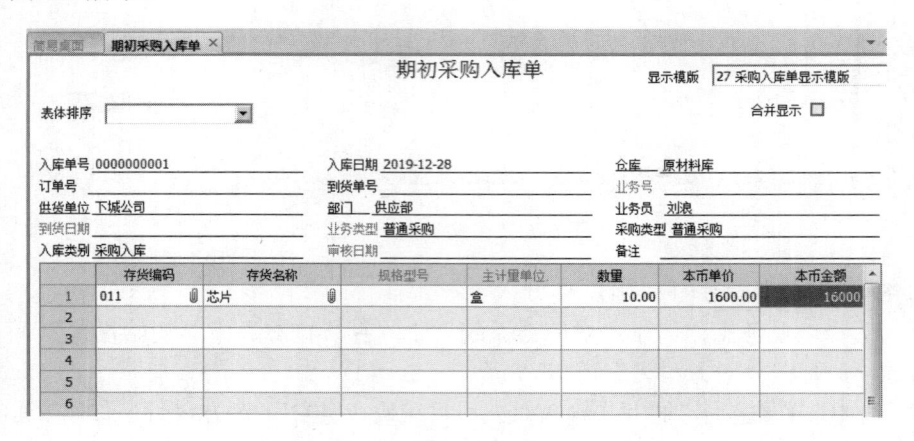

图6-9 "期初采购入库单"窗口

（5）录入完成后，单击"退出"按钮。

（6）选择"设置"|"采购期初记账"选项，系统弹出信息提示窗口，如图6-10所示。单击"记账"按钮，记账完毕。

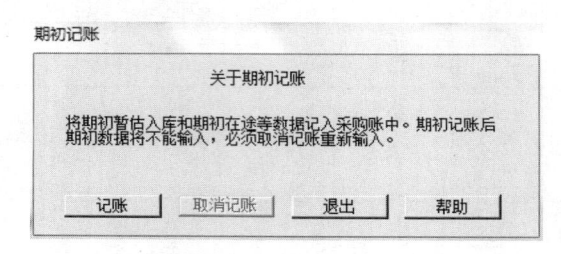

图6-10 信息提示窗口

> **提醒**
>
> 在进行日常业务处理前若发现期初记账有误，则可在期初记账窗口执行取消记账操作。只有采购系统执行期初记账功能后，库存管理系统和存货核算系统才能输入期初余额。

11. 应付款管理系统初始设置资料（见表6.14）。

表6.14 应付款管理系统初始设置资料

选项设置	不根据信用额度自动报警
基本科目设置	应付科目为220201，预付科目为1123，采购科目为1402，税金科目为22210101
结算方式科目设置	现金结算对应科目1001，支票结算、汇兑结算对应科目1002
录入期初采购专用发票	2019年12月30日，向滨江公司购入硬盘60盒，单价750元，计45 000元，增值税额5 850元，共计50 850元，材料未收到

业务处理 11：应付款管理系统初始设置

（1）从企业门户进入应付款管理系统，单击"设置"|"选项"选项，打开"账套参数设置"窗口，选择"权限与预警"选项卡，选择不根据信用额度自动报警，单击"确定"按钮。

（2）选择"设置"|"初始设置"选项，打开"初始设置"窗口，进行以下内容设置。

① 基本科目设置：选择应付科目为"220201"、预付科目为"1123"、采购科目为"1402"、税金科目为"22210101"，其他可以暂时不设置，如图6-11所示。

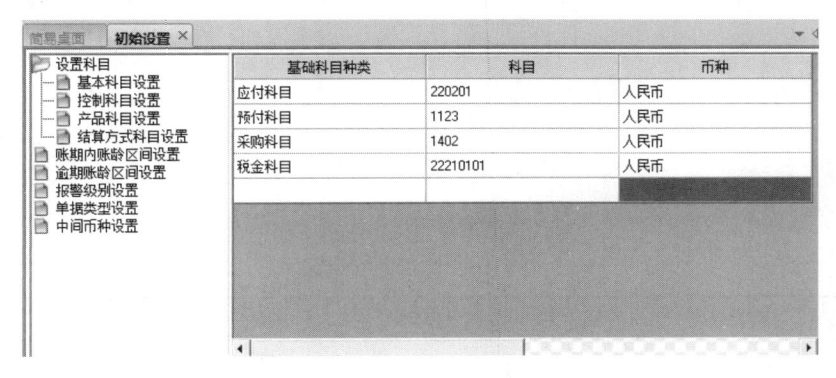

图6-11 基础科目设置

② 结算方式科目设置：现金结算对应科目为"1001"，现金支票和转账支票结算都对应科目"1002"，汇兑结算对应科目"1002"，如图6-12所示。

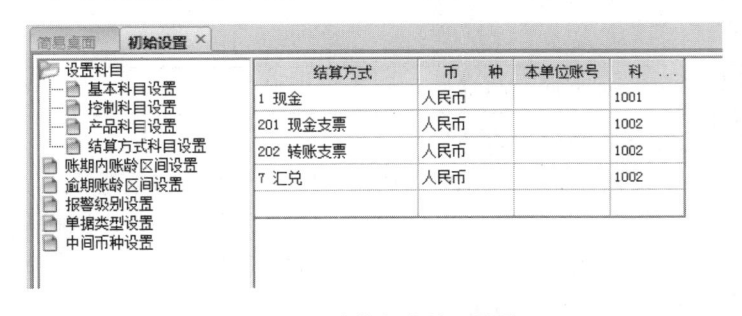

图6-12 结算方式科目设置

③ 录入期初采购专用发票：选择"设置"|"期初余额"选项，打开"期初余额—查询"窗口，选择单据名称为"采购发票"、单据类型为"01 采购专用发票"，单击"确认"按钮，打开"期初余额明细表"窗口。单击"增加"按钮，打开"采购专用发票"窗口，录入开票日期、供应商名称、科目等相关信息。选择存货编码"012"、数量"60"、原币单价"750"，单击"保存"和"刷新"按钮即可，如图6-13所示。

> 提醒
> - 若用户第一次进入应付款管理系统，则系统将自动出现该账套参数设置窗口，要求用户进行账套参数设置。
> - 基本科目设置窗口中的应付科目和预付科目均要求为供应商往来科目。

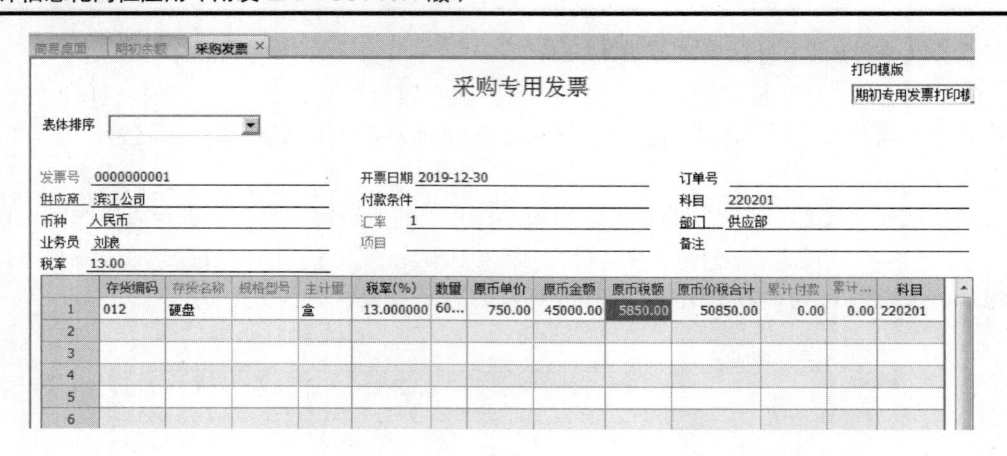

图 6-13 "采购专用发票"窗口

12. 存货期初余额（见表 6.15）。

表 6.15 存货期初余额

仓库	存货编码	存货名称	计量单位	数量	单价/元	金额/元
材料库	011	芯片	盒	120	1 590	190 800
材料库	012	硬盘	盒	180	750	135 000
成品库	021	联想计算机	台	200	5 000	1 000 000
外购品库	031	激光打印机	台	180	1 380	248 400

注意
● 库存管理系统期初数据从存货核算系统中取数。

业务处理 12：存货期初余额录入

（1）张山进入存货核算系统，选择"初始设置"｜"期初数据"｜"期初余额"选项，打开"期初余额"窗口。选择仓库"原材料库"、存货科目"原材料"，然后单击"增加"按钮，输入相应的存货编码和存货科目，输入完毕，依次输入各种存货项目，然后单击"记账"按钮，如图 6-14 所示。

图 6-14 "期初余额"窗口

（2）张山进入库存管理系统，选择"初始设置"｜"期初数据"｜"期初结存"选项，打开"库存期初数据录入"窗口，选择仓库"原材料库"，单击"修改"和"取数"按钮，屏幕显示硬盘和芯片相关信息，然后单击"保存"按钮，最后单击"批审"按钮，如图6-15所示。依次选择不同的仓库，重复上述操作，最后单击"对账"和"确定"按钮，显示对账成功操作完毕。

图6-15 "库存期初"窗口

13. 销售类型（见表6.16）。

表6.16 销售类型

销售类型编码	销售类型名称	出库类别	是否是默认值
1	批发	销售出库	是
2	零售	销售出库	否
3	委托代销	其他出库	否

业务处理13：销售类型设置

在"基础设置"中，打开"基础档案"窗口，选择"业务"｜"销售类型"选项，打开"销售类型"窗口。单击"增加"按钮，输入销售类型信息，如图6-16所示。

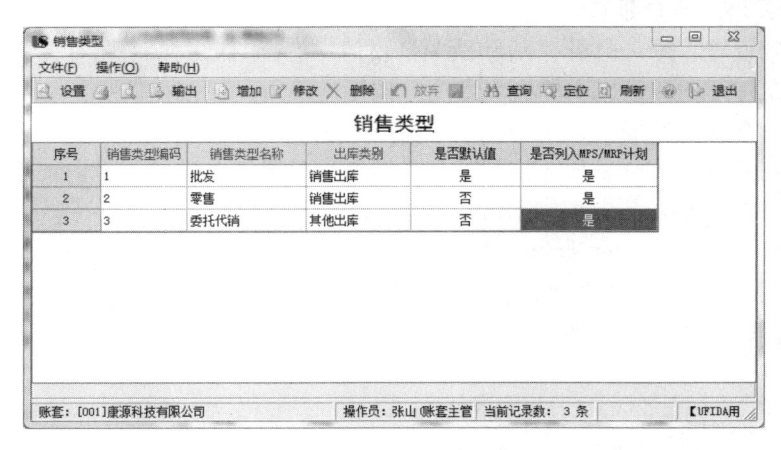

图6-16 "销售类型"窗口

14. 费用项目分类及费用项目（见表6.17）。

表6.17 费用项目分类及费用项目

费用项目分类编码	费用项目分类名称	费用项目编码	费用项目名称
1	运费	11	代垫费用

业务处理14：费用项目设置

在"基础设置"中，打开"基础档案"窗口，选择"业务"|"费用项目分类"选项，打开"费用项目分类"窗口，输入费用项目分类编码"1"、费用项目分类名称"运费"。单击"增加"按钮，打开"费用项目"窗口，输入费用项目信息。输入费用项目编码"11"、费用项目名称"代垫运费"，单击"保存"按钮，再单击"退出"按钮，如图6-17所示。

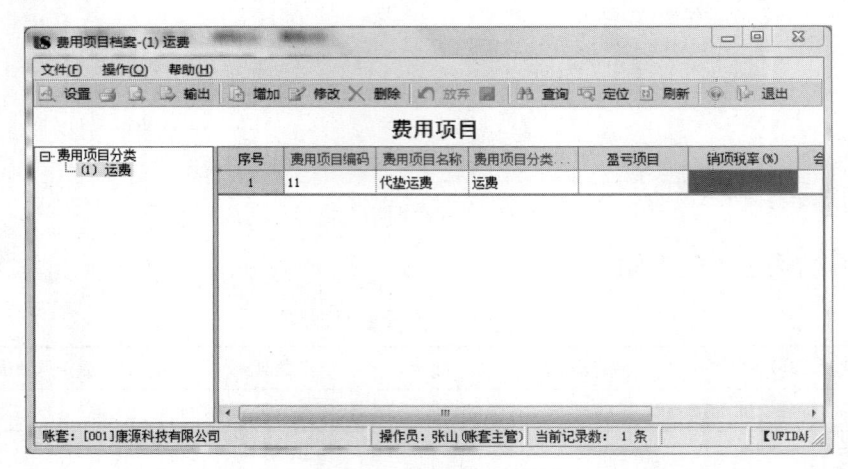

图6-17　费用项目设置

15．本企业开户银行。

编码：01；银行账号：111111111111；账户名称：康源科技有限公司；开户银行：市工商银行；所属银行：中国工商银行。

业务处理15：开户银行设置

在"基础设置"中，打开"基础档案"窗口，选择"收付结算"|"本单位开户银行"选项，在打开的新窗口中单击"增加"按钮，输入开户银行信息。

16．销售系统初始资料。

录入期初发货单：2019年12月28日，销售一部周记向宁波公司出售联想计算机10台，不含税单价6 000元，增值税税率13%，由产成品库发货，尚未开票。

业务处理16：销售系统初始设置

张山进入销售系统，选择"设置"|"期初录入"|"期初发货单"选项，打开"期初发货单"窗口，单击"增加"按钮，输入期初发货单相关信息，单击"审核"按钮，如图6-18所示。

> 提醒
> - 期初发货单是指建账日前，已经发货、出库，但尚未开发票的业务，因此期初发货单录入并审核完并不会生成期初销售出库单。
> - 如果按订货客户的要求，需要指定日期发货，在存货还未出库的情况下，就录了期初发货单，导致操作错误，则关闭该张期初发货单，然后在当月开一张正常的销售发货单，再根据发货单生成发票、出库单即可。

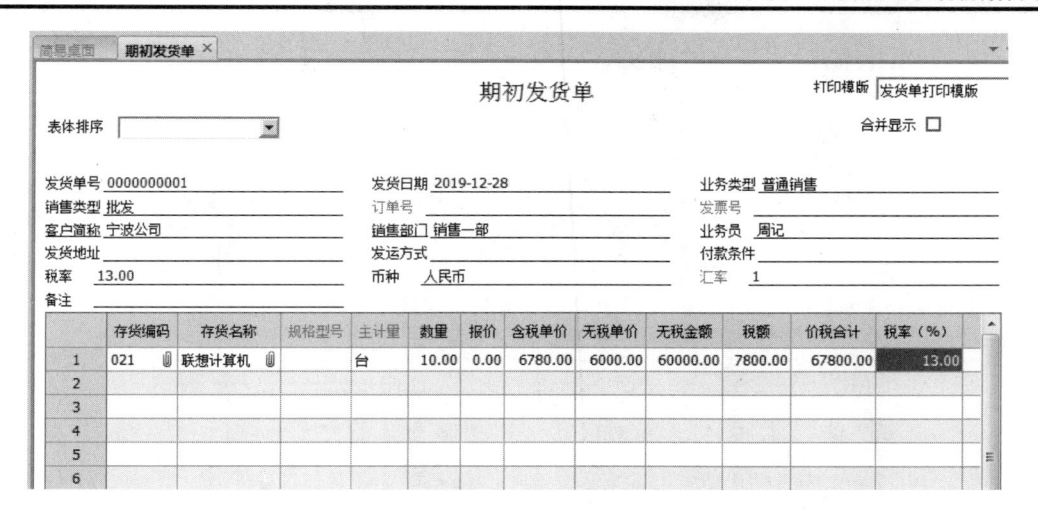

图 6-18 "期初发货单"窗口

17. 应收款管理系统初始资料（见表 6.18）。

表 6.18　应收款管理系统初始资料

选项设置	坏账处理方式选择应收余额百分比法；不根据信用额度自动报警
基本科目设置	应收科目为 1122，预收科目为 2203，销售收入科目为 6001，税金科目为 22210102
结算方式科目设置	现金结算对应 1001，支票结算、汇票结算、汇兑结算对应 1002
坏账准备设置	提取比率为 0.5%，坏账准备期初余额为 0，坏账准备科目为 1231，对方科目为 6701

业务处理 17：应收款管理系统初始设置

（1）张山进入企业应用平台，打开应收款管理系统，选择"设置"|"选项"选项，打开"账套参数设置"窗口。单击"编辑"按钮，将坏账处理方式改为"应收余额百分比法"，如图 6-19 所示。选择"设置"|"初始设置"命令，输入应收科目"1122"、预收科目"2203"、销售收入科目"6001"、税金科目"22210105"，如图 6-20 所示。结算方式设置：现金结算对应科目"1001"，支票结算、银行汇票结算、汇兑结算对应科目"1002"，如图 6-21 所示。

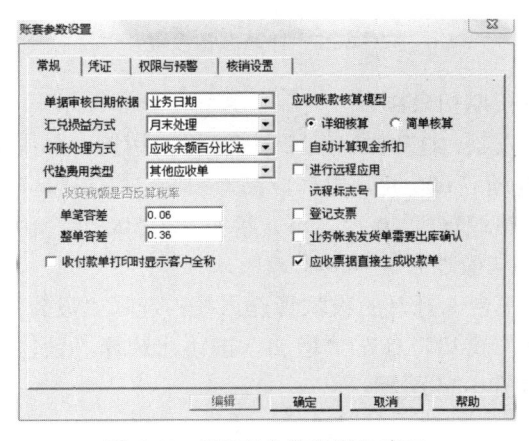

图 6-19　"账套参数设置"窗口

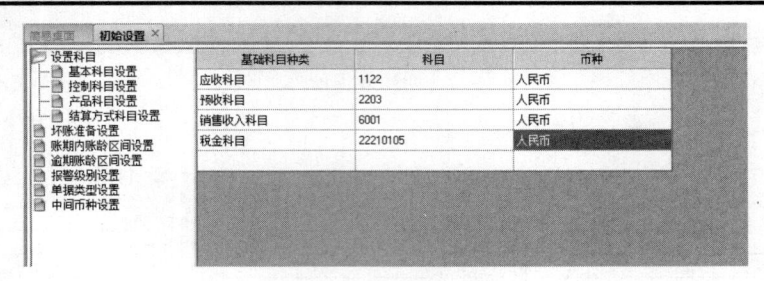

图 6-20　基础科目设置

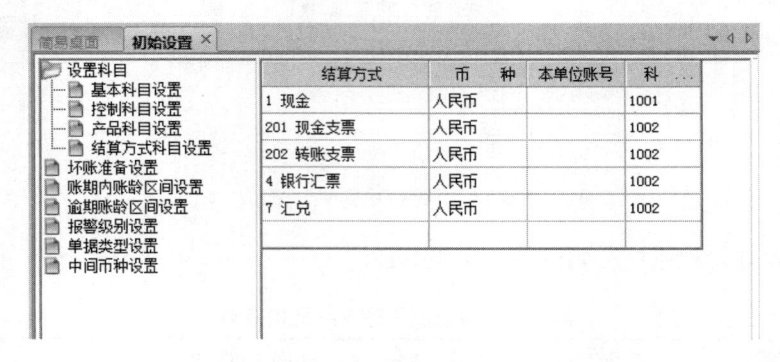

图 6-21　结算方式设置

（2）坏账准备设置：提取比率为 0.5%，坏账准备期初余额为 0，坏账准备科目为 1231，对方科目为 6701，如图 6-22 所示。

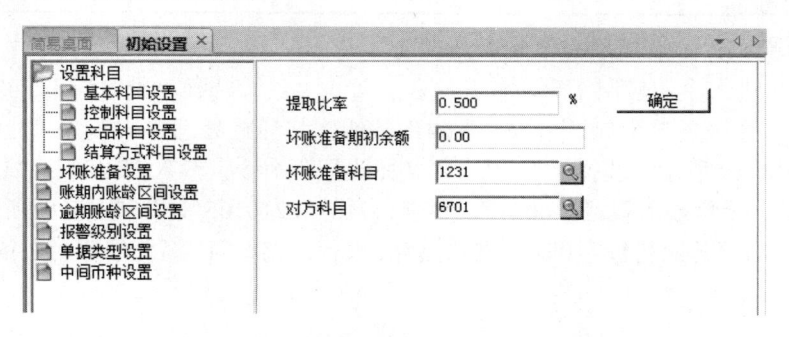

图 6-22　坏账准备设置

18．应收款管理系统期初余额。

录入期初销售专用发票：①2019 年 12 月 28 日，销售一部周记向温州公司出售联想计算机 10 台，不含税单价 7 000 元，由产成品库发货；②2019 年 12 月 29 日，销售二部李洋向金华公司出售联想计算机 20 台，不含税单价 6 500 元，由产成品库发货。

业务处理 18：应收款管理系统期初余额录入

张山进入企业应用平台，打开应收款管理系统，选择"设置"|"期初余额"选项，打开"期初余额—查询"窗口，单击"增加"按钮，选择"销售专用发票"单据类别，输入期初发票内容，如图 6-23 所示。

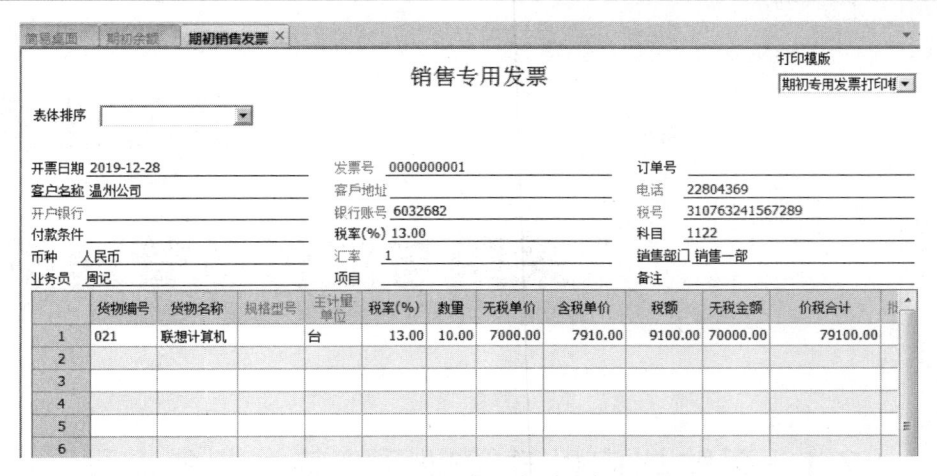

图 6-23 "销售专用发票"窗口

> **提醒**
> - 应收款管理系统与总账系统的期初余额的差额应为 0，即两个系统的客户往来科目的期初余额应完全一致。
> - 录入应收款管理系统期初余额时，输入科目后，才能和总账系统对账。
> - 应付款管理系统与应收款管理系统的初始设置方法相同。
> - 应收款管理系统的核销方式一经确定，便不允许调整。如果当年已计提过坏账准备，则坏账处理方式不允许修改，只能在下一年度修改。

学习任务7

采购与应付款管理系统

7.1 采购与应付款管理系统基本业务流程

采购系统根据日常销售业务生成采购订单、采购入库单、采购发票并对其进行审核。审核完毕,一方面,采购系统将采购入库单传递至库存管理系统,由仓库部门对其进行审核,并将已审核的入库单传递至存货核算系统进行记账和制单;另一方面,将采购发票传递至应付款管理系统,由应付款管理系统对其进行付款结算和制单,并向总账系统传递凭证。

7.2 采购与应付日常业务处理

7.2.1 录入采购订单

采购订单是企业与供应商之间签订的一种协议,主要包括采购什么货物、采购多少、由谁供货、什么时间到货、到货地点、运输方式、价格、运费等。采购系统对采购订单的管理主要包括采购订单录入、修改、审核和关闭等,同时,还提供供应商催货函。

7.2.2 录入采购入库单

采购入库单是根据采购到货签收的实收数量填制的单据。该单据按进出仓库方向划分为入库单、退货单;按业务类型划分为普通业务入库单、受托代销入库单(商业)。采购入库单可以直接录入,也可以由采购订单或采购发票生成。

7.2.3 录入采购发票

1. 采购发票

采购发票是从供货单位取得的进项发票及发票清单。将发票数据录入计算机,以便实时统计在途货物。采购发票也可由采购入库单生成。采购发票按发票类型分为专用发票、普通发票（包括普通、农收、废收、其他收据）、运费发票；按业务性质分为蓝字发票、红字发票。

采购发票需要输入的基本数据有原始发票号、供应商、税率、采购部门、付款条件、存货编码、数量、原币单价等。

2．应付制单处理

采购发票与其他应付单据是应付账款日常核算的原始凭据。如果同时使用应付款管理系统和采购系统，则采购发票和代垫费用产生的应付单由采购系统录入，在应付款管理系统中可以对这些单据进行查询、核销、制单等操作。如果没有使用采购系统，则各类发票和应付单均应在应付款管理系统录入。

7.2.4 付款结算

付款结算是应付款日常业务处理中的一项重要内容。付款估算将已付款项作为付款单录入应付款管理系统，由应付款管理系统对采购发票或应付单进行核销，或将付款金额形成预收款。付款结算主要是通过"单据结算"功能完成付款单的增、改、删和核销，以及形成预付款操作的。

如果用户在收到采购发票时立即付款，则可使用"现付"功能来完成结算操作。用户只需要在采购发票窗口中单击"现付"按钮，输入结算方式、金额即可。

7.2.5 生成记账凭证

采购结算完成后，还可以通过"业务"中的"填制凭证"功能，对结算表生成记账凭证。但需要注意的是，目前主流、先进的财务软件（含用友软件）对所有应付款的制单都转移至应付款管理系统中进行。应付款管理系统可根据采购发票、应付单、结算单等原始单据生成相应记账凭证，并传递到总账系统。这些凭证可以在总账系统中进行查询、审核和记账操作。

7.2.6 转账处理

应付款管理系统提供的"转账处理"功能是处理日常业务中涉及的预付款冲抵应付款、应付款冲抵应付款等业务。

在处理采购日常业务时，经常会发生如下几种转账处理的情况：一是预付冲应付，即将某供应商的预付款冲抵该供应商的应付款；二是应付冲应收，即将某供应商的应付款冲抵某客户的应收款；三是应付冲应付，即当一个供应商为另一个供应商代收款时，发生应付款冲抵应付款的情况。

7.2.7 采购结算与应付账款核销处理

采购结算又称采购报账,采购结算是针对"一般采购"业务类型的入库单,根据发票确认其采购成本。采购系统在完成采购结算后,将"采购入库单"传递到库存管理系统,形成库存采购成本资料;将"采购发票"传递到应付款管理系统形成采购应付款资料。系统设置了自动结算、手工结算两种方式。

应付账款的核销是指确定付款单与原始的采购发票、应付单之间的对应关系的操作,即需要指明每次付款是付哪几笔采购业务的款项。明确核销关系后,可以进行精确的账龄分析,更好地管理应付账款。

7.2.8 账表管理

通过对采购明细表、采购统计表、采购余额表及采购分析表的对比分析,可以实现对采购管理的事中控制、事后分析。综合利用采购系统提供的各种账表及查询功能,可以全面提升企业的采购管理水平。

应付款管理系统账表查询的方法与其他各系统一致,只需要在"统计分析"菜单中选择相应类型的账表,然后输入查询条件即可对供应商往来总账、供应商往来明细账、供应商往来余额表及供应商往来对账单进行查询。

任务实例 9　采购与应付业务处理

任务准备

可以引入"任务实例 8"账套数据,或以单位名称"正元信息技术有限公司"另建一套账。

> ¥ 注意
> ● 为了方便学生了解经济业务的连贯性,将涉及相同材料和供应商的日常业务放在一起处理。

任务处理　采购与应付日常业务处理

康源科技有限公司(或正元信息技术有限公司)2020 年 1 月发生下列经济业务,增值税税率为 13%。

1. 1 月 1 日,收到下城公司 2019 年 12 月 28 日发来芯片的专用发票,芯片 10 盒,单价 1 600 元,税额 2 080 元,共计 18 080 元。

业务处理 1：录入采购专用发票，办理采购结算

（1）期初采购入库单已经录入，由刘浪（或张山）在采购系统开出采购专用发票，并办理结算：选择"采购管理"|"采购发票"|"专用采购发票"选项，打开"专用发票"窗口。单击"增加"按钮，输入日期"2020-01-01"、供应商"下城公司"、部门"供应部"，录入存货编码"011"、数量"10"、原币单价"1 600"，单击"保存"按钮，然后单击"退出"按钮，如图7-1所示。

图7-1 采购"专用发票"

（2）选择"采购管理"|"采购结算"|"自动结算"选项（选择日期2019.01.01—2020.12.31，选择供应商为"下城公司"），打开"查询条件选择-采购自动结算"窗口。输入过滤条件后，单击"确定"按钮，系统自动进行采购结算，结算完成后显示结算成功的信息，单击"确定"按钮即可，如图7-2所示。

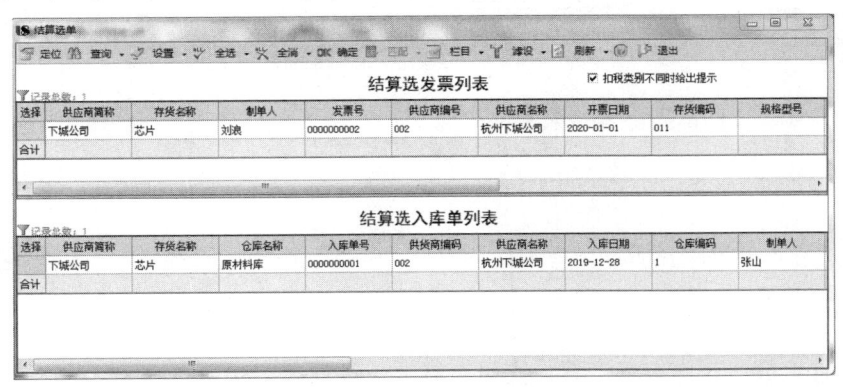

图7-2 自动结算完成

> **提醒**
> - 若不能自动结算，可以手工结算，具体操作步骤可参见本任务实例业务处理7（3）。
> - 若制单有误，则在"统计分析"菜单中选择"单据查询"选项，单击"凭证查询"找到该错误凭证，然后单击"删除"按钮将其删除，最后重新生成一张凭证即可。

（3）黄易（或张山）在应付款管理系统审核应付单据，并进行发票制单：选择"应付款管理"｜"应付单据处理"｜"应付单据审核"选项，打开"应付单查询条件"窗口。输入相应条件（本处选择默认条件"未审核""已整单报销""未制单"），单击"确定"按钮，进入"应付单据列表"窗口，如图7-3所示。选择相应的应付单据，双击，打开"专用发票"窗口。单击"审核"按钮，系统弹出"是否立即制单？"信息提示窗口，如图7-4所示。单击"是"按钮，打开"填制凭证"窗口。输入"转"字和制单日期，单击"保存"按钮，屏幕显示"已生成"，操作完成，如图7-5所示。

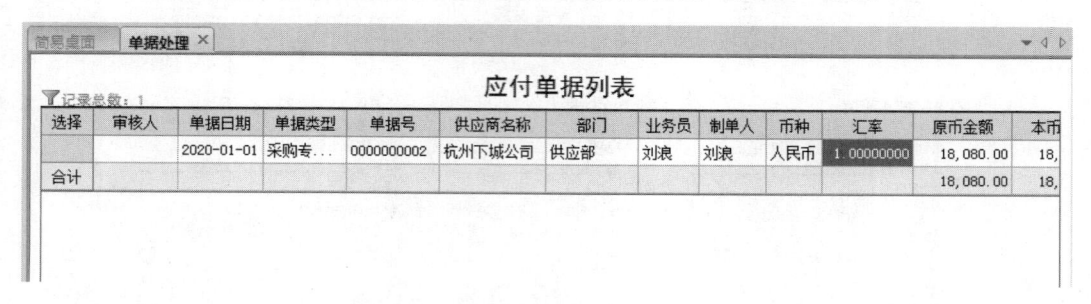

图7-3 "应付单据列表"窗口

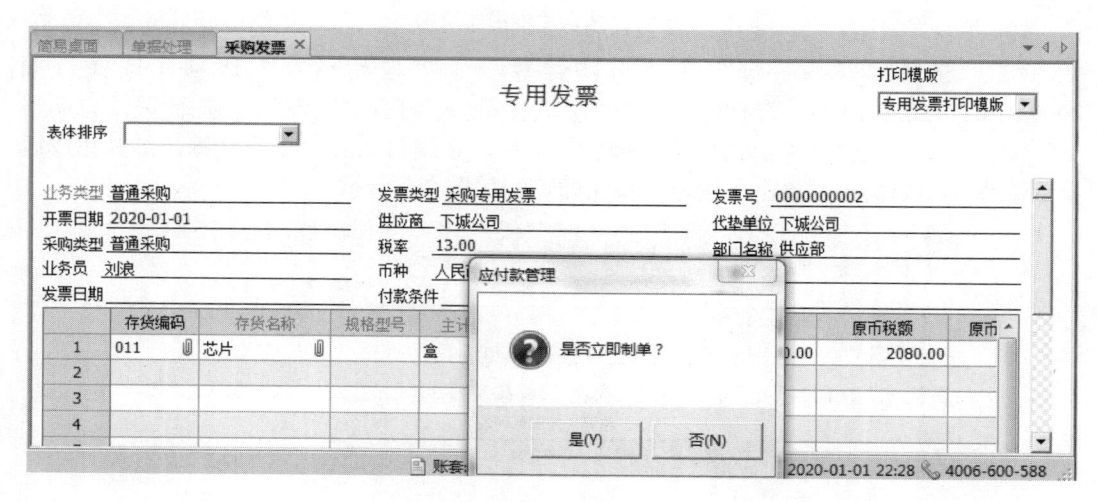

图7-4 "是否立即制单？"窗口

2. 1月1日，开出银行汇票，支付下城公司货款18 080元。

业务处理2：付款制单，核销处理

（1）黄易（或张山）在应付款管理系统录入付款单据，审核后制单：选择"应付款管理"｜"付款单据处理"｜"付款单据录入"选项，打开"付款单据录入"窗口。单击"增加"按钮，录入日期、供应商、结算方式"银行汇票"、金额"18 080"、款项类型"应付款"。录入完毕单击"保存"按钮，然后单击"审核"按钮，弹出"是否立即制单？"信息提示窗口，如图7-6所示。单击"是"按钮，打开"填制凭证"窗口。输入"付"字，输入制单日期，单击"保存"按钮，屏幕显示"已生成"，操作完成，如图7-7所示。

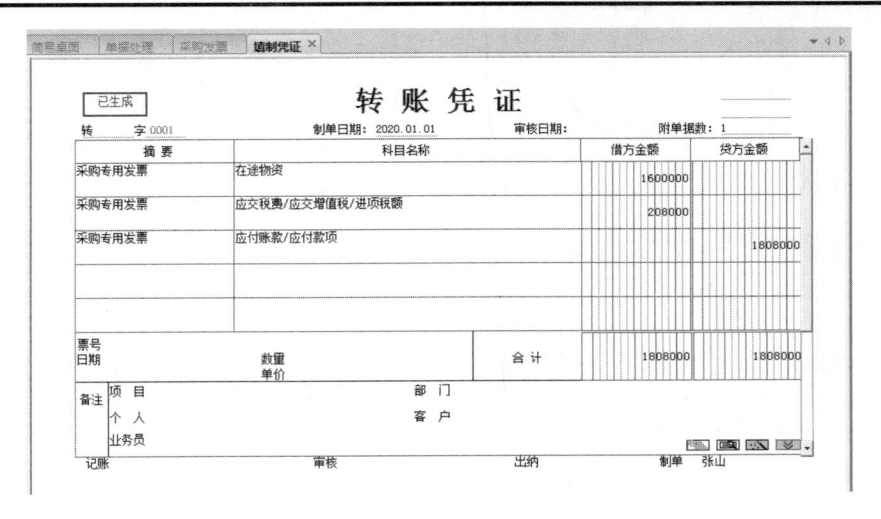

图 7-5　生成转账凭证

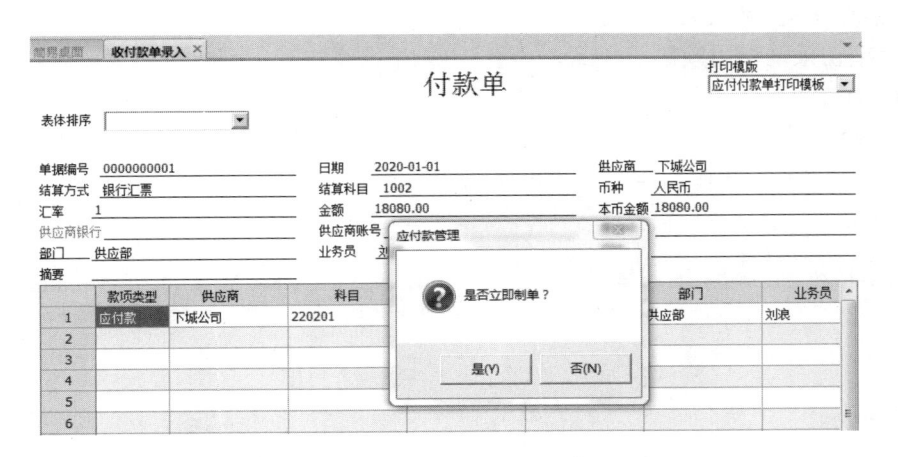

图 7-6　"是否立即制单？"窗口

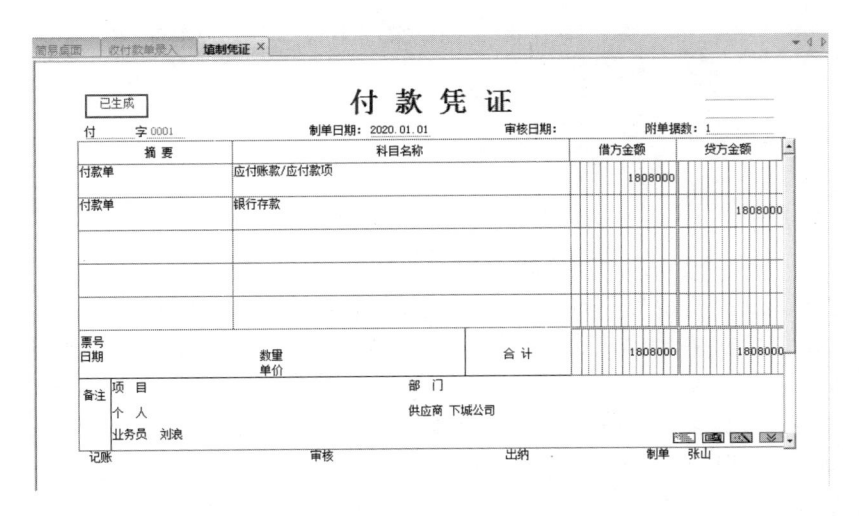

图 7-7　生成付款凭证

（2）进行核销操作：选择"应付款管理"|"核销处理"|"手工核销"选项，打开"核销条件"窗口。输入供应商名称"下城公司"，然后单击"确定"按钮，打开"单据核销"窗口。单击"分摊"按钮，然后单击"保存"按钮，操作完成，如图7-8所示。

单据日期	单据类型	单据编号	供应商	款项...	结算方式	币种	汇率	原币金额	原币余额	本次结算	订单号
2020-01-01	付款单	0000000001	下城公司	应付款	银行汇票	人民币	1.00000000	18,080.00	18,080.00	18,080.00	
合计								18,080.00	18,080.00	18,080.00	

单据日期	单据类型	单据编号	到期日	供应商	币种	原币金额	原币余额	可享受折扣	本次折扣	本次结算	订单号
2020-01-01	采购专...	0000000002	2020-01-01	下城公司	人民币	18,080.00	18,080.00	0.00	0.00	18,080.00	
合计						18,080.00	18,080.00			18,080.00	

图7-8 核销完成

3．1月2日，供应部刘浪收到滨江公司发来的硬盘60盒，验收入原材料仓库。

业务处理3：录入采购到货单和采购入库单

（1）期初采购专用发票已经录入，刘浪进入采购系统开出到货单：选择"采购管理"|"采购到货"|"到货单"选项，打开"到货单"窗口。单击"增加"按钮，输入日期"2020-01-02"、供应商"滨江公司"、部门"供应部"、录入存货编码"012"、数量"60"、原币单价"750"，单击"保存"按钮后，再单击"审核"按钮，最后单击"退出"按钮，如图7-9所示。

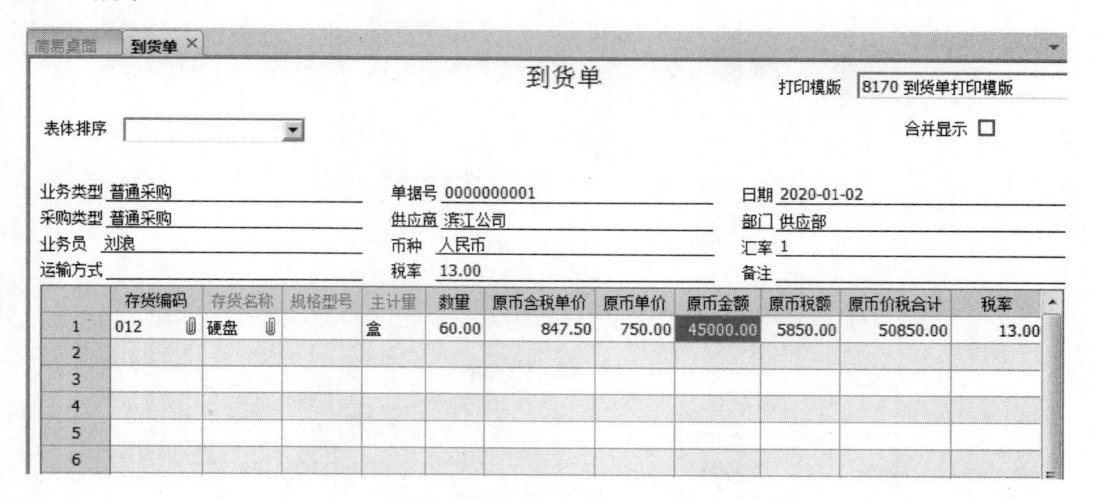

图7-9 "到货单"窗口

（2）在库存管理系统参照到货单生成采购入库单并审核：选择"入库业务"|"采购入库单"选项，打开"采购入库单"窗口。选择"生单"|"采购到货单（蓝字）"选项，打开"查询条件选择-采购到货单列表"窗口，如图7-10所示，单击"确定"按钮，打开"到货单生单列表"窗口，显示符合条件的采购到货单，选择相应的采购到货单，如图7-11所示，单击"确定"按钮，返回"采购入库单"窗口，选择仓库"原材料库"，单击"保存"按钮，然后再单击"审核"按钮，操作完成，如图7-12所示。

图 7-10 "查询条件选择-采购到货单列表"窗口

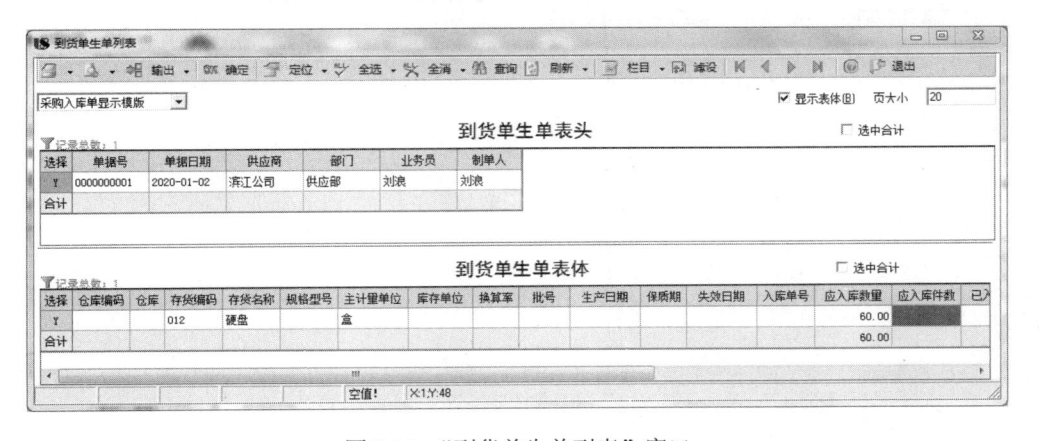

图 7-11 "到货单生单列表"窗口

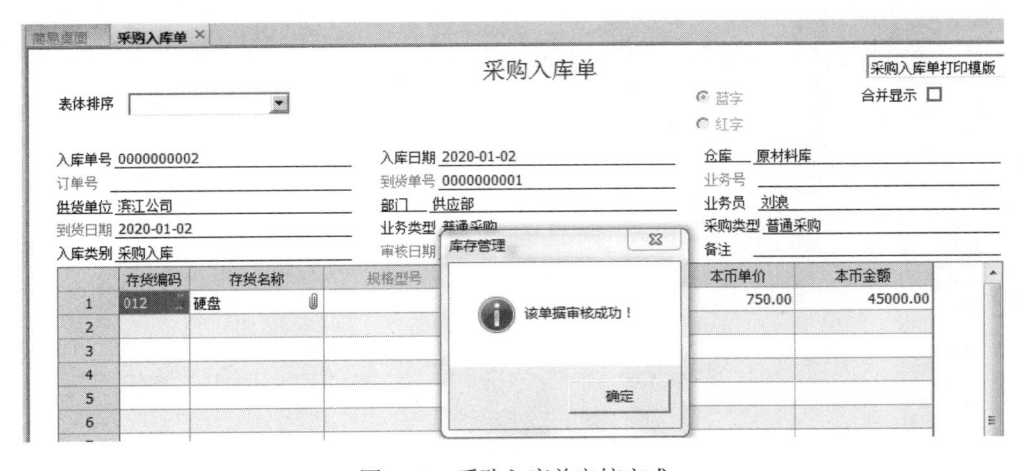

图 7-12 采购入库单审核完成

（3）选择"采购管理"|"采购结算"|"自动结算"选项（选择日期2019.01.01—2020.12.31，选择供应商为"滨江公司"），打开"查询条件选择-采购自动结算"窗口。正确输入过滤条件后，单击"确定"按钮，系统自动进行采购结算，结算完成后显示结算成功的信息，单击"确定"按钮即可。

（4）在存货核算系统进行正常单据记账，然后在财务核算中生成记账凭证：选择"业务核算"|"正常单据记账"选项，打开"查询条件选择"窗口。选择"原材料库"，然后单击"确定"按钮，选择相应的单据，单击"记账"按钮，记账完成，如图7-13所示。选择"财务核算"|"生成凭证"选项，打开"生成凭证"窗口。单击"选择"按钮，打开"查询条件"窗口，如图7-14所示。选择"（01）采购入库单"选项，单击"确定"按钮，打开"选择单据"窗口。选择相应的单据，单击"确定"按钮，打开"生成凭证"窗口，如图7-15所示。借方科目名称选"原材料"，贷方科目名称选"在途物资"，凭证类别为"转　转账凭证"，然后单击"生成"按钮，生成转账凭证（建议在月末集中生成入库凭证，以下以此类推），如图7-16所示。

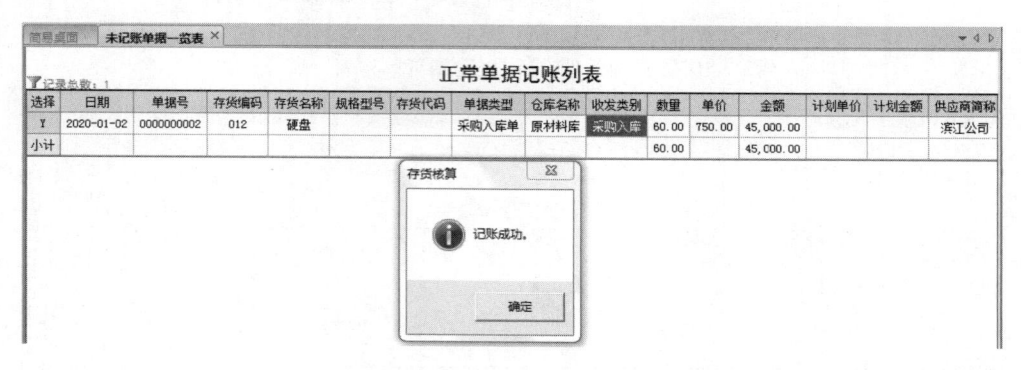

图 7-13　完成记账

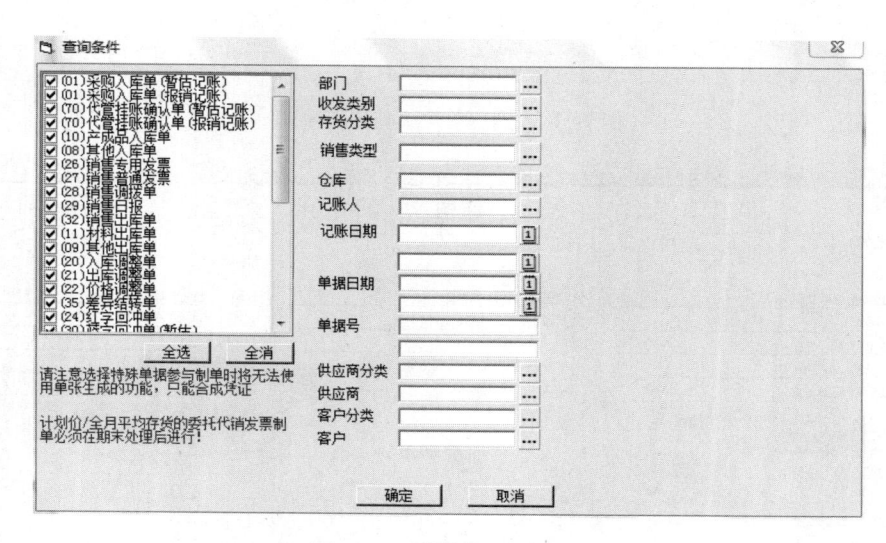

图 7-14　"查询条件"窗口

图 7-15 "生成凭证"窗口

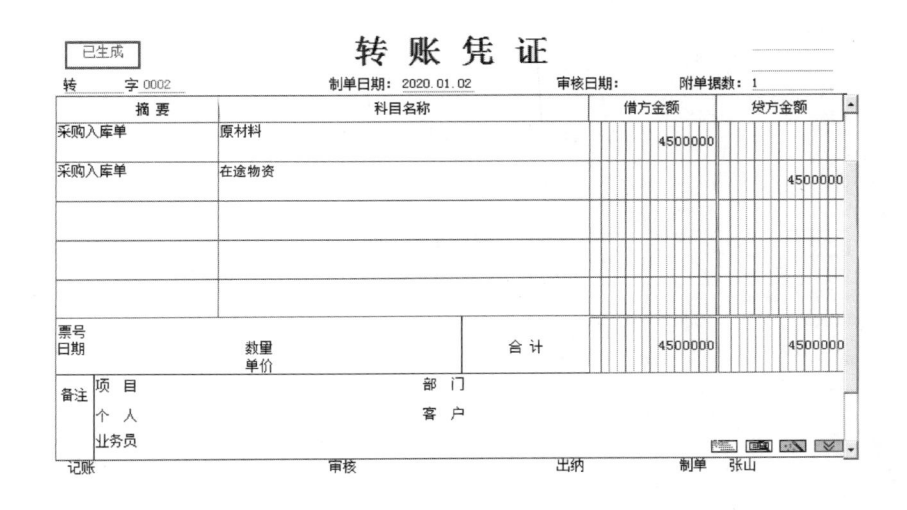

图 7-16 生成转账凭证

> **提醒**
> 采购系统暂不对采购入库单进行审核,而由库存管理系统对其进行审核。

4. 1月2日,以汇兑方式清偿滨江公司货款 50 850 元。

业务处理 4:付款制单,核销处理

(1) 在应付款管理系统录入付款单据,审核后制单:选择"应付款管理"|"付款单据处理"|"付款单据录入"选项,打开"付款单据录入"窗口。单击"增加"按钮,录入日期、供应商、结算方式"汇兑"、金额"50 850"、款项类型"应付款"。录入完毕单击"保存"按钮,然后单击"审核"按钮,弹出"是否立即制单?"信息提示窗口,如图 7-17 所示。单击"是"按钮,屏幕出现"填制凭证"窗口。输入"付"字,输入制单日期,单击"保存"按钮,屏幕显示"已生成",操作完成,如图 7-18 所示。

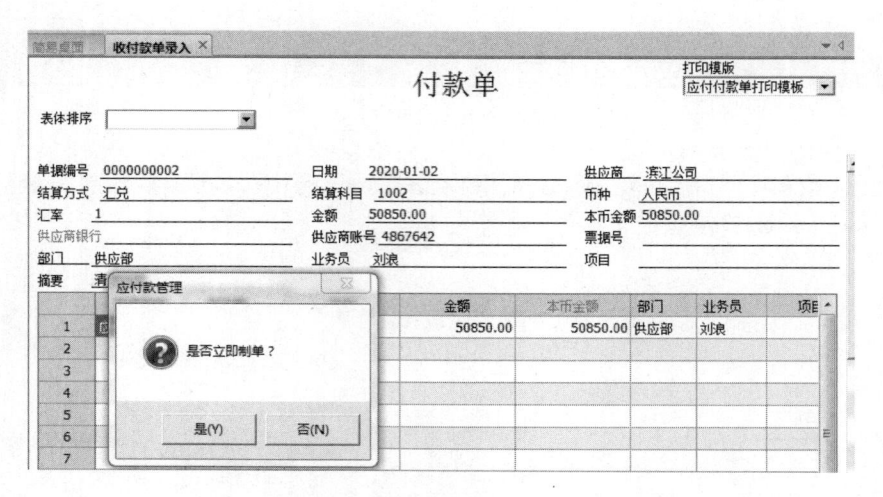

图 7-17 "是否立即制单？"窗口

图 7-18 生成付款凭证

（2）进行核销操作：选择"应付款管理"|"核销处理"|"手工核销"选项，打开"核销条件"窗口。输入供应商名称"滨江公司"，然后单击"确定"按钮，打开"单据核销"窗口。单击"分摊"按钮，然后单击"保存"按钮，操作完成，如图 7-19 所示。

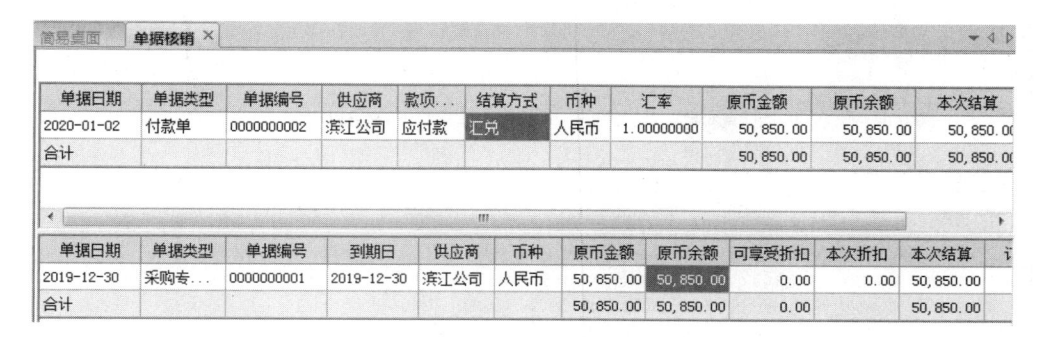

图 7-19 "单据核销"窗口

5. 1月2日，向下城公司订购芯片16盒，单价1 575元。

业务处理5：录入采购订单

进入采购系统，选择"采购管理"|"采购订货"|"采购订单"选项，打开"采购订单"窗口。单击"增加"按钮，录入日期、存货编码"011"、数量"16"、原币单价"1 575"、供应商"下城公司"等信息，单击"保存"按钮，然后单击"审核"按钮，如图7-20所示。

图 7-20 "采购订单"窗口

> **提醒**
>
> 对采购订单的修改，只需要在订单录入窗口单击"修改"按钮进行修改即可，此业务不产生凭证。

6. 1月3日，供应部收到下城公司发来的芯片16盒，验收入原材料库。

业务处理6：录入采购到货单和采购入库单

（1）进入采购系统开出到货单：选择"采购管理"|"采购到货"|"到货单"选项，打开"到货单"窗口。单击"增加"按钮，输入日期"2020-01-02"、供应商"下城公司"、部门"供应部"、存货编码"011"、数量"16"、原币单价"1 575"，单击"保存"按钮后，再单击"审核"按钮，最后单击"退出"按钮，如图7-21所示。

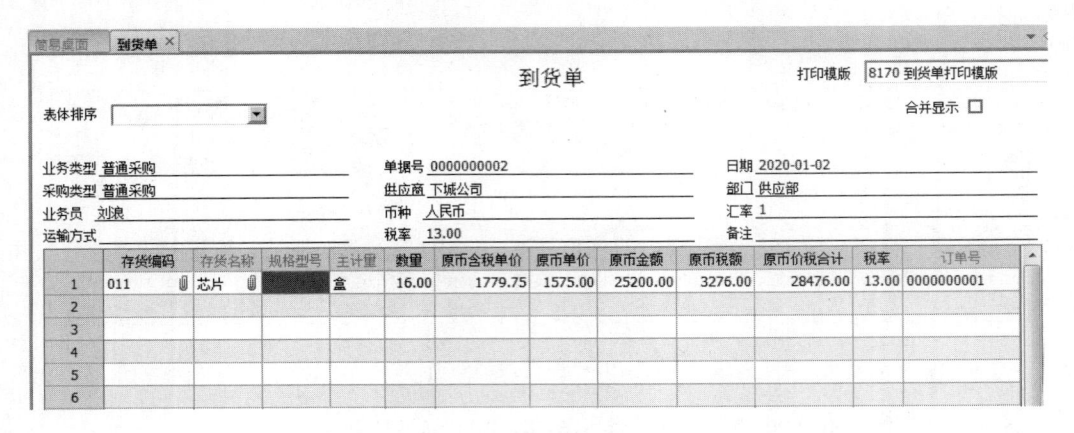

图 7-21 "到货单"窗口

（2）在库存管理系统参照到货单生成采购入库单并审核：操作步骤同本任务实例业务处理 3（2），到货单生单列表及生成的采购入库单，如图 7-22 和图 7-23 所示。

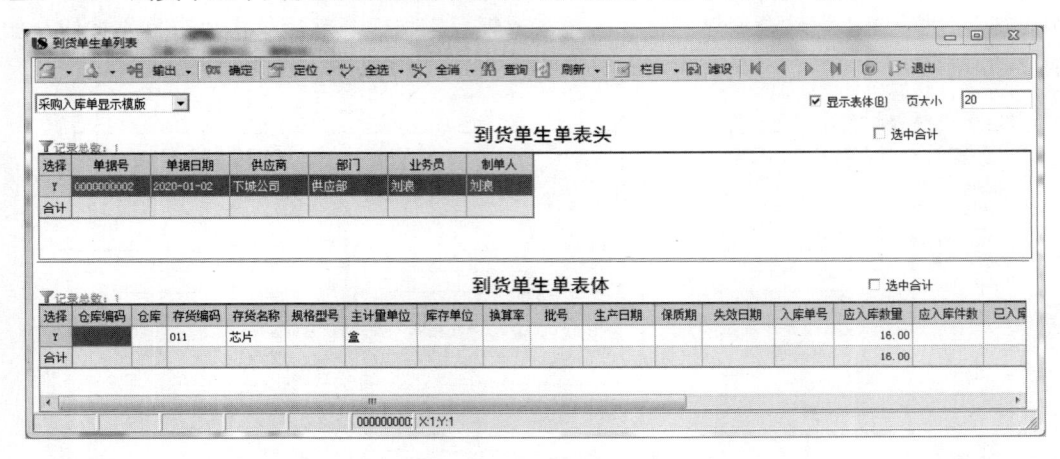

图 7-22 "到货单生单列表"窗口

图 7-23 "采购入库单"窗口

（3）在存货核算系统进行正常单据记账，然后在财务核算中生成记账凭证：选择"业务核算"|"正常单据记账"选项，打开"查询条件选择"窗口。选择"原材料库"，然后单击"确定"按钮，选择相应的单据，单击"记账"按钮，记账完成，如图 7-24 所示。选择"财务核算"|"生成凭证"选项，打开"生成凭证"窗口。单击"选择"按钮，打开"查询条件"窗口。选择"采购入库单"选项，单击"确定"按钮，打开"选择单据"窗口。选择相应的单据，单击"确定"按钮，打开"生成凭证"窗口，如图 7-25 所示。借方科目名称选"原材料"，贷方科目名称选"在途物资"，凭证类别为"转转账凭证"，然后单击"生成"按钮，生成转账凭证（建议在月末集中生成入库凭证，以下以此类推），如图 7-26 所示。

图 7-24　完成记账

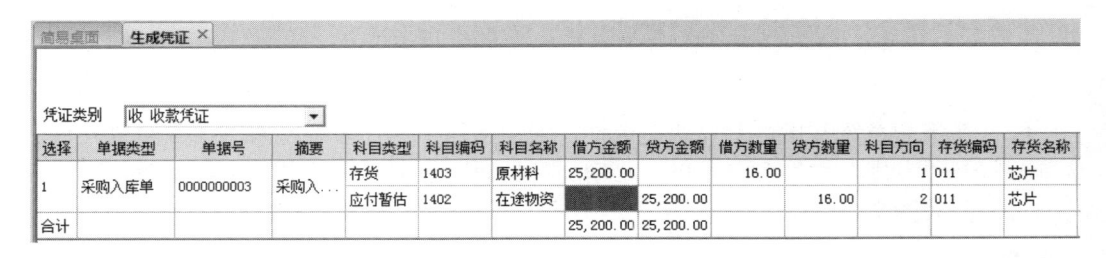

图 7-25　"生成凭证"窗口

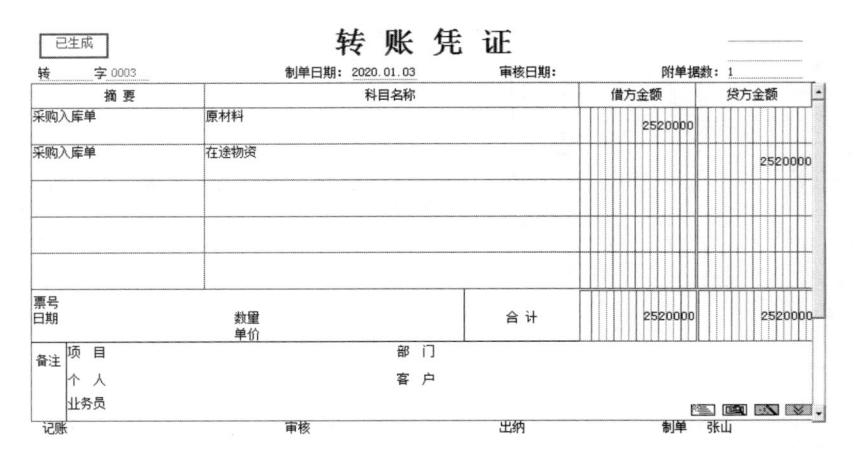

图 7-26　生成转账凭证

7. 1 月 3 日，收到下城公司专用发票芯片 16 盒，单价 1 575 元，共 25 200 元，增值税 3 276 元，共计 28 476 元。另附运费发票一张，运费 800 元，税率 10%，可作进项税抵扣，剩余运费计入芯片成本。

业务处理7：录入采购专用发票和运费发票，办理采购结算

（1）在采购系统开出专用采购发票，并办理结算：选择"采购管理"｜"采购发票"｜"采购专用发票"选项，打开"专用发票"窗口。单击"增加"按钮，输入日期"2020-01-03"、供应商"下城公司"、部门"供应部"，录入存货编码"011"、数量"16"、原币单价"1 575"，单击"保存"按钮，如图7-27所示，然后单击"退出"按钮。

图7-27 录入采购专用发票

（2）在采购系统开出运费发票：选择"采购管理"｜"采购发票"｜"运费发票"选项，打开"专用发票"窗口。单击"增加"按钮，录入运费相关信息，然后单击"保存"按钮，如图7-28所示。

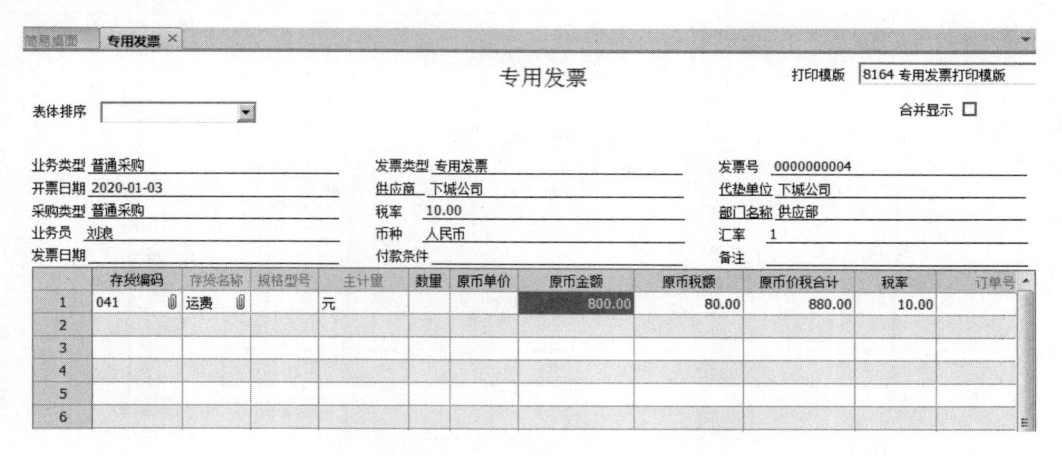

图7-28 "专用发票"窗口

（3）选择"采购管理"｜"采购结算"｜"手工结算"选项，打开"手工结算"窗口。单击"选单"按钮，打开"结算选单"窗口。单击"查询"和"过滤"按钮，系统过滤出待结算的发票列表，选择"查询"｜"入库单"选项，系统显示入库单过滤方案，单击"确定"按钮，系统过滤出待结算的入库单列表，勾选对应的发票和入库单，如图7-29所示。

图 7-29 "结算选单"窗口

（4）单击"确定"按钮，返回"手工结算"窗口，单击"分摊"按钮，系统提示"选择按金额分摊，是否开始计算？"信息提示窗口，选择"是"按钮，系统弹出"费用按金额分摊完毕，请检查？"信息提示窗口，单击"确定"按钮，再单击"结算"按钮，手工结算完成。

（5）在应付款管理系统审核应付单据并进行发票制单，选择"应付款管理"｜"应付单据处理"｜"应付单据审核"选项，打开"应付单查询条件"窗口。输入相应条件（勾选"未审核""已整单报销""未完全报销"），单击"确定"按钮，进入"应付单据列表"窗口，勾选下城公司对应的两张发票，单击"审核"按钮。

（6）选择"应付款管理"｜"制单处理"选项，打开"制单查询"窗口，勾选"发票制单"，单击"确定"按钮，进入采购发票制单界面。单击"合并"按钮，再单击"制单"按钮，系统弹出"填制凭证"窗口，输入"转"字和制单日期，单击"保存"按钮，屏幕显示"已生成"，如图 7-30 所示，操作完成。

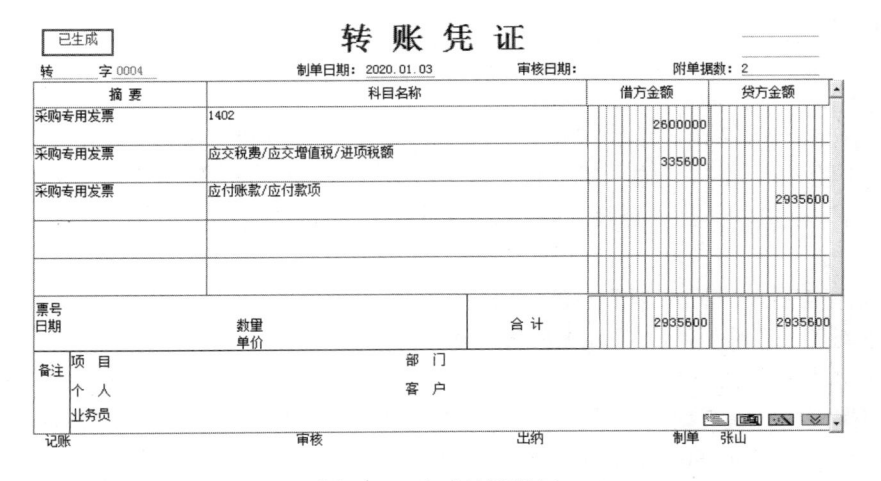

图 7-30 生成转账凭证

8. 1月4日，以汇兑方式汇给下城公司货款29 276元。

业务处理8：付款制单，核销处理

（1）在应付款管理系统录入付款单据，审核后制单，其操作步骤同本任务实例业务处理4（1），制单审核及生成付款凭证如图7-31和图7-32所示。

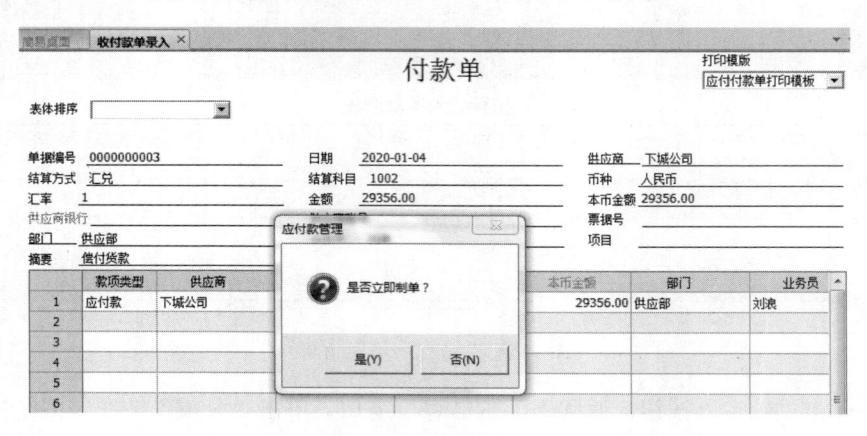

图7-31 付款单审核

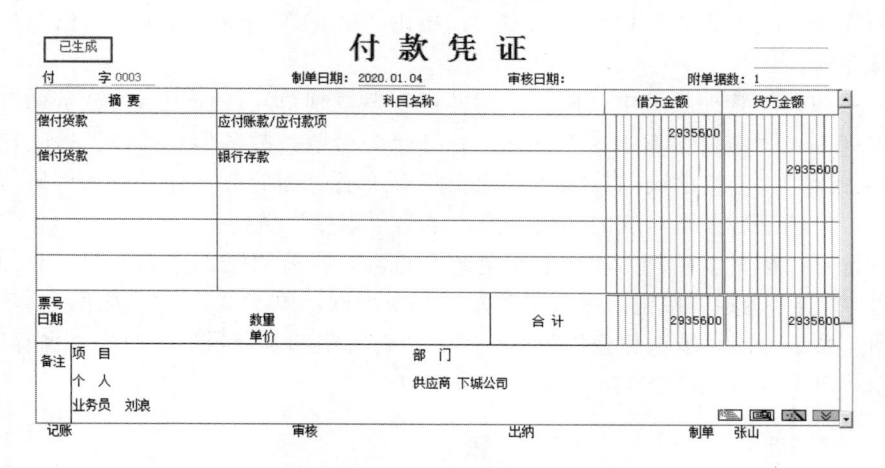

图7-32 生成付款凭证

（2）进行核销操作：选择"应付款管理"｜"核销处理"｜"手工核销"选项，打开"核销条件"窗口。输入供应商名称"下城公司"，然后单击"确定"按钮，打开"单据核销"窗口。单击"分摊"按钮，然后单击"保存"按钮，操作完成，如图7-33所示。

9. 1月4日，供应部刘浪向萧山公司订购硬盘20盒，单价750元。

业务处理9：增加供应商，录入采购订单

（1）进入采购系统，选择"基础档案"｜"客商信息"｜"供应商档案"选项，打开"增加供应商档案"窗口。单击"增加"按钮，增加供应商"萧山公司"（编码"005"，税号"911210191256786543"，开户行"市工商银行"，银行账号"5632145"，其他略），如图7-34所示。

单据日期	单据类型	单据编号	供应商	款项...	结算方式	币种	汇率	原币金额	原币余额	本次结算	订单号
2020-01-04	付款单	0000000003	下城公司	应付款	汇兑	人民币	1.00000000	29,356.00	29,356.00	29,356.00	
合计									29,356.00	29,356.00	29,356.00

单据日期	单据类型	单据编号	到期日	供应商	币种	原币金额	原币余额	可享受折扣	本次折扣	本次结算
2020-01-03	采购专...	0000000003	2020-01-03	下城公司	人民币	28,476.00	28,476.00	0.00	0.00	28,476.00
2020-01-03	采购专...	0000000004	2020-01-03	下城公司	人民币	880.00	880.00	0.00	0.00	880.00
合计						29,356.00	29,356.00	0.00		29,356.00

图 7-33 "单据核销"窗口

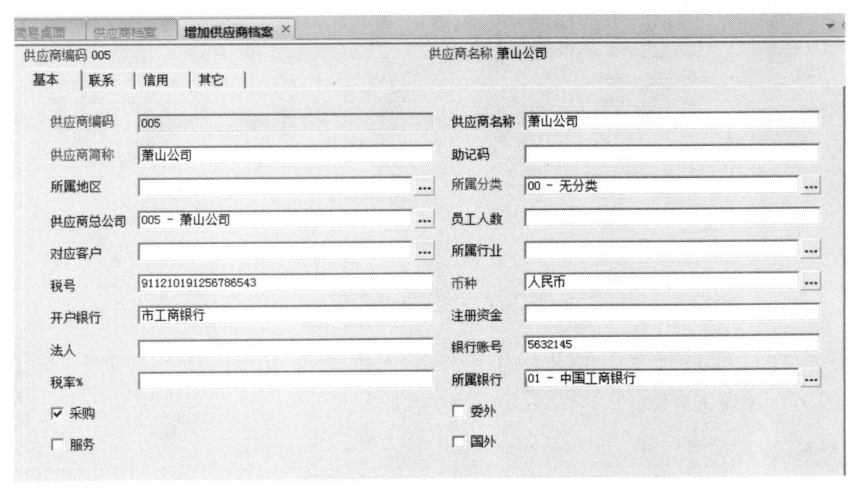

图 7-34 "增加供应商档案"窗口

（2）进入采购系统，选择"采购管理"|"采购订货"|"采购订单"选项，打开"采购订单"窗口。单击"增加"按钮，录入日期、存货编码"012"、数量"20"、原币单价"750"、供应商"萧山公司"等信息，单击"保存"按钮，然后单击"审核"按钮，最后单击"退出"按钮，如图 7-35 所示。

图 7-35 "采购订单"窗口

10．1月5日，供应部刘浪向萧山公司购进的硬盘到货入原材料库，并收到专用发票，当即开出1230#转账支票付清货款（付款银行账号为5632145）。

业务处理10：材料入库，现付处理

（1）进入采购系统开出到货单：选择"采购管理"|"采购到货"|"到货单"选项，打开"到货单"窗口。单击"增加"按钮，输入日期"2020-01-05"、供应商"萧山公司"、部门"供应部"、录入存货编码"012"、数量"20"、原币单价"750"，单击"保存"按钮，然后单击"退出"按钮，如图7-36所示。

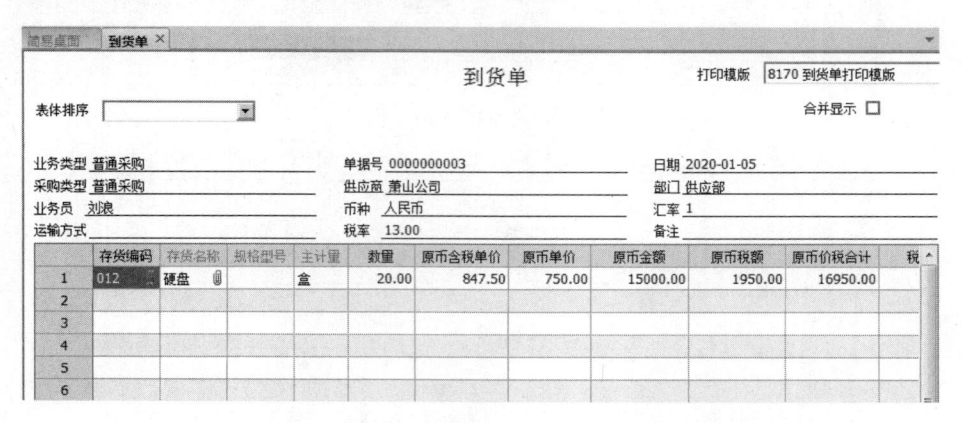

图7-36 "到货单"窗口

（2）在库存管理系统参照到货单生成采购入库单并审核：操作步骤同本任务实例业务处理3（2），生成采购入库单如图7-37所示。

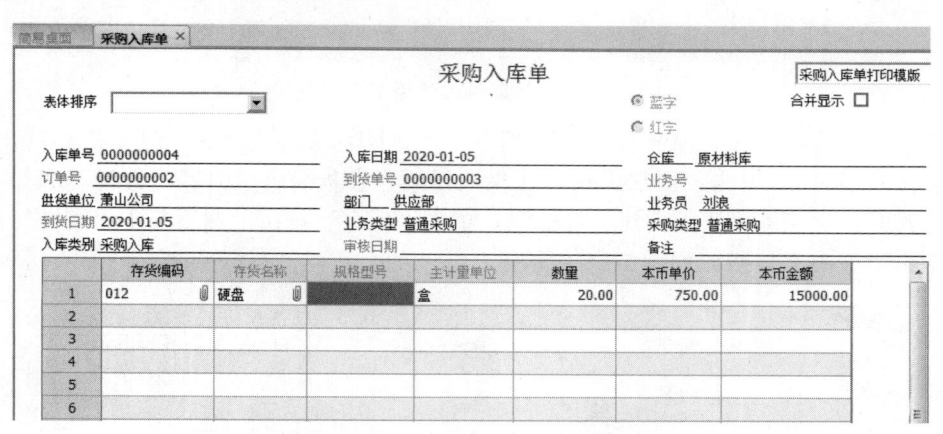

图7-37 "采购入库单"窗口

（3）在存货核算系统进行正常单据记账，然后在财务核算中生成记账凭证：操作步骤同本任务实例业务处理3（4）和（5），生成转账凭证如图7-38所示。

（4）刘浪开出专用发票，保存后进行现付处理，现付完成后进行结算：选择"采购管理"|"采购发票"|"专用采购发票"选项，打开"专用发票"窗口。单击"增加"按钮，输入发票信息：日期"2020-01-05"、供应商"萧山公司"、部门"供应部"，录入存货编码"012"、数量"20"、原币单价"750"，单击"保存"按钮，单击"现付"按钮，打开"采购现付"窗口，如图7-39所示。设置结算方式"202-转账支票"、结算金额"16950"、票据号"1230"、银行账号等信息，单击"确定"按钮，"专用发票"窗口出现"已现付"标记。

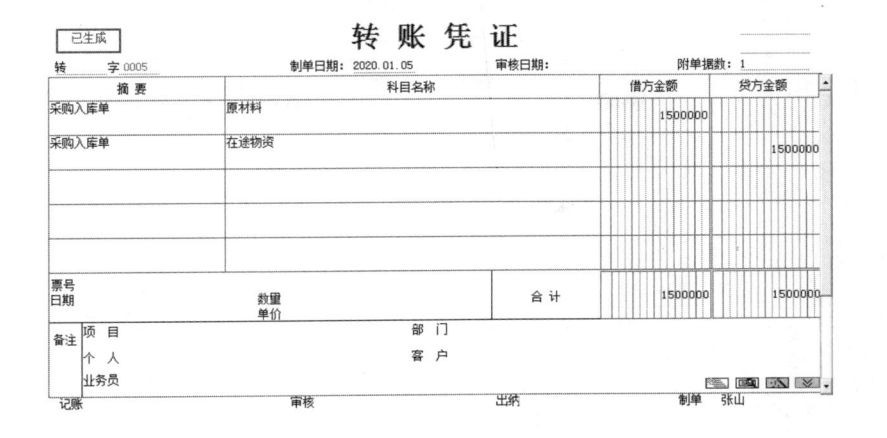

图 7-38 生成转账凭证

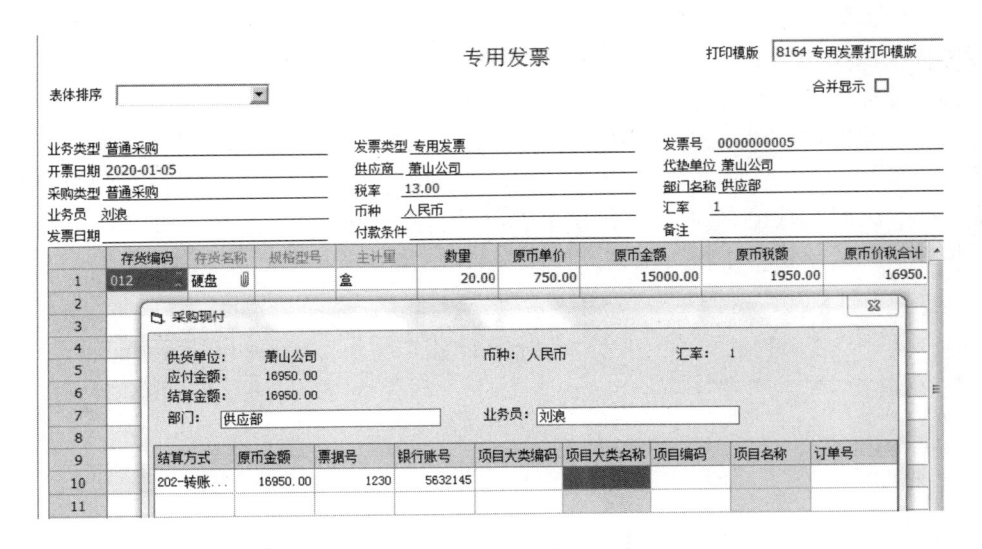

图 7-39 "专用发票"窗口

（5）选择"采购管理"|"采购结算"|"自动结算"选项，打开"查询条件选择-采购自动结算"窗口。正确输入过滤条件后，单击"确定"按钮，系统自动进行采购结算，结算完成后显示结算成功的信息，单击"确定"按钮即可。

（6）在应付款管理系统审核应付单据，并进行现结制单：选择"应付款管理"|"应付单据处理"|"应付单据审核"选项，打开"应付单查询条件"窗口。选择"包含已现结发票"（选择已审核或未审核）复选框，单击"确认"按钮，打开"应付单据列表"窗口。选择相应的单据，双击，打开"专用发票"窗口。单击"审核"按钮（若无凭证出来则单击"弃审"），系统弹出"是否立即制单？"信息提示窗口。单击"确定"按钮，弹出"填制凭证"窗口。输入正确的凭证信息，单击"保存"按钮，凭证保存成功，如图 7-40 所示。

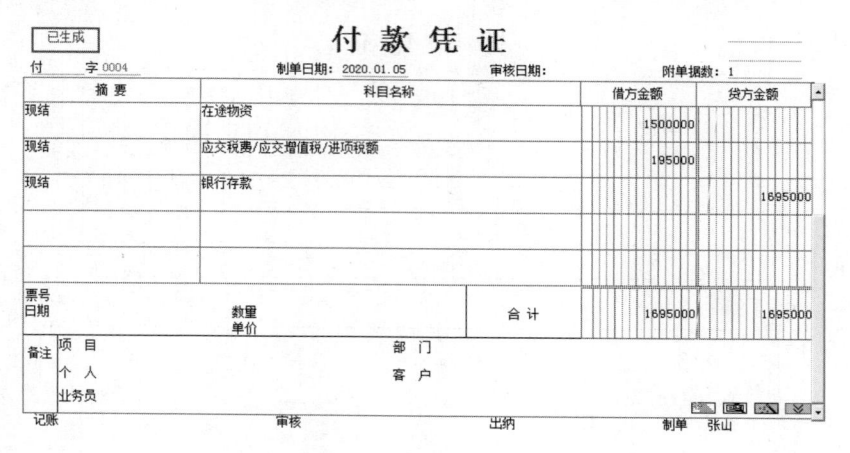

图7-40 生成付款凭证

11. 1月5日,供应部刘浪向滨江公司订购硬盘50盒,单价730元,并开出银行汇票预付货款30 000元。

业务处理11:录入采购订单,预付货款

(1)在采购系统录入采购订单并审核。进入采购系统,选择"采购管理"|"采购订货"|"采购订单"选项,打开"采购订单"窗口。单击"增加"按钮,录入日期"2020-01-05"、存货编码"012"、数量"50"、原币单价"730"、供应商"滨江公司"等信息,单击"保存"按钮,然后单击"审核"按钮,如图7-41所示。

图7-41 "采购订单"窗口

(2)在应付款管理系统录入付款单(款项类型选择"预付款"),审核后制单:选择"应付款管理"|"付款单据处理"|"付款单据录入"选项,打开"付款单据录入"窗口。单击"增加"按钮,录入日期、供应商、结算方式"银行汇票"、金额"30 000"、款项类型"预付款",单击"保存"按钮,如图7-42所示。然后单击"审核"按钮,弹出"是否立即制单?"信息提示窗口。单击"是"按钮,打开"填制凭证"窗口,输入相应的数据,单击"保存"按钮,制单完成,生成付款凭证如图7-43所示。

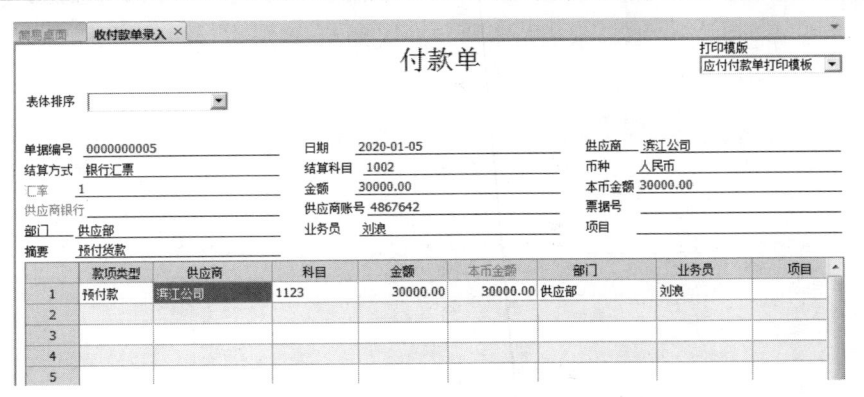

图 7-42 "付款单"窗口

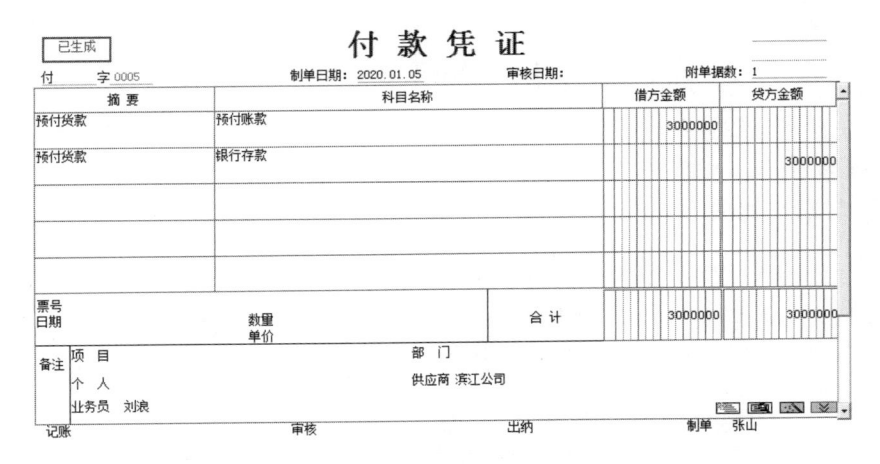

图 7-43 生成付款凭证

12. 1月6日，供应部刘浪向滨江公司订购的硬盘50盒已到货并验收入库。

业务处理12：录入采购到货单和采购入库单

（1）进入采购系统开出到货单：选择"采购管理"｜"采购到货"｜"到货单"选项，打开"到货单"窗口。选择"增加"按钮，输入日期"2020-01-06"，供应商"滨江公司"、部门"供应部"，录入存货编码"012"、数量"50"、原币单价"730"，单击"保存"按钮，再单击"审核"按钮，最后单击"退出"按钮，如图7-44所示。

图 7-44 "到货单"窗口

（2）在库存管理系统参照到货单生成采购入库单并审核：操作步骤同本任务实例业务处理3（2），生成采购入库单，如图7-45所示。

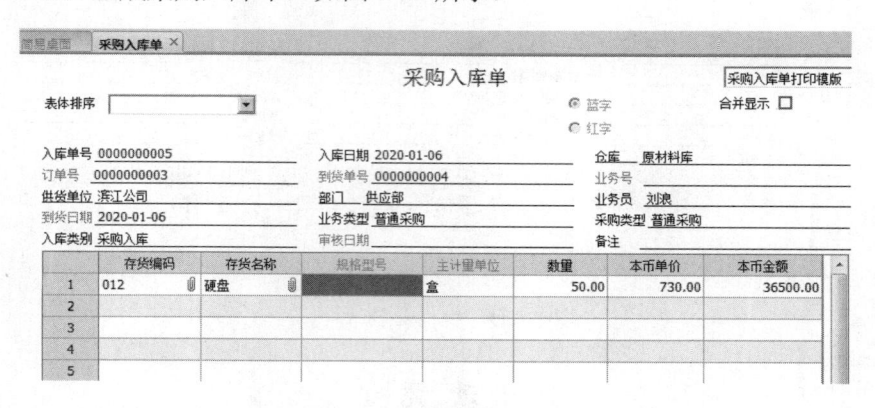

图7-45 生成采购入库单

（3）在存货核算系统进行正常单据记账，然后在财务核算中生成记账凭证：操作步骤同本任务实例业务处理3（4）和（5），生成转账凭证（建议在月末集中生成入库凭证，以下以此类推），如图7-46所示。

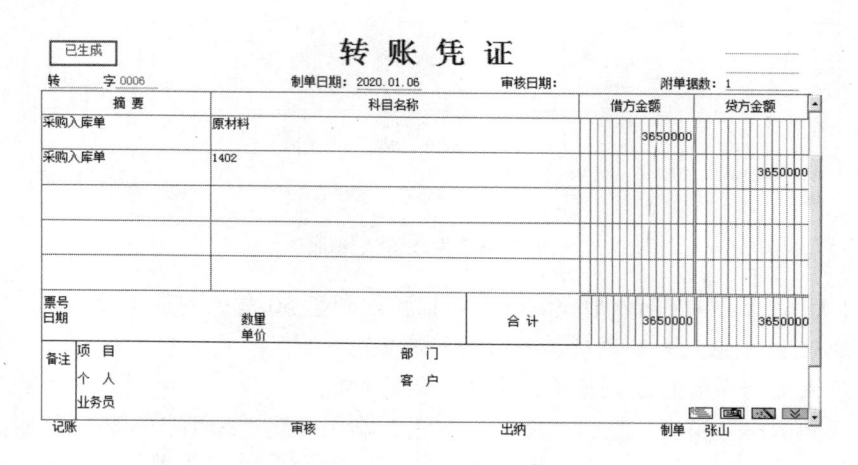

图7-46 生成转账凭证

13. 1月6日，收到滨江公司专用发票，货款36 500元，税款4 745元，共计41 245元。

业务处理13：录入采购专用发票，办理采购结算

（1）在采购系统开出专用采购发票，并办理结算：选择"采购管理"｜"采购发票"｜"专用采购发票"选项，打开"专用发票"窗口。单击"增加"按钮，输入日期"2020-01-06"、供应商"滨江公司"、部门"供应部"，录入存货编码"012"、数量"50"、原币单价"730"，单击"保存"按钮，然后单击"退出"按钮，如图7-47所示。

（2）选择"采购管理"｜"采购结算"｜"自动结算"选项（选择日期2019.01.01—2020.12.31，选择供应商为"滨江公司"），打开"查询条件选择-采购自动结算"窗口。正确输入过滤条件后，单击"确定"按钮，系统自动进行采购结算，结算完

成后显示结算成功的信息，单击"确定"按钮即可。

图 7-47 "专用发票"窗口

（3）在应付款管理系统审核应付单据，并进行发票制单：操作步骤同本任务实例业务处理 1（3），操作完成，生成转账凭证如图 7-48 所示。

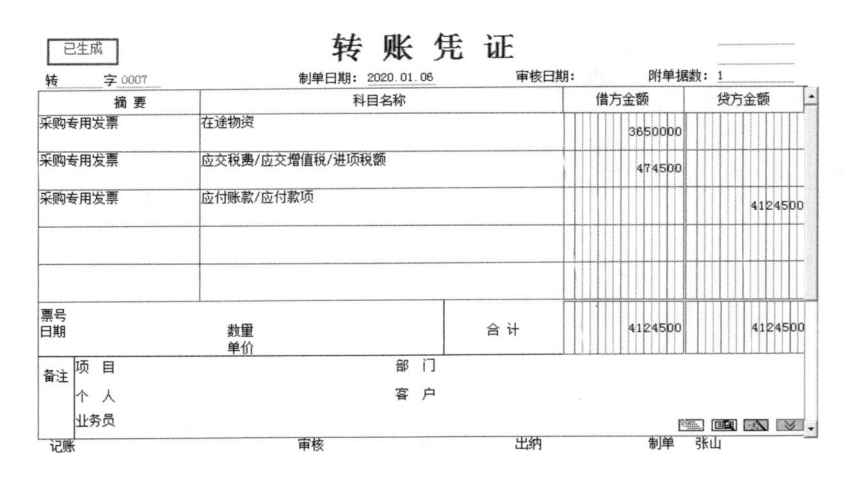

图 7-48 生成转账凭证

14．1 月 7 日，以预付款 30 000 元冲应付款，以银行汇票结算方式汇给滨江公司余款 11 245 元。

业务处理 14：预付款冲应付款，办理余款结算

（1）在应付款管理系统录入付款单据，审核后制单：选择"应付款管理"｜"付款单据处理"｜"付款单据录入"选项，打开"付款单"窗口。单击"增加"按钮，录入日期、供应商、结算方式"银行汇票"、金额"11 245"、款项类型"应付款"。录入完毕单击"保存"按钮，如图 7-49 所示，然后单击"审核"按钮，弹出"是否立即制单？"信息提示窗口。单击"是"按钮，屏幕出现"填制凭证"窗口。输入"付"字，输入制单日期，单击"保存"按钮，屏幕显示"已生成"，操作完成，如图 7-50 所示。

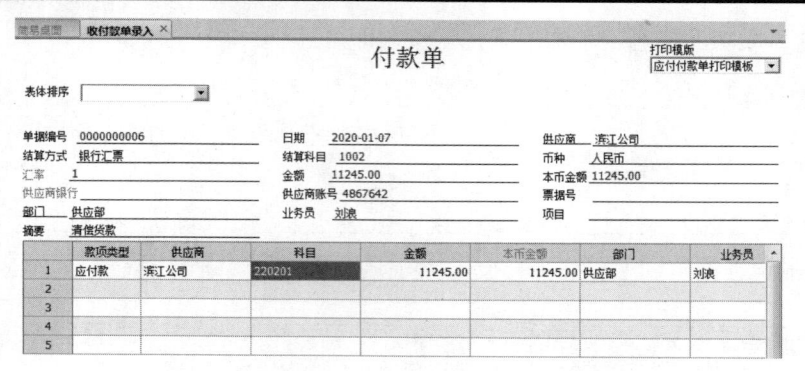

图 7-49 "付款单"窗口

图 7-50 生成付款凭证

（2）预付冲应付转账及核销：进入应付款管理系统，选择"应付款管理"|"转账"|"预付冲应付"选项，打开"预付冲应付"窗口。选择"预付款"选项卡，选择供应商滨江公司，单击"过滤"按钮，在过滤出的"预付款"的付款单的"转账金额"栏内输入"30 000"，如图 7-51 所示。

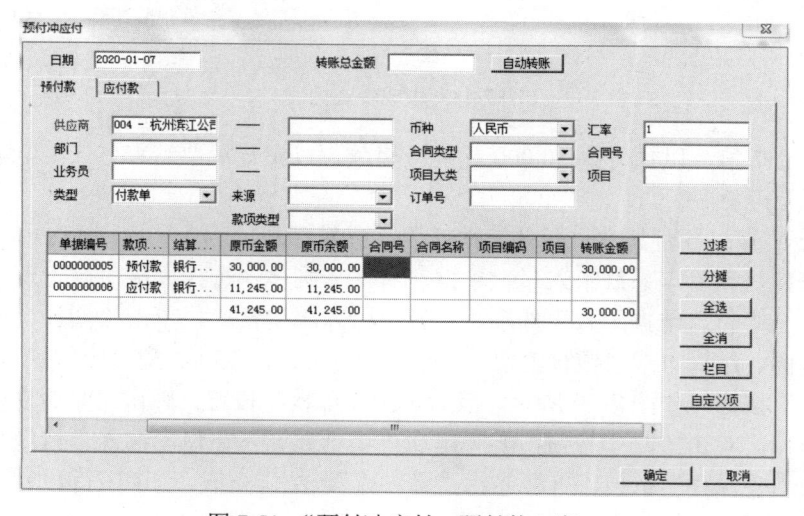

图 7-51 "预付冲应付—预付款"窗口

（3）单击"应付款"选项卡，单击"过滤"按钮，然后在预付款业务对应的"转账金额"栏内输入"30 000"，如图7-52所示。单击"确定"按钮，系统弹出"是否立即制单？"信息提示窗口。单击"是"按钮，生成相应的凭证，如图7-53所示。

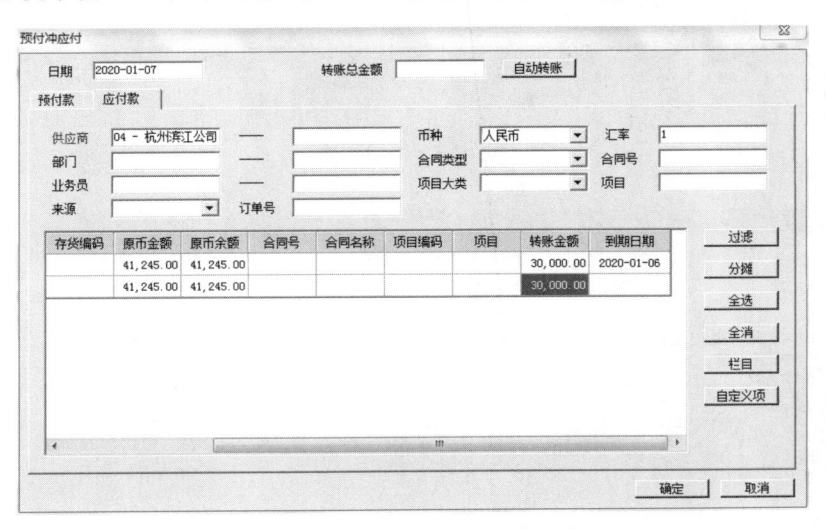

图7-52 "预付冲应付—应付款"窗口

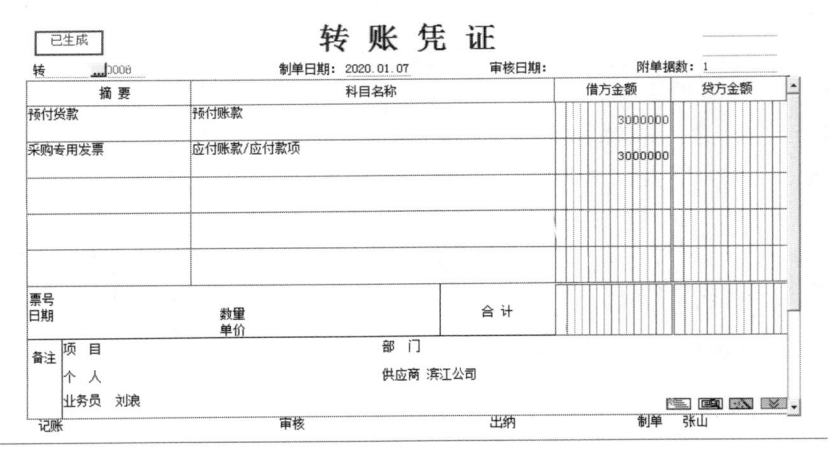

图7-53 生成转账凭证

（4）进行核销操作：选择"应付款管理"|"核销处理"|"手工核销"选项，打开"核销条件"窗口。输入供应商名称"滨江公司"，然后单击"确定"按钮，打开"单据核销"窗口。单击"分摊"按钮，然后单击"保存"按钮，操作完成，如图7-54所示。

15．1月8日，供应部刘浪向下城公司订购芯片5盒，单价1 550元。

业务处理15：录入采购订单并审核

进入采购系统，选择"采购管理"|"采购订货"|"采购订单"选项，打开"采购订单"窗口。单击"增加"按钮，录入日期、存货编码"011"、数量"5"、原币单价"1550"、供应商"下城公司"等信息，单击"保存"按钮，然后单击"审核"按钮，如图7-55所示。

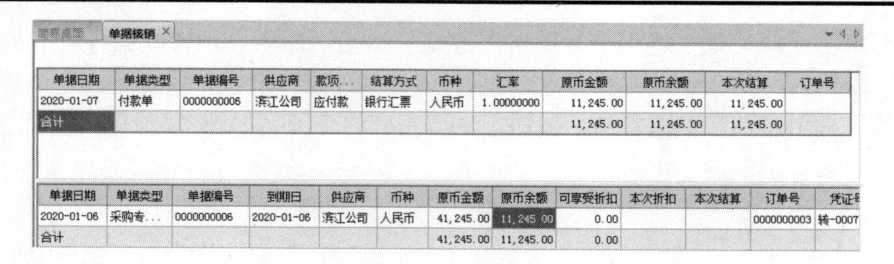

图 7-54 核销完成

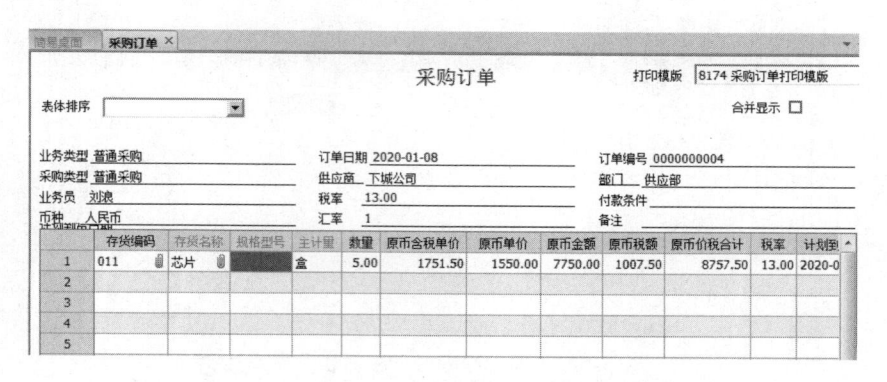

图 7-55 "采购订单"窗口

16. 1月9日，下城公司发来芯片5盒，验收入原材料库。部门：供应部；业务员：刘浪；入库类型：采购入库。

业务处理 16：录入采购到货单和采购入库单

（1）进入采购系统开出到货单：选择"采购管理"｜"采购到货"｜"到货单"选项，打开"到货单"窗口。单击"增加"按钮，输入日期"2020-01-09"，供应商"下城公司"、部门"供应部"、存货编码"011"、数量"5"、原币单价"1550"，单击"保存"按钮，再单击"审核"按钮，最后单击"退出"按钮，如图7-56所示。

图 7-56 "到货单"窗口

（2）在库存管理系统参照到货单生成采购入库单并审核：操作步骤同本任务实例业务处理3（2），审核完成，生成的采购入库单如图7-57所示。

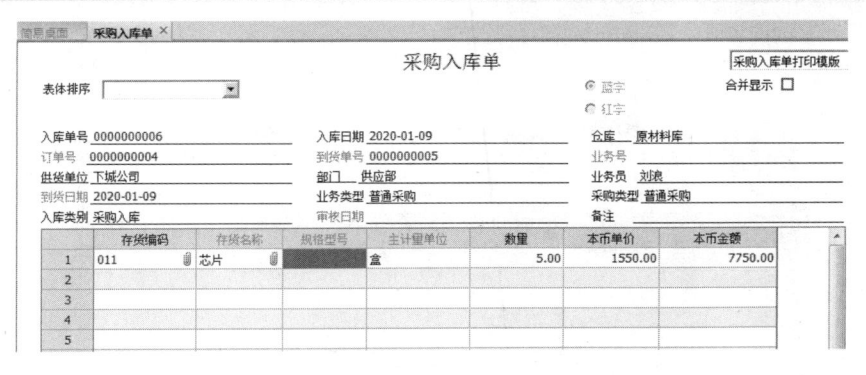

图 7-57 "采购入库单"窗口

（3）在存货核算系统进行正常单据记账，然后在财务核算功能中生成记账凭证：操作步骤同本任务实例业务处理 3（4）和（5），生成转账凭证（建议在月末集中生成入库凭证），如图 7-58 所示。

图 7-58 生成转账凭证

17．1 月 10 日，收到下城公司的专用发票，货款 7 750 元，税款 1 007.5 元，共计 8 757.5 元。

业务处理 17：开出专用采购发票，并办理采购结算

（1）在采购系统开出专用采购发票，并办理结算：选择"采购管理"｜"采购发票"｜"专用采购发票"选项，打开"专用发票"窗口。单击"增加"按钮，输入日期"2020-01-10"、供应商"下城公司"、部门"供应部"，录入存货编码"011"、数量"5"、原币单价"1 550"，单击"保存"按钮，然后单击"退出"按钮，如图 7-59 所示。

（2）选择"采购管理"｜"采购结算"｜"自动结算"选项（选择日期 2019.01.01—2020.12.31，选择供应商"下城公司"），打开"查询条件选择-采购自动结算"窗口。正确输入过滤条件后，单击"确定"按钮，系统自动进行采购结算，结算完成后显示结算成功的信息，单击"确定"按钮即可。

（3）在应付款管理系统审核应付单据，并进行发票制单：操作步骤同本任务实例业务处理 1（3），操作完成，生成转账凭证如图 7-60 所示。

图7-59 "专用发票"窗口

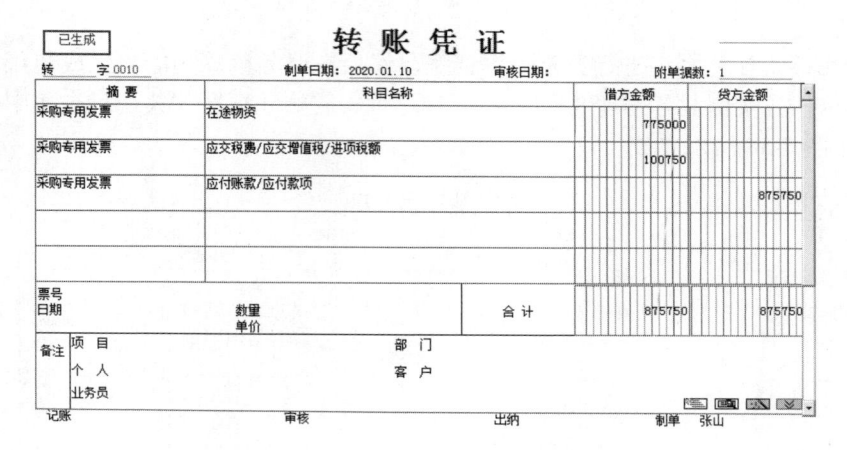

图7-60 生成转账凭证

任务测评

采购与应付款管理系统生成的凭证如表7.1所示。

表7.1 采购与应付款系统生成凭证一览表

业务号	凭证类型	会计科目	借方金额/元	贷方金额/元	辅助信息
1	转	在途物资/芯片 应交税费/增值税/进项税 应付账款/下城公司	16 000.00 2 080.00	 18 080.00	 供应商往来
2	付	应付账款/下城公司 银行存款	18 080.00	 18 080.00	供应商往来
3	转	原材料/硬盘 在途物资/硬盘	45 000.00	 45 000.00	
4	付	应付账款/滨江公司 银行存款	50 850.00	 50 850.00	供应商往来
6	转	原材料/芯片 在途物资/芯片	25 200.00	 25 200.00	
7	转	在途物资/芯片 应交税费/增值税/进项税 应付账款/下城公司	25 200.00 3 276.00	 28 476.00	 供应商往来

续表

业务号	凭证类型	会计科目	借方金额/元	贷方金额/元	辅助信息
7	转	在途物资/芯片 应交税费/增值税/进项税 应付账款/下城公司	744.00 56.00	 800.00	 供应商往来
7	转	原材料/芯片 在途物资/芯片	744.00	 744.00	
8	付	应付账款/下城公司 银行存款	29 276.00	 29 276.00	供应商往来
10	付	原材料/硬盘 应交税费/增值税/进项税 银行存款	15 000.00 1 950.00	 16 950.00	
10（或）	转 付	原材料/硬盘 在途物资/硬盘 在途物资/硬盘 应交税费/增值税/进项税 银行存款	15 000.00 15 000.00 1 950.00	 15 000.00 16 950.00	
11	付	预付账款/滨江公司 银行存款	30 000.00	 30 000.00	供应商往来
12	转	原材料/硬盘 在途物资/硬盘	36 500.00	 36 500.00	
13	转	在途物资/硬盘 应交税费/增值税/进项税 应付账款/滨江公司	36 500.00 4 745.00	 41 245.00	 供应商往来
14	转	应付账款/滨江公司 预付账款/滨江公司	30 000.00 −30 000.00		供应商往来 供应商往来
14	付	应付账款/滨江公司 银行存款	11 245.00	 11 245.00	供应商往来
16	转	原材料/芯片 在途物资/芯片	7 750.00	 7 750.00	
17	转	在途物资/芯片 应交税费/增值税/进项税 应付账款/下城公司	7 750.00 1 007.50	 8 757.50	 供应商往来

学习任务8

销售与应收款管理系统

8.1 销售与应收款管理系统概述

销售系统根据日常销售业务生成销售订单、出库单、发票并对其进行审核。审核完毕，一方面，销售系统将销售出库单传递至库存管理系统，由仓库部门对其进行审核，并将已审核的出库单传递至存货核算系统进行记账和制单；另一方面，将销售发票传递至应收款管理系统，由应收款管理系统对其进行收款结算和制单并向总账系统传递凭证。

8.2 销售与应收日常业务处理

8.2.1 录入销售订单

销售订单是反映由购销双方确认的客户要货要求的单据。销售订单应该包括销售业务所应有的全部基本数据。这些数据包括订单日期、订单号、客户名称、销售部门、业务员、付款条件、存货名称、计量单位、数量、单价等。在输入过程中凡是可以使用系统提供的菜单选择输入功能的项目都应该使用选择输入，以减少输入错误。在输入销售订单后要进行确认，只有经过确认的销售订单才可以据此由系统自动生成相应的销售发票。

8.2.2 录入发货单

发货单是普通销售发货业务的执行载体。发货单由销售部门根据销售订单生成，经审核后由库存管理系统自动生成销售出库单，销售出库单经库存管理系统审核后，在存货核算系统进行制单操作。发货单除了需要输入销售订单的内容，还需要输入发货日期、发货单号、发货地址、发运方式、仓库名称等。

8.2.3 录入销售发票

销售发票是指供货单位给客户开具的增值税专用发票、普通发票及其所附清单等原始销售票据，一般包括产品或服务的说明，客户名称、地址，以及存货的名称、单价、数量、总价、税额等资料。销售发票可以直接填制,也可以通过复制销售订单或销售发货单生成。

8.2.4 应收单处理

销售发票与应收单是应收账款日常核算的原始凭据。增加应收款是本系统业务处理的起点。如果同时使用应收款管理系统和销售系统,则销售发票和代垫费用产生的应收单由销售系统录入,在应收款管理系统中可以对这些单据进行查询、核销和制单等操作。

如果没有使用销售系统,则各类发票和应收单均应在应收款管理系统中录入。

8.2.5 转账处理

在销售日常业务中,经常会发生以下几种转账处理的情况。
- 预收冲应收:某客户有预收款时,可用该客户的一笔预收款冲一笔应收款。
- 应收冲应付:若某客户既是销售客户又是供应商,则可能发生应收款冲应付款的情况。
- 红字单据冲蓝字单据:当发生退货时,用红字发票冲蓝字发票。
- 应收冲应收:当一个客户为另一个客户代付款时,发生应收冲应收情况。

8.2.6 坏账处理

系统提供的计提坏账的方法主要有销售收入百分比法、应收账款百分比法和账龄分析法。不管采用什么方法计提坏账,在初次计提时,如果没有进行预先设置,首先应进行初始设置。

应收账款的余额默认为本会计年度最后一天所有未结算完的发票和应收单余额之和减去预收款数额。外币账户用其本位币余额,可以根据实际情况进行修改。销售总额默认为本会计年度发票总额,可以根据实际情况进行修改。账龄分析法各区间余额由系统生成(本会计年度最后一天的所有未结算完的发票和应收单余额之和减去预收款数额),可以根据实际情况进行修改。

8.2.7 生成记账凭证

制单处理分为立即制单和批量制单。

立即制单是在单据处理、转账处理、票据处理及坏账处理等功能操作中,系统询问是否立即制单,若选择"是",便立即生成凭证。

批量制单是在所有业务发生完成后,使用制单功能进行批处理制单。制单时先进行制单查询,后进行应收制单。

8.2.8　账表管理

通过对销售明细表、销售统计表、销售余额表及销售分析表的对比与分析，可以实现对销售管理的事中控制和事后分析。综合利用销售系统提供的各种账表及查询功能，可以全面提升企业的销售管理水平。

客户往来账表查询主要包括对客户往来总账、客户往来明细账、客户往来余额表及客户往来对账单进行查询。通过对客户往来账表的查询，可以了解在一定月份期间所发生的应收款明细、总额及余额情况，据此可以进行账龄分析。

任务实例 10　销售与应收日常业务处理

任务准备

引入"任务实例 9"的账套数据；销售业务数据；应收款及收款业务数据。

任务处理

1. 2020 年 1 月 11 日，开出 2019 年 12 月月末销售给宁波公司的 10 台联想计算机的销售专用发票，单价 6 000 元，增值税税率为 13%。

业务处理 1：开出销售专用发票，复核并制单

（1）在销售系统开出销售专用发票并复核：选择"销售开票"｜"销售专用发票"选项，打开"销售专用发票"窗口。单击"增加"按钮（或单击"生单"按钮，根据发货单生成也可以），打开"参照生单"窗口，输入专用发票相关信息并复核，如图 8-1 和图 8-2 所示。

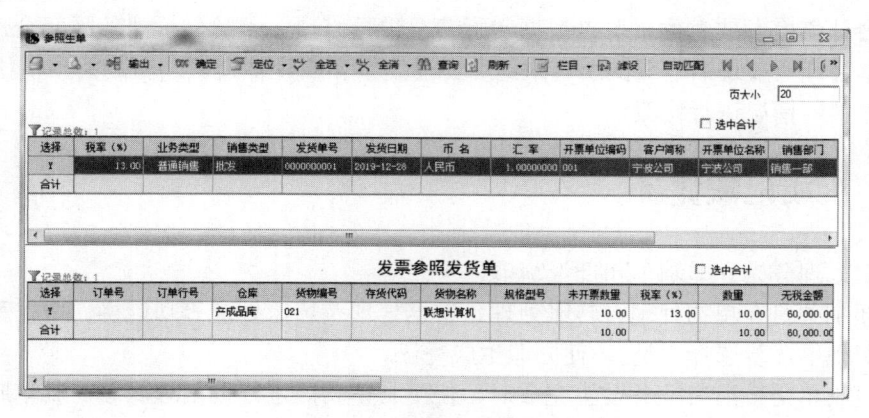

图 8-1　"参照生单"窗口

图 8-2 "销售专用发票"窗口

（2）在应收款管理系统审核销售专用发票并制单：选择"应收款管理"｜"应收单据处理"｜"应收单据审核"选项，打开"应收单查询条件"窗口。单击"确定"按钮，打开"应收单据列表"窗口。选择相应的销售专用发票，打开销售专用发票窗口。单击"审核"按钮，弹出"是否立即制单？"信息提示窗口。单击"是"按钮，生成凭证，如图 8-3 所示。

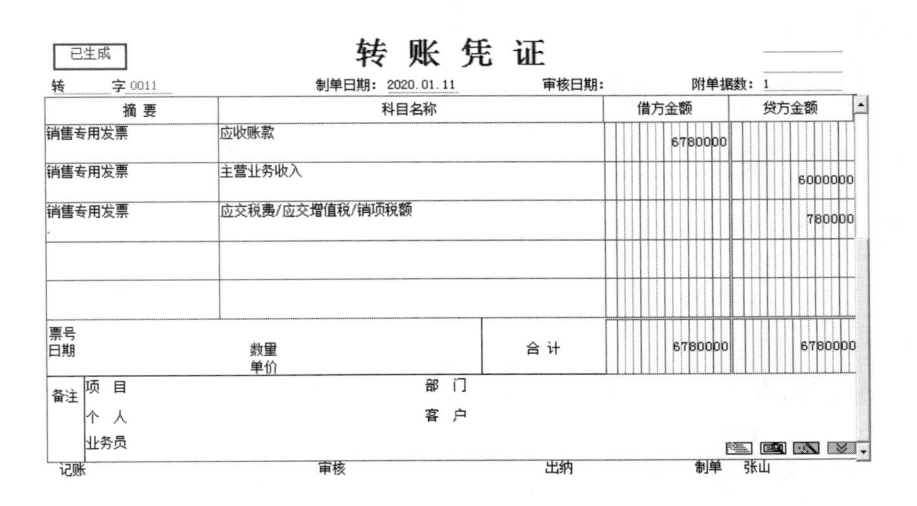

图 8-3　生成收款凭证

（3）选择"存货核算"｜"业务核算"｜"正常单据记账"选项，对销售出库单或销售发票进行记账。

（4）选择"财务核算"｜"生成凭证"｜"选择"选项，选择单据后，单击"确定"按钮。（此处不结转销售成本。）

> **提醒**
> - 正常单据记账时如果在"存货核算"|"选项录入"|"销售成本核算方式"下勾选"销售出库单",则对销售出库单记账;如果勾选"销售发票",则对销售发票记账。
> - 存货计价方式选择全月平均时,应在"存货核算"|"业务核算"|"期末处理"后,由系统回填销售出库单的单价进行出库成本核算,所以结转销售成本的凭证应在存货核算系统进行期末处理后再生成。
> - 执行生成凭证的操作员,必须在总账系统拥有制单的权限。
> - 制单日期应大于或等于所选的单据的最大日期,但小于当前业务日期。同时,制单日期应满足总账系统中的制单序时要求。

2．1月12日,收到宁波公司汇来的货款67 800元。

业务处理2:填制收款单,审核后制单并进行核销处理

(1) 在应收款管理系统填制收款单,审核后制单:单击"应收款管理"|"收款单据处理"|"收款单据录入"选项,打开"收付款单录入"窗口。单击"增加"按钮,录入日期、客户、结算方式、金额"67 800"、款项类型"应收款"等信息,如图8-4所示。单击"保存"和"审核"按钮,系统弹出"是否立即制单?"信息提示窗口。单击"是"按钮,弹出"填制凭证"窗口,生成收款凭证,如图8-5所示。

图8-4 "收款单"窗口

(2) 进行款项核销处理:单击"核销"按钮,选择"同币种核销",打开"单据核销"窗口,窗口上方显示的单据是收款单,窗口下方显示的单据是应收单,在应收单中输入本次的结算金额即本次实收金额"67800"后,单击"保存"按钮。该操作也可以通过"应收款管理"|"核销处理"|"手工核销"或"自动核销"处理,其结果如图8-6所示。

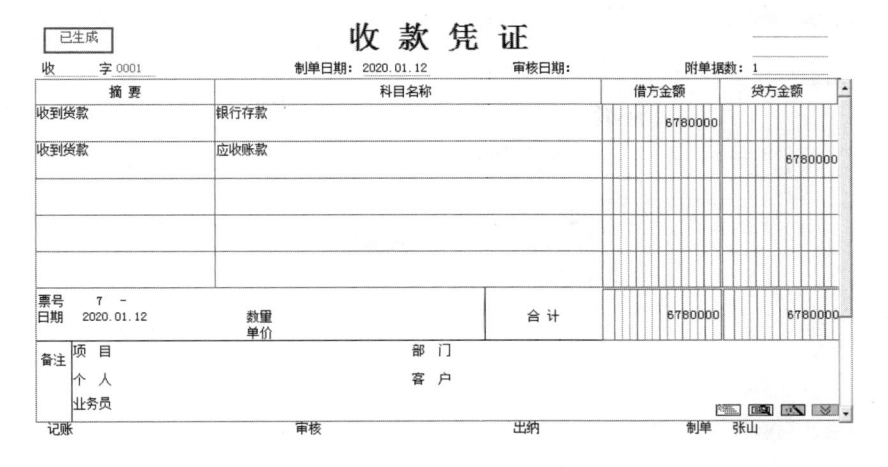

图 8-5　生成收款凭证

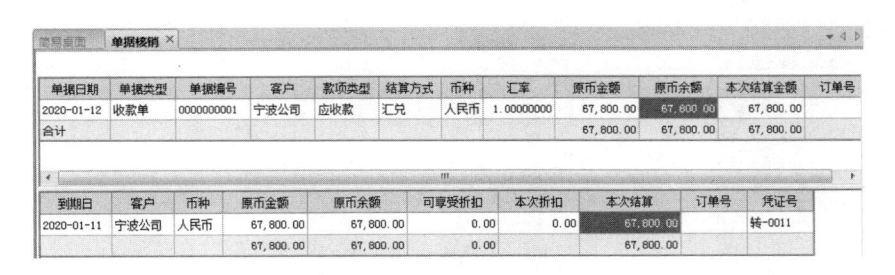

图 8-6　"单据核销"窗口

> **提醒**
>
> 录入收款单据内容时，结算方式、结算科目及金额不能为空。
> 系统自动生成结算单据后不能进行修改。
> 对于已核销的收款单据，只有取消核销后才能进行修改和删除。

3. 1月12日，客户绍兴公司欲购激光打印机30台，向销售一部询问激光打印机价格情况，周记报价2 250元/台（不含税），填制并审核报价单。绍兴公司要求订购30台，并要求2020年1月12日发货，经协商每台价格为2 200元（不含税，下同），填制并审核销售订单。

业务处理 3：填制销售报价单并审核，填制销售订单并审核

（1）填制销售报价单并审核：进入销售系统，选择"销售报价"｜"销售报价单"选项，打开"销售报价单"窗口。单击"增加"按钮，填入销售报价单相关信息，填制完成后保存并审核，审核后销售报价单如图8-7所示。

（2）填制销售订单并审核：选择"销售订货"｜"销售订单"选项，打开"销售订单"窗口。单击"增加"按钮，填入销售订单的相关信息，填制完成后保存并审核，审核后销售订单如图8-8所示。

图8-7 "销售报价单"窗口

图8-8 "销售订单"窗口

4. 1月13日，从外购品库发出绍兴公司的激光打印机30台，参照销售订单生成并审核发货单。另代垫运费1 000元，开出2136#转账支票付讫。

业务处理4：开出并审核发货单、代垫费用单，审核应收单并立即制单

（1）开出并审核发货单：进入销售系统，选择"销售发货"|"发货单"选项，打开"发货单"窗口。单击"增加"按钮，打开"查询条件选择"窗口。单击"确定"按钮，打开"参照生单"窗口，如图8-9所示。单击"显示"按钮，选择绍兴公司的订单，再选择存货名称"激光打印机"，然后单击"确定"按钮，发货单填制完毕，最后保存并审核，如图8-10所示。

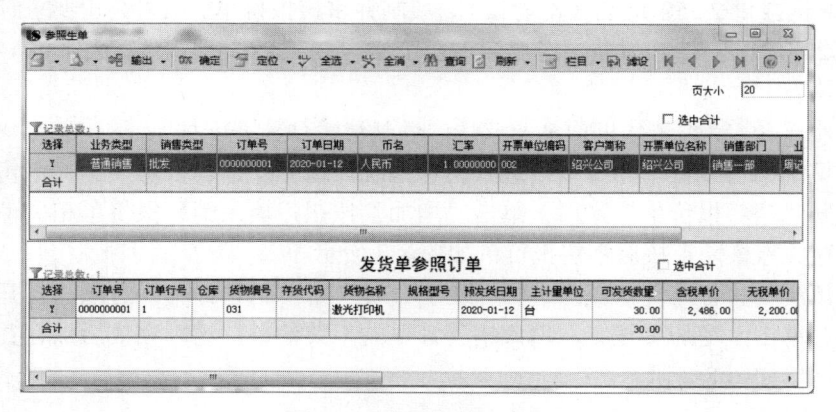

图8-9 "参照生单"窗口

图 8-10　生成发货单

（2）开出并审核代垫费用单：选择"代垫费用"|"代垫费用单"选项，打开"代垫费用单"窗口。单击"增加"按钮，输入代垫费用的相关信息，然后保存并审核，如图 8-11 所示。

图 8-11　"代垫费用单"窗口

（3）进入应收款管理系统审核应收单并立即制单，贷方科目为银行存款：选择"应收款管理"|"应收单据处理"|"应收单据审核"选项，打开"应收单查询条件"窗口。单击"确定"按钮，打开"应收单据列表"窗口，根据资料设置相应信息，如图 8-12 所示。双击该条记录，打开"应收单"窗口，单击"审核"按钮，弹出"是否立即制单？"信息提示窗口，如图 8-13 所示。单击"是"按钮，打开"填制凭证"窗口。在凭证的贷方录入银行存款科目，然后生成凭证，如图 8-14 所示。

图 8-12　"应收单据列表"窗口

5．1月13日，根据销售给绍兴公司 30 台激光打印机的发货单开出销售专用发票并进行审核。

业务处理 5：开出销售专用发票，复核并制单

（1）周记在销售系统开出销售专用发票并复核：选择"销售开票"|"销售专用发

票"选项,打开"销售专用发票"窗口。单击"增加"按钮(或单击"生单"按钮,根据发货单生成也可以),输入专用发票相关信息并复核,如图8-15所示。

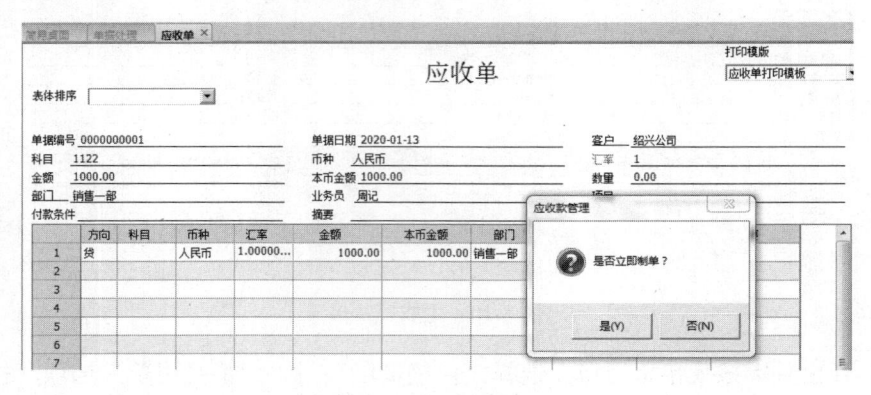

图8-13 "应收单"窗口

图8-14 生成付款凭证

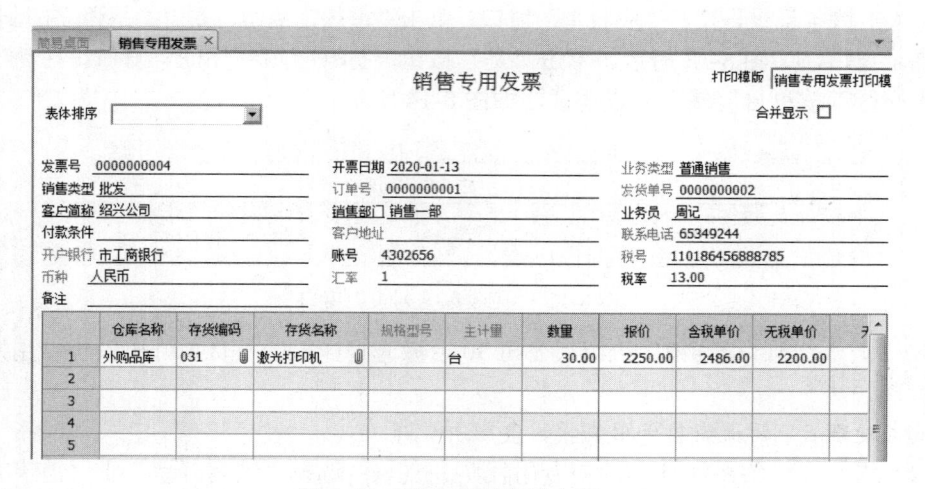

图8-15 "销售专用发票"窗口

（2）夏天在应收款管理系统审核销售专用发票并制单：选择"应收款管理"｜"应收单据处理"｜"应收单据审核"选项，打开"应收单查询条件"窗口。单击"确定"按钮，打开"应收单据列表"窗口。选择相应的销售专用发票，打开销售专用发票窗口。单击"审核"按钮，弹出"是否立即制单？"信息提示窗口。单击"是"按钮，生成凭证，如图8-16所示。

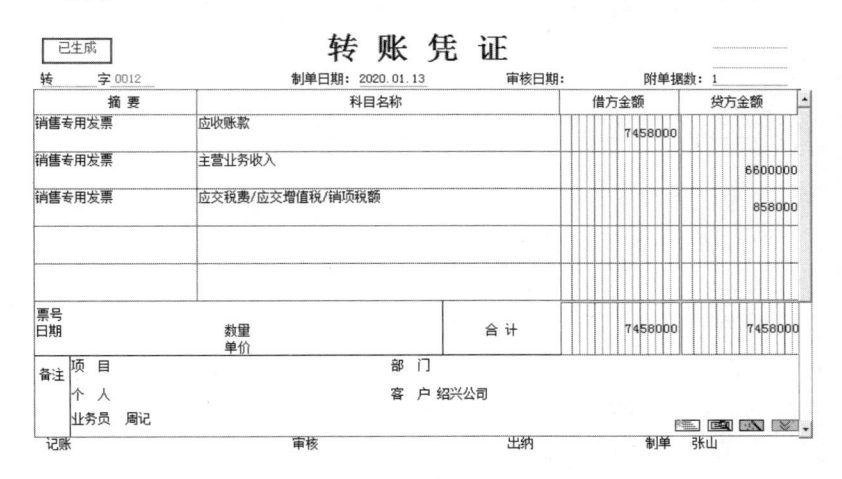

图8-16 生成转账凭证

选择"库存管理"｜"库存业务"｜"销售出库单"选项，对生成的出库单进行审核，以减少库存数量。

选择"存货核算"｜"业务核算"｜"正常单据记账"选项，选择"销售出库单"或"销售发票"记账。

（3）夏天进入应收款管理系统审核应收单并立即制单，贷方科目为银行存款：选择"应收款管理"｜"应收单据处理"｜"应收单据审核"选项，打开"应收单查询条件"窗口。单击"确定"按钮，打开"应收单据列表"窗口。双击所选记录，打开"应收单"窗口，单击"审核"按钮，弹出"是否立即制单？"信息提示窗口。单击"是"按钮，打开"填制凭证"窗口。在凭证的贷方录入银行存款科目，然后生成凭证。

> **提醒**
>
> - 出库单的生成方式有两种选择，一是在"销售系统"的"销售选项"中勾选"销售生成出库单"，二是在"库存管理系统"的"初始设置"的"选项"中勾选"库存生成出库单"。
> - 如果选择"销售生成出库单"，库存管理系统依据审核后的发货单自动生成销售出库单，操作员只要进入库存管理系统查找销售出库单直接审核即可。如果选择"库存生成出库单"，操作员需要进入库存管理系统参照发货单或发票生成销售出库单并进行审核。

6．1月13日，金华公司向销售一部周记订购联想计算机5台，无税单价5 900元，激光打印机20台，无税单价2 250元，要求1月14日发货。

业务处理 6：填制销售订单并审核

周记在销售系统填制销售订单并审核：选择"销售订货"|"销售订单"选项，打开"销售订单"窗口。单击"增加"按钮，填入销售订单的相关信息，填制完成后保存并审核，如图 8-17 所示。

图 8-17 "销售订单"窗口

7．1 月 13 日，收到金华公司汇来预付款 50 000 元。

业务处理 7：录入收款单，审核后立即制单

夏天在应收款管理系统录入收款单，审核后立即制单：选择"应收款管理"|"收款单据处理"|"收款单据录入"选项，打开"收款单录入"窗口。单击"增加"按钮，录入日期、客户、结算方式、金额、款项类型等信息，单击"保存"和"审核"按钮，系统弹出"是否立即制单？"信息提示窗口，如图 8-18 所示。单击"是"按钮，打开"填制凭证"窗口，生成收款凭证，如图 8-19 所示。

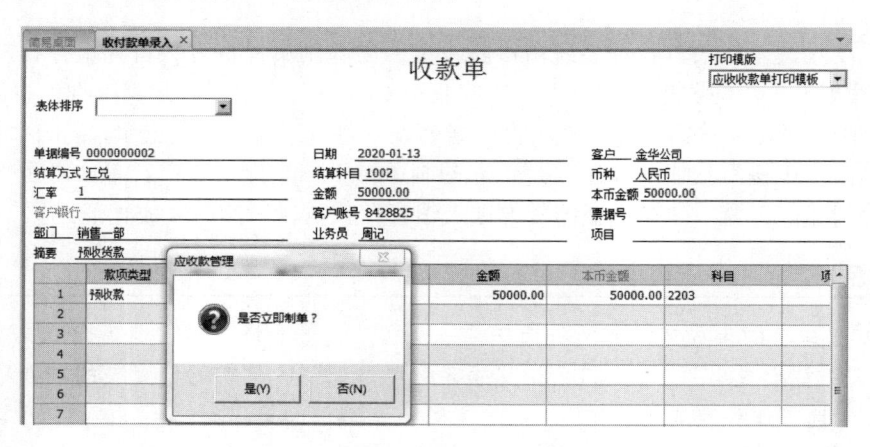

图 8-18 "是否立即制单"信息提示窗口

8．1 月 14 日，根据约定向金华公司发出联想计算机 5 台、激光打印机 20 台，代垫运费 1 500 元，以现金付讫。

业务处理 8：开出并审核发货单、代垫费用单，审核应收单并立即制单

（1）周记在销售系统开出并审核发货单：选择"销售发货"|"发货单"命令，打开"发货单"窗口。单击"增加"按钮，打开"查询条件选择"窗口。单击"确定"按

钮,打开"参照生单"窗口,单击"显示"按钮,选择销售给金华公司的订单,再选择存货名称"激光打印机"和"联想计算机",然后单击"确定"按钮,发货单填制完毕,保存并审核,如图 8-20 所示。

图 8-19 生成收款凭证

图 8-20 "发货单"窗口

(2)到库存管理系统审核自动生成的销售出库单。选择"库存管理"|"库存业务"|"销售出库单"选项,生成联想计算机销售出库单和激光打印机销售出库单,如图 8-21 和图 8-22 所示。对生成的出库单进行审核,以减少库存数量。

图 8-21 联想计算机"销售出库单"窗口

图 8-22　激光打印机"销售出库单"窗口

（3）周记在销售系统开出并审核代垫费用单：选择"代垫费用"|"代垫费用单"选项，打开"代垫费用单"窗口。单击"增加"按钮，输入代垫费用的相关信息，然后保存并审核，如图 8-23 所示。

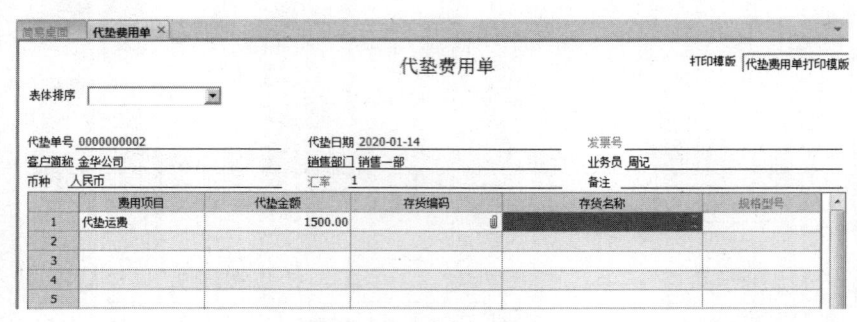

图 8-23　"代垫费用"窗口

（4）夏天进入应收款管理系统审核应收单并立即制单，贷方科目为现金：选择"应收款管理"|"应收单据处理"|"应收单据审核"选项，打开"应收单查询条件"窗口。单击"确定"按钮，打开"应收单据列表"窗口。双击所选记录，打开"应收单"窗口，单击"审核"按钮，弹出"是否立即制单？"信息提示窗口，如图 8-24 所示。单击"是"按钮，打开"填制凭证"窗口。在凭证的贷方录入库存现金科目，然后生成凭证，如图 8-25 所示。

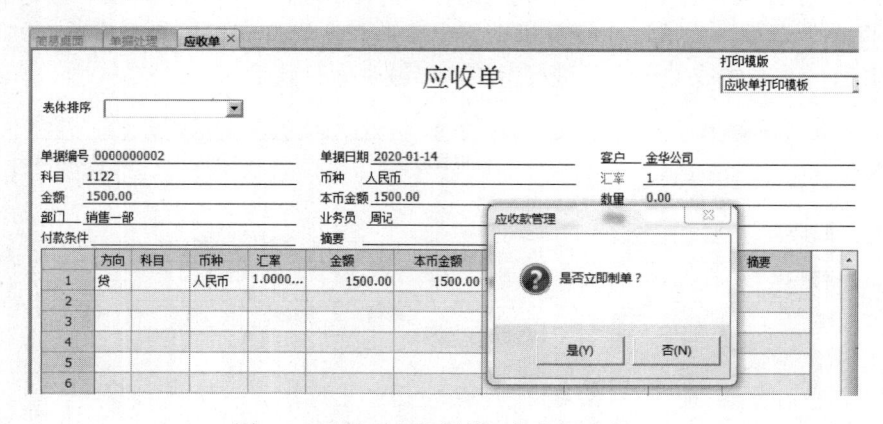

图 8-24　"是否立即制单"信息提示窗口

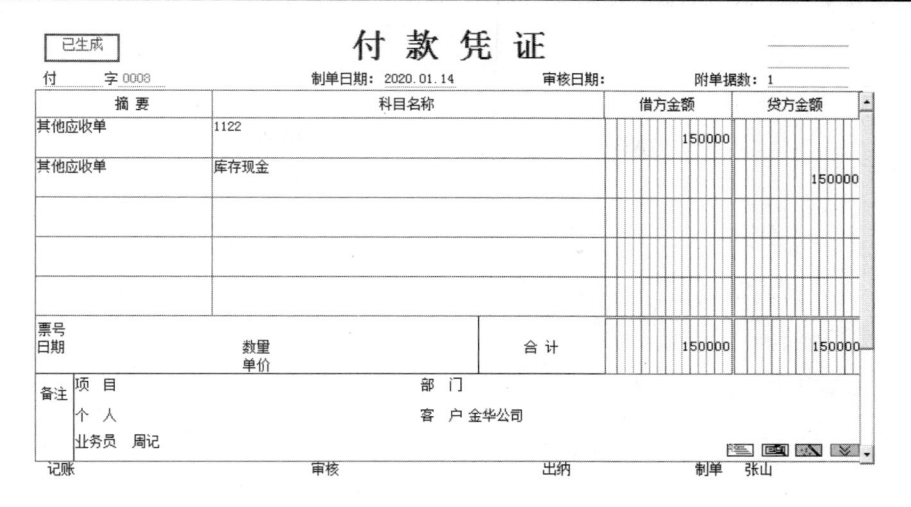

图 8-25 生成付款凭证

9. 1月14日，开出销售给金华公司的销售专用发票并审核。

业务处理9：开出销售专用发票，复核并制单

（1）周记在销售系统开出销售专用发票并复核：选择"销售开票"|"销售专用发票"选项，打开"销售专用发票"窗口。单击"增加"按钮（或单击"生单"按钮，根据发货单生成也可以），输入专用发票相关信息并复核，其结果如图8-26和图8-27所示。

图 8-26 "参照生单"窗口

（2）夏天在应收款管理系统审核销售专用发票并制单：选择"应收款管理"|"应收单据处理"|"应收单据审核"选项，打开"应收单查询条件"窗口。单击"确定"按钮，打开"应收单据列表"窗口。选择相应的销售专用发票，打开销售专用发票窗口。单击"审核"按钮，弹出"是否立即制单？"信息提示窗口。单击"是"按钮，生成凭证，如图8-28所示。

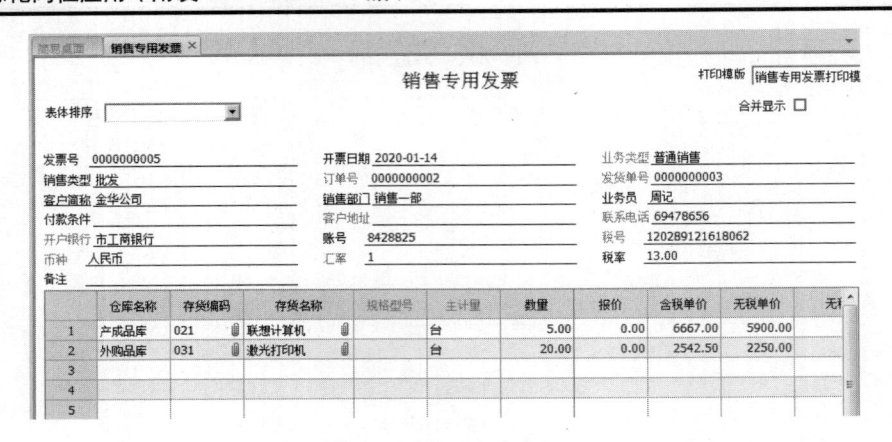

图 8-27 "销售专用发票"窗口

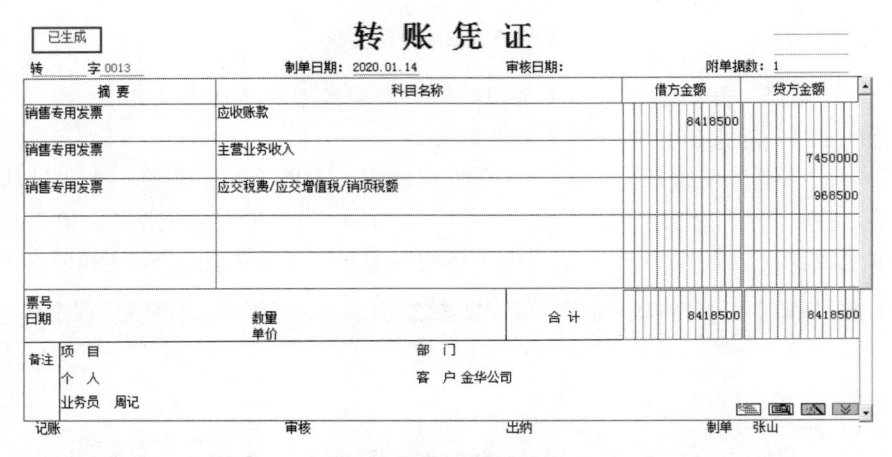

图 8-28 生成转账凭证

选择"存货核算"|"业务核算"|"正常单据记账"选项,选择"销售出库单"或"销售发票"记账。

10. 1月14日,金华公司预收货款50 000元冲应收账款。

业务处理10:办理预收冲应收手续并制单

夏天在应收款管理系统办理预收冲应收手续并制单:选择"转账"|"预收冲应收"选项,打开"预收冲应收"窗口。选择客户"金华公司",单击"过滤"按钮,录入转账金额"50 000"。选择"应收款"选项卡,单击"过滤"按钮,录入转账金额"50 000",单击"确定"按钮,系统弹出"是否立即制单?"信息提示窗口。单击"是"按钮,生成一张转账凭证,如图8-29所示。

> **提醒**
>
> - 每笔应收款的转账金额不能大于其余额。
> - 应收款的转账金额合计应等于预收款的转账金额的合计。
> - 在初始设置时,如果将应收科目和预收科目设置为同一科目,将无法通过预收冲应收功能生成凭证。

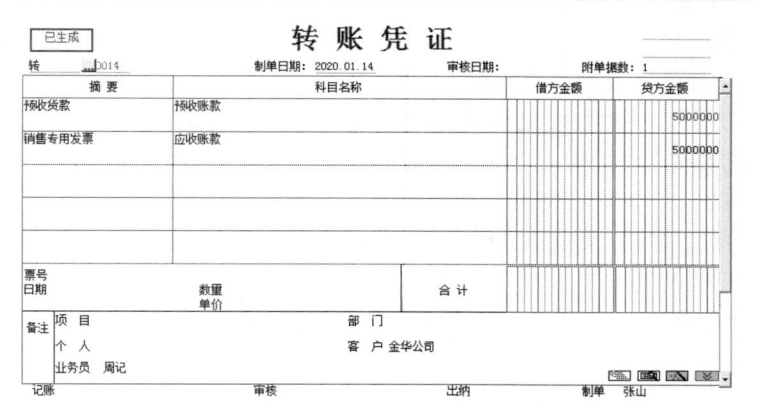

图 8-29　生成转账凭证

11. 1 月 15 日，收到金华公司汇来的货款 35 685 元。

业务处理 11：填制收款单，审核后制单并进行核销处理

（1）在应收款管理系统录入收款单，审核后立即制单：选择"应收款管理"｜"收款单据处理"｜"收款单据录入"选项，打开"收付款单录入"窗口。单击"增加"按钮，录入日期、客户、结算方式、金额"35 685"、款项类型"应收款"等信息，单击"保存"和"审核"按钮，系统弹出"是否立即制单？"信息提示窗口，如图 8-30 所示。单击"是"按钮，弹出"填制凭证"窗口，生成收款凭证，如图 8-31 所示。

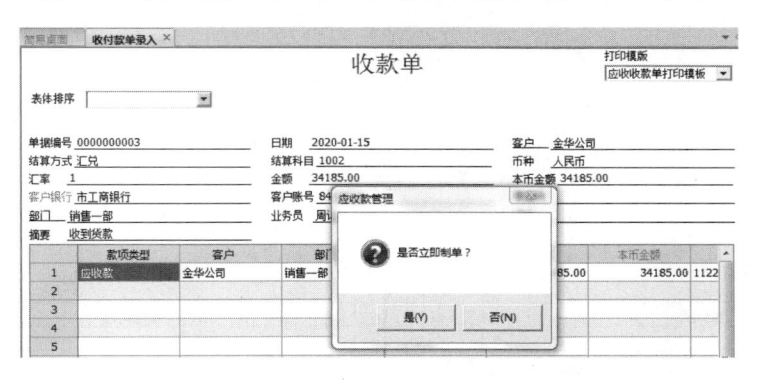

图 8-30　"是否立即制单"信息提示窗口

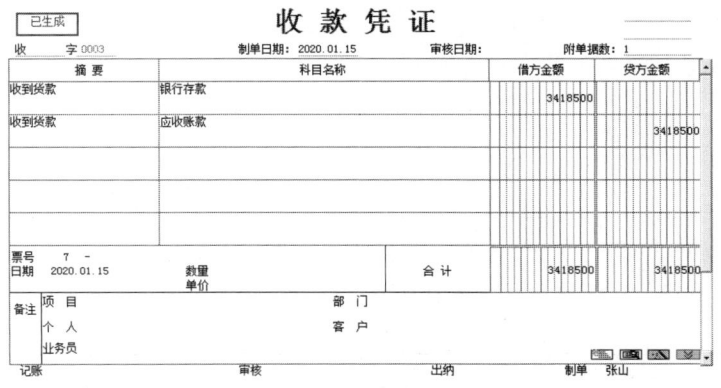

图 8-31　生成收款凭证

（2）进行核销处理：选择"应收款管理"|"核销处理"|"自动核销"选项，打开"核销条件"窗口。选择客户"金华公司"，单击"确定"按钮，核销完成。

12. 1月15日，与温州公司签订协议，委托温州公司代销激光打印机，从外购品库发出20台，按成本价填制委托代销商品发货单。

业务处理12：开出委托代销发货单

周记在销售系统开出委托代销发货单：选择"委托代销"|"委托代销发货单"选项，打开"委托代销发货单"窗口。单击"增加"按钮，输入相关信息，发货单填制完毕，然后保存并审核后再到库存管理系统审核自动生成的销售出库单，其结果如图8-32和图8-33所示。

图8-32 "委托代销发货单"窗口

图8-33 生成销售出库单

> **提醒**
>
> 在处理委托代销业务前，需要在销售系统"销售选项"的"业务控制"下勾选"有委托代销业务"，在库存管理系统"库存选项"的"通用设置"下勾选"有委托代销业务"。

13. 1月18日，收到温州公司代销清单，激光打印机20台已销售，结算价格为2 180元/台。

业务处理13：填制委托代销结算单，审核后系统自动生成销售专用发票，审核销售专用发票并生成凭证

（1）周记在销售系统填制委托代销结算单，审核后系统自动生成销售专用发票，由周记进行复核：选择"委托代销"｜"委托代销结算单"选项，打开"委托代销结算单"窗口。单击"增加"按钮，结算参照委托代销发货单生成委托代销结算单。修改委托代销结算数量为"20"、无税价格为"2 180"，然后单击"审核"按钮，打开"请选择发票类型"窗口，选择"专用发票"，如图8-34所示，然后单击"确定"按钮。

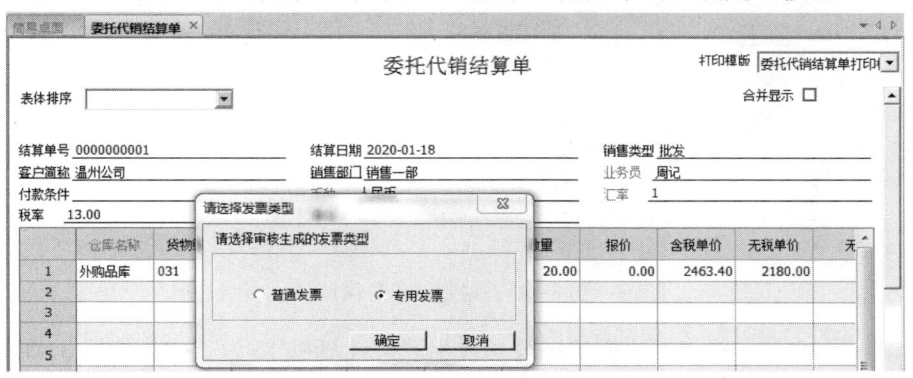

图8-34　委托代销结算单

（2）夏天在应收款管理系统审核销售专用发票并制单：选择"应收款管理"｜"应收单据处理"｜"应收单据审核"选项，打开"应收单查询条件"窗口。单击"确定"按钮，打开"应收单据列表"窗口。选择相应的销售专用发票，打开销售专用发票窗口。单击"审核"按钮，弹出"是否立即制单？"信息提示窗口。单击"是"按钮，生成凭证，（如果当时未产生凭证，则到凭证处理处制单），如图8-35所示。

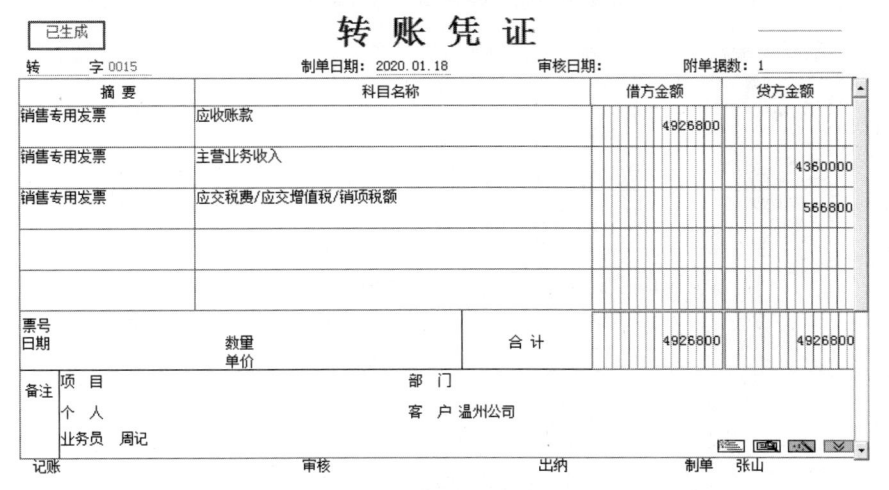

图8-35　生成转账凭证

14. 1月18日，宁波公司向销售一部订购联想计算机15台，协议无税价格5 800元/台，要求1月19日发货。

业务处理14：填制销售订单并审核

周记在销售系统填制销售订单并审核：选择"销售订货"｜"销售订单"选项，打开"销售订单"窗口。单击"增加"按钮，录入销售订单的相关信息，填制完成后保存并审核，其结果如图8-36所示。

图8-36 "销售订单"窗口

15. 1月19日，根据约定向宁波公司发出联想计算机15台，代垫运费2 000元，开出2143#转账支票付讫。

业务处理15：开出并审核发货单、代垫费用单，审核应收单并立即制单

（1）周记在销售系统开出并审核发货单：选择"销售发货"｜"发货单"选项，打开"发货单"窗口。单击"增加"按钮，打开"查询条件选择"窗口。单击"确定"按钮，打开"参照生单"窗口，单击"显示"按钮，选择销售给宁波公司的订单，再选择存货名称"联想计算机"，然后单击"确定"按钮，发货单填制完毕，保存并审核后再到库存管理系统审核自动生成的销售出库单，其结果如图8-37和图8-38所示。

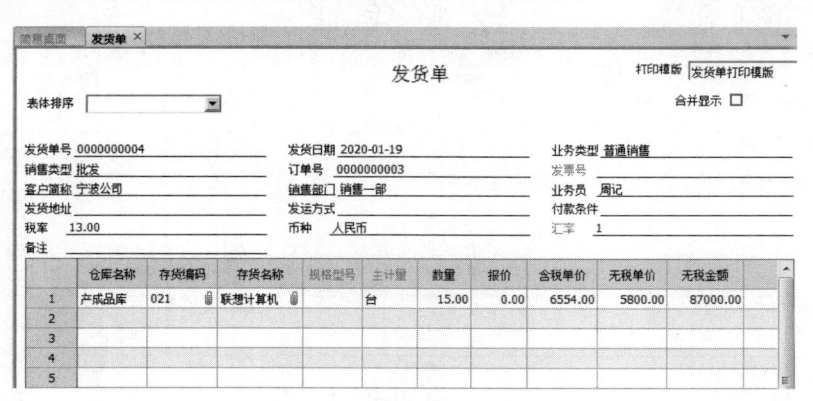

图8-37 "发货单"窗口

（2）周记在销售系统开出并审核代垫费用单：选择"代垫费用"｜"代垫费用单"选项，打开"代垫费用单"窗口。单击"增加"按钮，输入代垫费用的相关信息，然后保存并审核，如图8-39所示。

图 8-38 "销售出库单"窗口

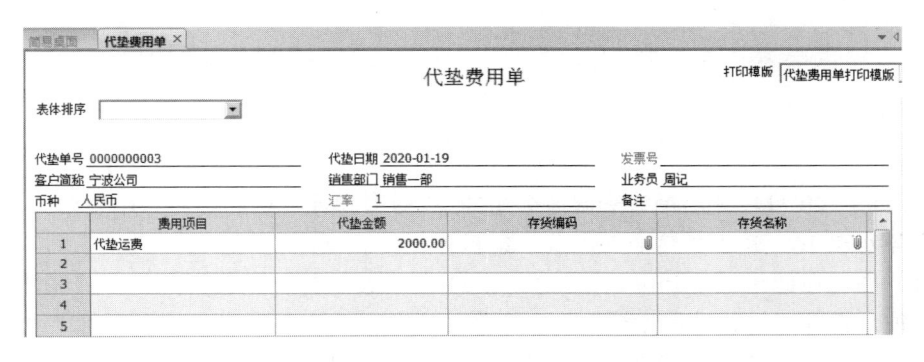

图 8-39 "代垫费用单"窗口

（3）夏天进入应收款管理系统审核应收单并立即制单：选择"应收款管理"|"应收单据处理"|"应收单据审核"选项，打开"应收单查询条件"窗口。单击"确定"按钮，打开"应收单据列表"窗口。双击所选记录，打开"应收单"窗口。单击"审核"按钮，弹出"是否立即制单？"信息提示窗口，如图 8-40 所示。单击"是"按钮，打开"填制凭证"窗口。在凭证的贷方录入银行存款科目，然后生成凭证，如图 8-41 所示。

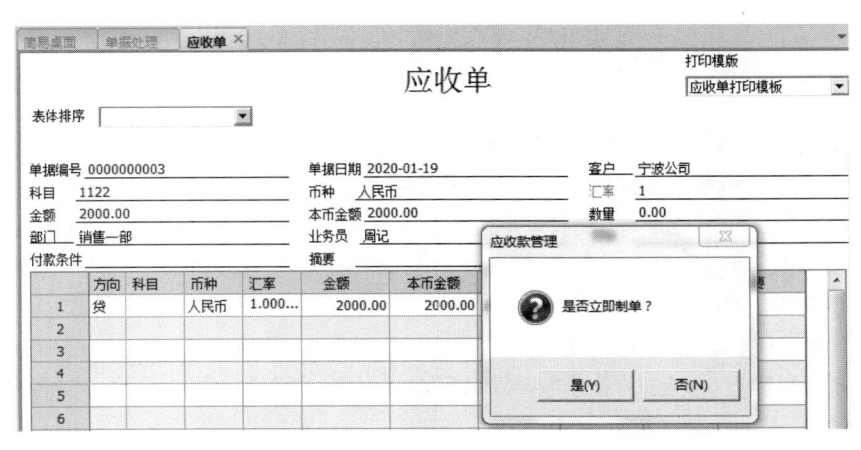

图 8-40 "是否立即制单"信息提示窗口

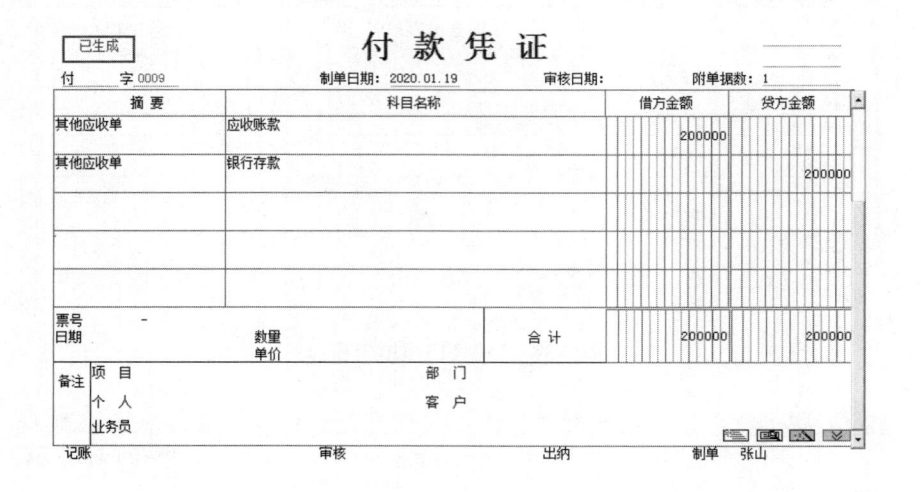

图 8-41　生成付款凭证

16．1月20日，开出销售给宁波公司的15台联想计算机的销售专用发票。
业务处理16：开出销售专用发票，复核并制单
（1）周记在销售系统开出销售专用发票并复核：选择"销售开票"｜"销售专用发票"选项，打开"销售专用发票"窗口。单击"增加"按钮（或单击"生单"按钮，根据发货单生成也可以），输入专用发票相关信息并复核，其结果如图8-42所示。

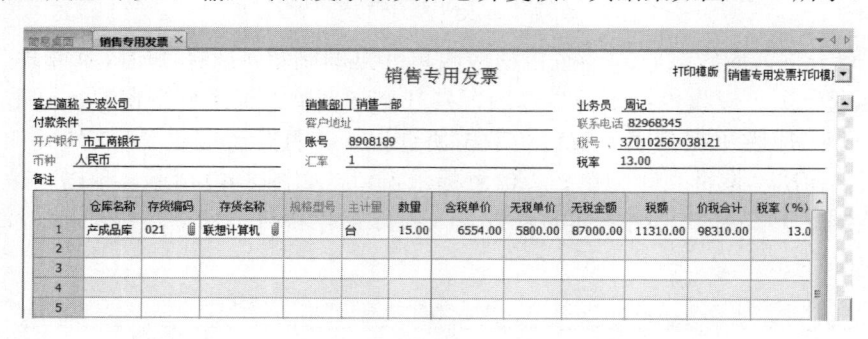

图 8-42　"销售专用发票"窗口

（2）夏天在应收款管理系统审核销售专用发票并制单：选择"应收款"｜"应收单据处理"｜"应收单据审核"选项，打开"应收单查询条件"窗口。单击"确定"按钮，打开"应收单据列表"窗口。选择相应的销售专用发票，打开"销售专用发票"窗口。单击"审核"按钮，弹出"是否立即制单？"信息提示窗口。单击"是"按钮，生成凭证，如图8-43所示。

17．1月20日，零售给昆仑公司（编码"006"、税号"100691256786543000"、开户行"市工商银行"、银行账号"4862145"，其他略）联想计算机3台，含税单价7 000元，货款已以现金形式收取。

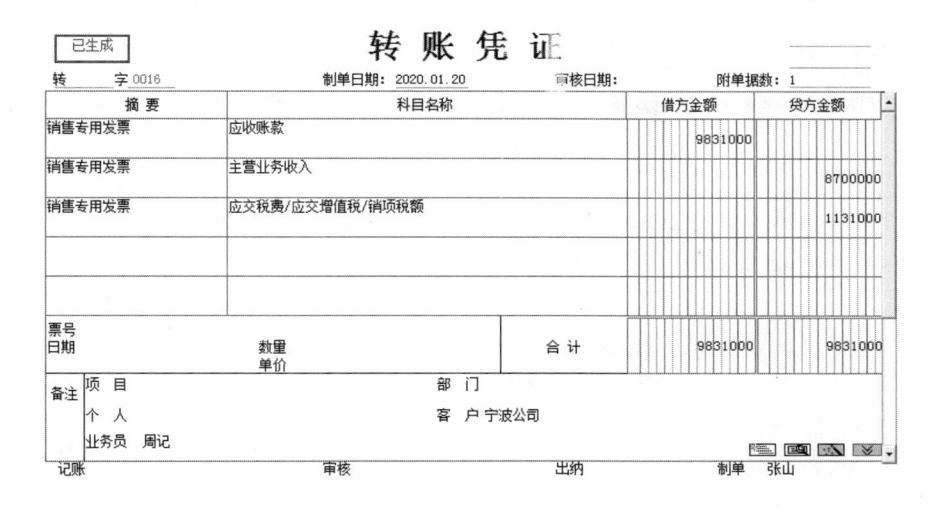

图 8-43 生成转账凭证

业务处理 17：填制发货单、普通销售发票，进行现结处理，审核后立即制单

（1）选择"基础设置"｜"基础档案"｜"客商信息"｜"客户档案"选项，打开"客户档案"窗口。单击"增加"按钮，打开"增加客户档案"窗口，输入昆仑公司的客户信息，如图 8-44 和图 8-45 所示。

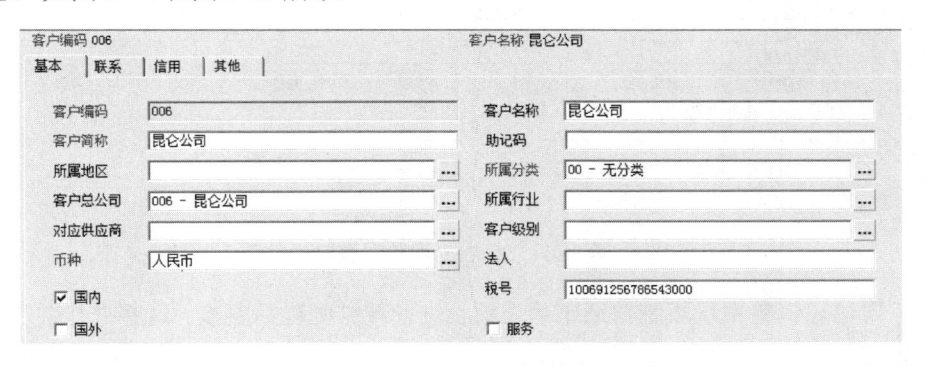

图 8-44 "客户档案"窗口

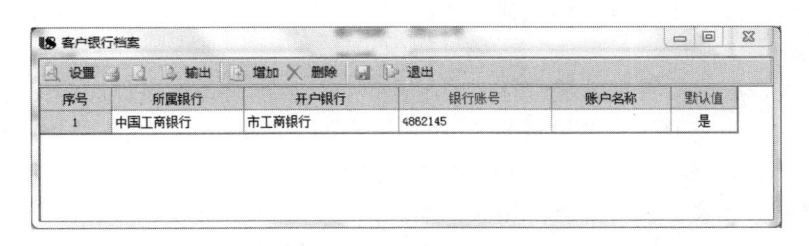

图 8-45 "客户银行档案"窗口

（2）周记在销售系统开出并审核发货单：选择"销售发货"｜"发货单"选项，打开"发货单"窗口。单击"增加"按钮，选择存货名称"联想计算机"，输入其他信息，

单击"确定"按钮,发货单填制完毕,保存并审核后再到库存管理系统审核自动生成的销售出库单,其结果如图8-46和图8-47所示。

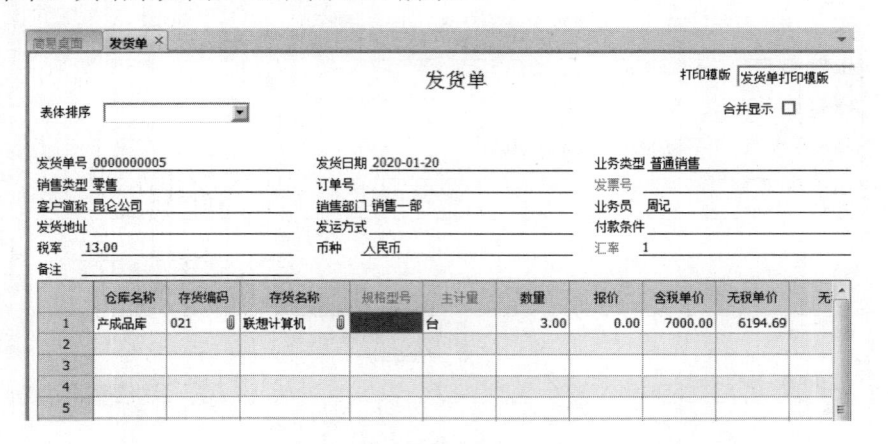

图8-46 "发货单"窗口

图8-47 "销售出库单"窗口

(3)周记在销售系统填制普通销售发票,进行现结处理后复核:选择"开票"|"销售普通发票"命令,打开"销售普通发票"窗口。单击"增加"按钮,输入普通发票相关信息。然后单击"现结"按钮,打开"现结"窗口。输入结算方式"现金"、结算金额"21 000"、票据号、银行账号等信息,单击"确定"按钮,然后单击"复核"按钮,如图8-48所示。

(4)夏天在应收款管理系统进行应收单据审核,查询时过滤条件应包括已现结发票,审核后立即制单:选择"应收款管理"|"应收单据处理"|"应收单据审核"选项,打开"应收单查询条件"窗口。选中"包含已现结发票"复选框,单击"确定"按钮,打开"应收单据列表"窗口。双击相应记录,打开"销售普通发票"窗口。单击"审核"按钮,弹出"是否立即制单?"信息提示窗口,如图8-49所示。单击"确定"按钮,打开"填制凭证"窗口,生成凭证,如图8-50所示。

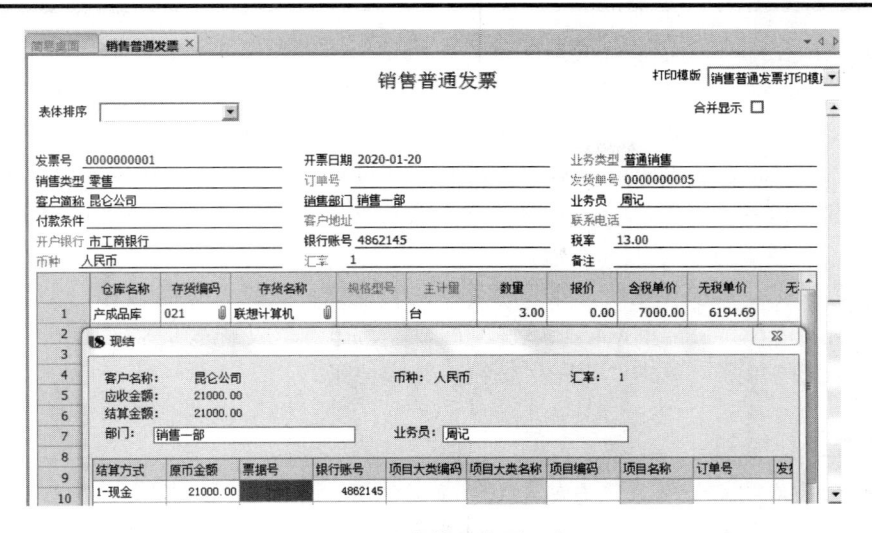

图 8-48 "销售普通发票"窗口

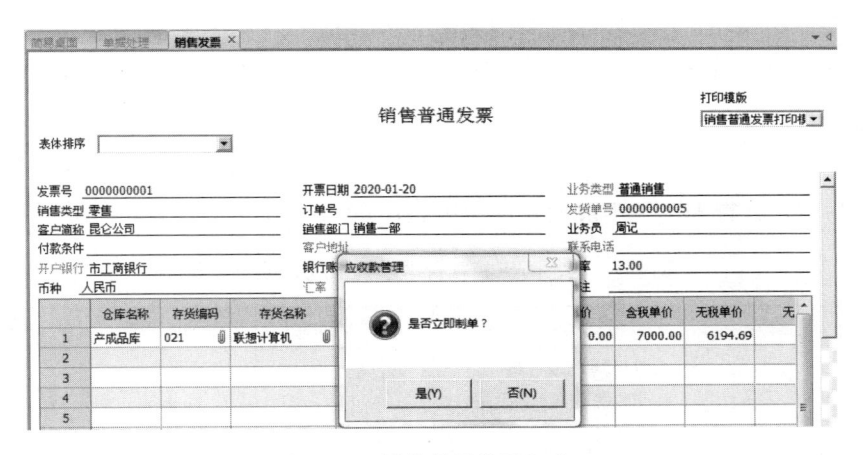

图 8-49 "销售普通发票"窗口

图 8-50 生成付款凭证

（5）张山在库存管理系统根据发货单生成销售出库单并审核：选择"库存管理"|"库存业务"|"销售出库单"选项，打开"销售出库单"窗口。单击"生单"按钮，选择相应的发货单，生成销售出库单并审核。如果设置的出库单生成方式为"库存生成销售出库单"则按此方法生成出库单；如果出库单的生成方式为"销售生成出库单"，那么销售发货单填制审核完毕后，在库存管理系统自动生单，只需要查找到销售出库单直接审核即可。

（6）黄易在存货核算系统对销售出库单进行记账：选择"业务核算"|"正常单据记账"选项，打开"正常单据记账条件"窗口。选择"产成品库"，然后单击"确定"按钮，选择相应的单据，单击"记账"按钮，完成记账。

> **提醒**
> - 如果应收款管理系统与销售系统集成使用，在销售系统中录入销售发票并审核，应收款管理系统可对这些销售发票进行查询、核销、制单等操作。
> - 如果没有使用销售系统，则需在应收款管理系统中录入并审核销售发票，以形成应收款，并对这些发票进行查询、核销、制单等操作。

任务测评

销售与应收款管理系统生成的凭证如表 8.1 所示。

表 8.1　销售与应收款管理系统生成凭证一览表

业务号	凭证类型	会计科目	借方金额/元	贷方金额/元	辅助信息
1	转	应收账款/宁波公司	67 800.00		客户往来
		应交税费/增值税/销项税		7 800.00	
		主营业务收入		60 000.00	
2	收	银行存款	67 800.00		
		应收账款/宁波公司		67 800.00	客户往来
4	付	应收账款/绍兴公司	1 000.00		客户往来
		银行存款		1 000.00	
5	转	应收账款/绍兴公司	74 580.00		客户往来
		应交税费/增值税/销项税		85 800.00	
		主营业务收入		66 000.00	
7	收	银行存款	50 000.00		
		预收账款/金华公司		50 000.00	客户往来
8	付	应收账款/金华公司	1 500.00		客户往来
		库存现金		1 500.00	
9	转	应收账款/金华公司	85 685.00		客户往来
		应交税费/增值税/销项税		9 685.00	
		主营业务收入		74 500.00	

续表

业务号	凭证类型	会计科目	借方金额/元	贷方金额/元	辅助信息
10	转	预收账款/金华公司		−50 000.00	客户往来
		应收账款/金华公司		50 000.00	客户往来
11	收	银行存款	35 685.00		
		应收账款/金华公司		35 685.00	客户往来
12	转	发出商品/激光打印机	27 600.00		如果此时不能产生则月底转销售成本时产生
		库存商品/激光打印机		27 600.00	
13	转	应收账款/温州公司	49 268.00		客户往来
		应交税费/增值税/销项税		5 668.00	
		主营业务收入		43 600.00	
15	付	应收账款/宁波公司	2 000.00		客户往来
		银行存款		2 000.00	
16	转	应收账款/宁波公司	98 310.00		客户往来
		应交税费/增值税/销项税		11 310.00	
		主营业务收入		87 000.00	
17	收	库存现金	21 000.00		
		应交税费/增值税/销项税		2 415.93	
		主营业务收入		18 584.07	

学习任务9

库存与存货管理系统

9.1 库存与存货管理系统概述

库存管理系统为存货核算系统提供各种出入库单据。所有出入库单据均由库存管理系统填制，存货核算系统可对采购系统生成的采购入库单记账，核算出入库的成本，对采购暂估入库单进行暂估报销处理。存货核算系统可根据库存管理系统生成的各种出入库单据进行记账核算。

库存管理系统既可以和采购、销售、存货核算系统集成使用，也可以单独使用。库存管理系统可以将存货核算系统中材料出库单的出库成本自动读取出来，作为成本核算时的材料成本。在库存管理系统完成成本计算后，存货核算系统可以从库存管理系统读取其计算的产成品成本，并且分配到未记账的产成品入库单中，作为产成品入库单的入库成本。

9.2 库存日常业务处理

9.2.1 入库业务处理

1. 采购入库单

采购业务员将采购回来的存货交到仓库时，仓库保管员对其所采购的存货进行验收确定，填制采购入库单。采购入库单生成的方式有 4 种：参照采购订单、参照采购到货单、验收入库（与 GSP 集成使用时）、直接填制。采购入库单的审核相当于仓库保管员对采购的实际到货情况进行质量、数量的检验和签收。

2. 产成品入库单

产成品入库单是管理工业企业的产成品入库、退回业务的单据。工业企业对原材料及半成品进行一系列的加工后，形成可销售的商品，然后验收入库。只有工业企业才有产成品入库单，商业企业没有此单据。

产成品一般在入库时是无法确定产品的总成本和单位成本的，因此，在填制产成品入库单时，一般只有数量，没有单价和金额。

3. 其他入库单

其他入库单是指除采购入库、产成品入库外的其他入库业务，如盘盈入库、组装拆卸入库、形态转换入库等业务形成的入库单。

4. 审核入库单

库存管理系统中的审核具有多层含义，既可以表示通常意义上的审核，也可以以单据是否审核代表实物的出入库行为，即在入库单上的所有存货均办理了入库手续后，对入库单进行审核。

9.2.2 出库业务处理

1. 销售出库单

如果没有启用销售系统，需要手工增加销售出库单。

如果启用了销售系统，则在销售系统中填制的销售发票、发货单、销售调拨单、零售日报，经复核后均可以参照生成销售出库单。根据选项设置，销售出库单可以在库存管理系统填制、生成，也可以在销售系统生成后传递到存货核算系统，由库存管理系统再进行审核。

2. 材料出库单

材料出库单是工业企业领用材料时所填制的出库单据，也是进行日常业务处理和记账的主要原始单据之一。只有工业企业才有材料出库单，商业企业没有此单据。

9.3 存货日常业务处理

存货核算系统的日常业务主要包括相关单据的记账、暂估成本处理、单据制单等工作。存货核算系统能够处理采购入库单、产成品入库单、其他入库单、销售出库单、材料出库单、其他出库单、入库调整单、出库调整单等业务单据。

在存货核算系统单独使用的情况下，可以对上述各业务单据执行增加、删除、修改、审核、记账、制单等操作。如果与库存管理系统或采购、销售系统集成使用，相关出入库单据在库存管理系统或采购销售系统录入，不可在本系统中录入。

1. 单据记账

单据记账是将所输入的各种出入库单据记入存货明细账、差异明细账、受托代销商品明细账等。

单据记账应该注意以下几点。

- 无单价的入库单据不能记账，因此记账前应对暂估入库的成本、产成品入库的成本进行确认或修改。
- 各个仓库的单据应该按照实际顺序记账。
- 已记账单据不能修改或删除。如果发现已记账单据有错误,在本月未结账状态下可以取消记账。如果已记账单据已生成凭证,则不能取消记账,除非先删除相关凭证。

2. 生成凭证

在存货核算系统中,可以将各种出入库单据中涉及存货增减和价值变动的单据生成凭证传递到总账系统。

对比较规范的业务,在存货核算系统的初始设置中,可以事先设置好凭证上的存货科目和对方科目,系统将自动采用这些科目生成相应的出入库凭证,并传送到总账系统。

在执行生成凭证操作时,一般由在总账系统中有填制凭证权限的操作员来完成。

3. 账表查询

账表查询功能可以查询存货明细账、总账、出入库流水账、库存台账、入库汇总表、出库汇总表、差异分摊表、存货结存表、收发存汇总表、暂估材料/商品余额表等账表。

任务实例11 库存与存货日常业务处理

任务准备

引入"任务实例9"账套数据;库存与存货业务数据。

任务处理 库存与存货日常业务处理

1. 1月21日,汇给下城公司前欠货款36 270元。
业务处理1:录入付款单,审核后生成凭证

黄易在应付款管理系统录入付款单,审核后生成凭证:选择"应付款管理"|"付款单据处理"|"付款单据录入"选项,打开"付款单据录入"窗口,单击"增加"按钮,输入日期、供应商、结算方式、金额、款项类型"应付款"等相关信息,然后单击"保存"按钮,再单击"审核"按钮,弹出"是否立即制单?"信息提示窗口,单击"是"按钮,生成凭证,如图9-1和图9-2所示。

2. 1月22日,供应部刘浪向下城公司订购硬盘30盒,单价750元,要求1月23日到货。
业务处理2:录入采购订单,保存后审核

刘浪在采购系统录入采购订单,保存后审核:选择"采购订货"|"采购订单"选项,打开"采购订单"窗口。单击"增加"按钮,录入日期、存货编码"012"、数量"30"、原币单价"750"、供应商"下城公司"等信息,单击"保存"按钮,然后单击"审核"按钮,采购订单如图9-3所示。

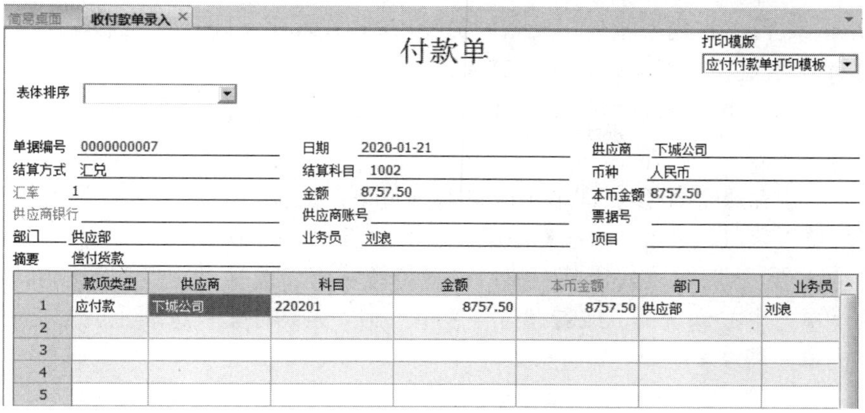

图 9-1 "付款单"窗口

图 9-2 "付款凭证"窗口

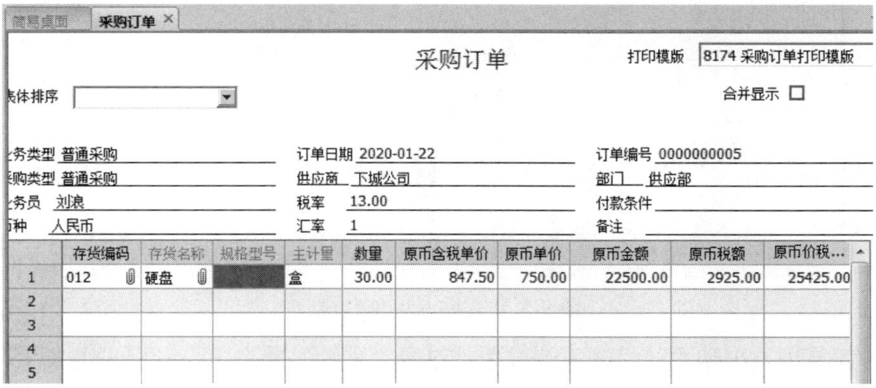

图 9-3 "采购订单"窗口

3．1月23日，收到下城公司发来硬盘30盒验收入库。同时收到采购专用发票，货款22 500元，增值税2 925元，共计25 425元。

业务处理 3：此业务为参照订单生成采购到货单，参照到货单生成采购入库单并审核记账。

（1）刘浪在采购系统参照订单生成采购到货单：选择"到货"｜"到货单"选项，打开"到货单"窗口。单击"增加"按钮，输入日期"2020-01-23"、供应商"下城公司"、部门"供应部"，然后在"到货单"窗口任意位置右击，选择"拷贝采购订单"，选择相应的采购订单，生成到货单，或者通过"生单"｜"采购订单"选项生成到货单并审核，生成的到货单如图9-4所示。

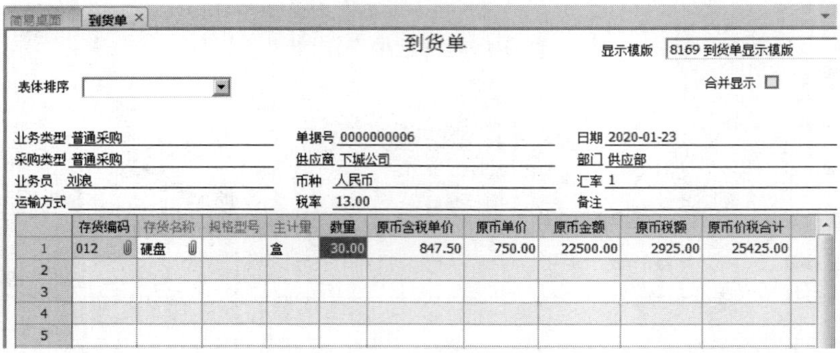

图9-4 "到货单"窗口

（2）张山在库存管理系统参照到货单生成采购入库单并审核：单击"入库业务"｜"采购入库单"选项，打开"采购入库单"窗口。选择"生单"｜"采购到库单（蓝字）"选项，打开"查询条件选择-采购到货单列表"窗口。单击"确定"按钮，显示符合条件的采购到货单，选择相应的采购到货单，选择"原材料库"，单击"保存"按钮，生成采购入库单，再单击"审核"按钮，审核完成，如图9-5所示。

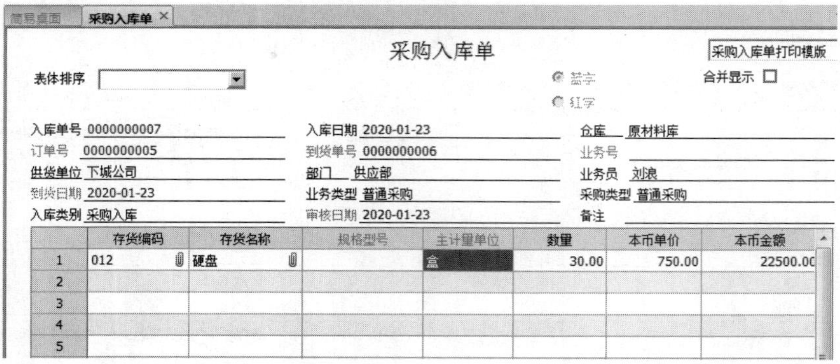

图9-5 "采购入库单"窗口

（3）黄易进入采购系统填制采购发票：选择"采购发票"｜"专用采购发票"｜"生单"选项，参照入库单或订单生成采购发票后再到应付款管理系统选择"应付单据处理"｜"应付单据审核"选项，设置单据过滤条件，选中采购发票，审核后立即制单，其结果如图9-6和图9-7所示。

图 9-6 "专用发票"窗口

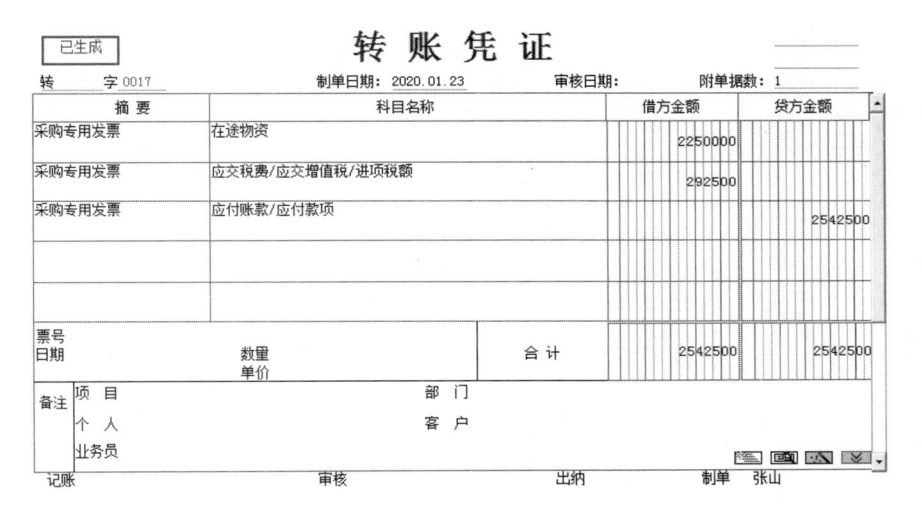

图 9-7 生成转账凭证

（4）黄易进入采购系统进行采购结算，选择"采购结算"｜"手工结算"选项，打开"手工结算"窗口。单击"选单"按钮，打开"结算选单"窗口。选择"查询"｜"发票"选项，过滤出待结算的发票列表，选择"查询"｜"入库单"选项，系统显示入库单过滤方案，单击"确定"按钮，系统过滤出待结算的入库单列表，勾选对应的发票和入库单，如图 9-8 所示。

（5）黄易在存货核算系统进行正常单据记账，然后在财务核算中生成记账凭证：选择"业务核算"｜"正常单据记账"选项，打开"查询条件选择"窗口。选择"原材料库"，然后单击"确定"按钮，选择相应的单据，单击"记账"按钮，记账完成。选择"财务核算"｜"生成凭证"选项，打开"生成凭证"窗口。单击"选择"按钮，打开"查询条件"窗口。选择"采购入库单"，单击"确定"按钮，打开"选择单据"窗口。选择相应的单据，单击"确定"按钮，打开"生成凭证"窗口。借方科目选择"原材料"，贷方科目选择"在途物资"，然后单击"生成"按钮，生成凭证如图 9-9 所示。

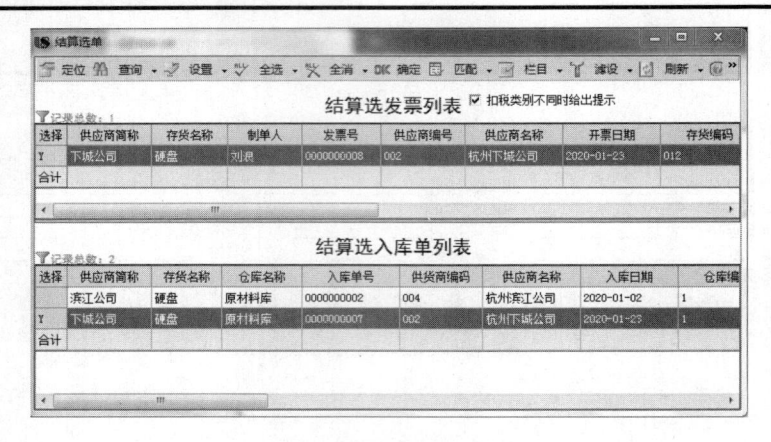

图 9-8 "结算选单"窗口

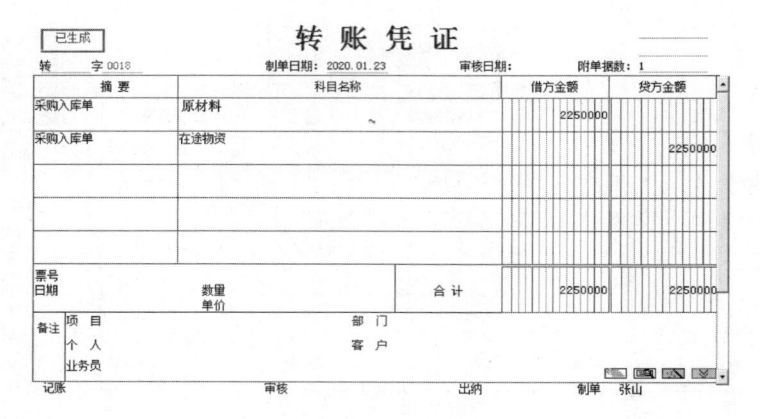

图 9-9 "转账凭证"窗口

4. 1月23日，温州公司订购联想计算机15台，双方协议单价5 800元，要求3月24日发货。

业务处理4：此业务为在销售系统录入销售订单并审核

周记在销售系统录入销售订单并审核：选择"销售订货"|"销售订单"选项，打开"销售订单"窗口。单击"增加"按钮，填入销售订单的相关信息，填制完成后保存并审核，如图9-10所示。

图 9-10 "销售订单"窗口

5. 1月24日，根据协议约定，向温州公司发运联想计算机15台，开出3245#转账支票，代垫运费1 200元。当天开出销售专用发票。

业务处理5：录入发货单、代垫费用单并审核，参照录入销售专用发票并审核记账

（1）周记在销售系统录入发货单并审核，然后录入并审核代垫费用单：选择"销售发货"｜"发货单"选项，打开"发货单"窗口。单击"增加"按钮，打开"选择订单"窗口，参照订单生成发货单，然后保存并审核，其结果如图9-11所示。

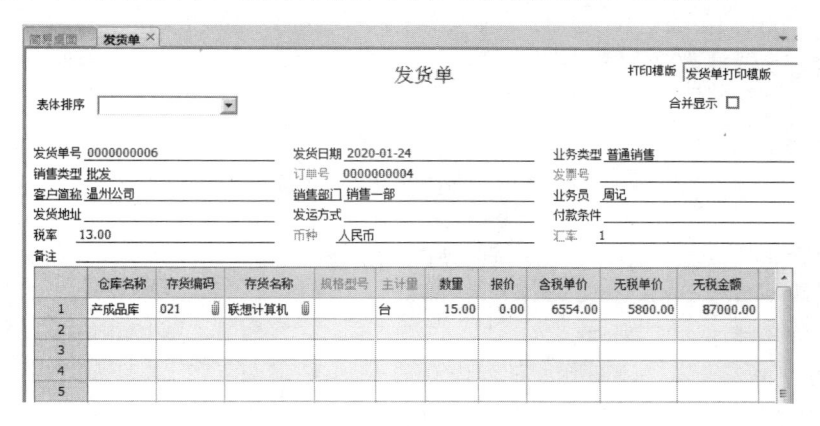

图9-11 "发货单"窗口

（2）周记开出并审核代垫费用单并审核：选择"代垫费用"｜"代垫费用单"选项，打开"代垫费用单"窗口。单击"增加"按钮，输入代垫费用的相关信息，然后保存并审核，其结果如图9-12所示。

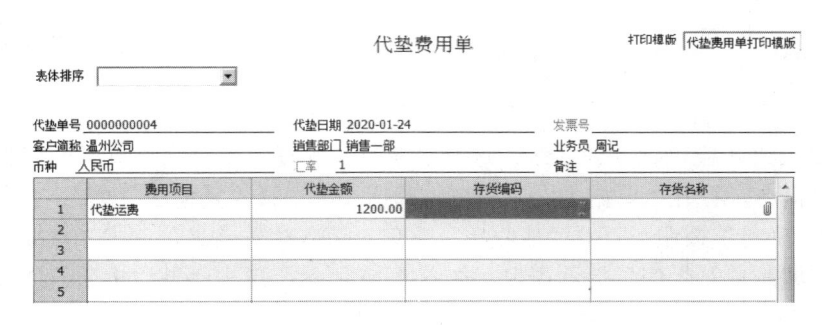

图9-12 "代垫费用单"窗口

（3）周记在销售系统录入销售专用发票并审核：选择"销售发票"｜"销售专用发票"选项，打开"销售专用发票"窗口。单击"增加"按钮，然后，单击"生成"按钮，选择参照订单或到货单生成发票，最后保存并复核，操作完成，其结果如图9-13所示。

（4）夏天在应收款管理系统审核销售发票并进行发票制单，审核代垫费用单并进行应收单制单：选择"应收款管理"｜"应收单据处理"｜"应收单据审核"选项，打开"应收单查询条件"窗口。单击"确定"按钮，打开"应收单据列表"窗口。双击相应的记录，打开"销售专用发票"窗口。单击"审核"按钮，弹出"是否立即制单？"信息提示窗口。单击"是"按钮，生成凭证，如图9-14所示。

图 9-13 "销售专用发票"窗口

图 9-14 生成转账凭证

（5）夏天进入应收款管理系统，选择"应收款管理"|"应收单据处理"|"应收单据录入"命令，打开"单据类别"窗口。单据类型选择"其他应收单"，方向选择"负向"，单击"确定"按钮，打开"应收单"窗口。录入相关信息，单击"审核"按钮，弹出"是否立即制单？"信息提示窗口，如图 9-15 所示，单击"是"按钮，生成凭证，如图 9-15 和图 9-16 所示。

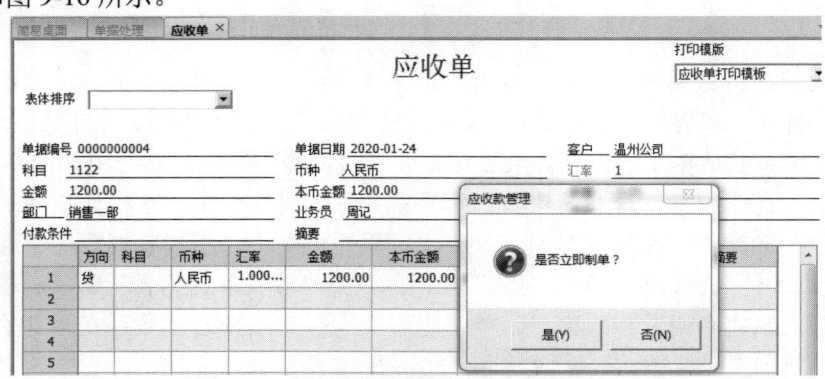

图 9-15 "是否立即制单？"信息提示窗口

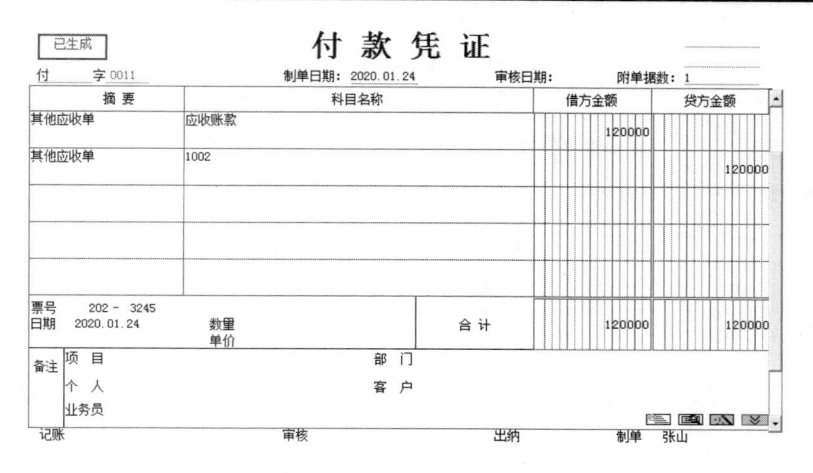

图 9-16　生成付款凭证

（6）张山在库存管理系统根据发货单生成销售出库单并审核：选择"库存管理"｜"出库业务"｜"销售出库单"选项，打开"销售出库单"窗口。单击"生单"按钮，选择相应的发货单，生成销售出库单并审核。

（7）黄易在存货核算系统对销售出库单或销售发票进行记账：按全月平均计价的存货应在存货核算系统进行期末处理后再制单。

6．1 月 25 日，收到绍兴公司汇来前欠货款 78 580 元。

业务处理 6：录入收款单，审核、生成记账凭证

（1）夏天在应收款管理系统录入收款单，审核后立即生成记账凭证：选择"应收款管理"｜"收款单处理"｜"收款单据录入"选项，打开"收付款单录入"窗口。单击"增加"按钮，输入收款单相关信息，输入完毕后保存，然后审核并立即生成记账凭证，如图 9-17 和图 9-18 所示。

图 9-17　"收款单"窗口

（2）夏天在应收款管理系统进行单据核销：选择"核销处理"｜"手工核销"命令，打开"核销条件"窗口，分别输入本次结算金额"1 000"和"77 580"后单击"确定"按钮，打开"单据核销"窗口，单击"分摊"按钮，再单击"保存"按钮，操作完成。也可采用自动核销的方式。

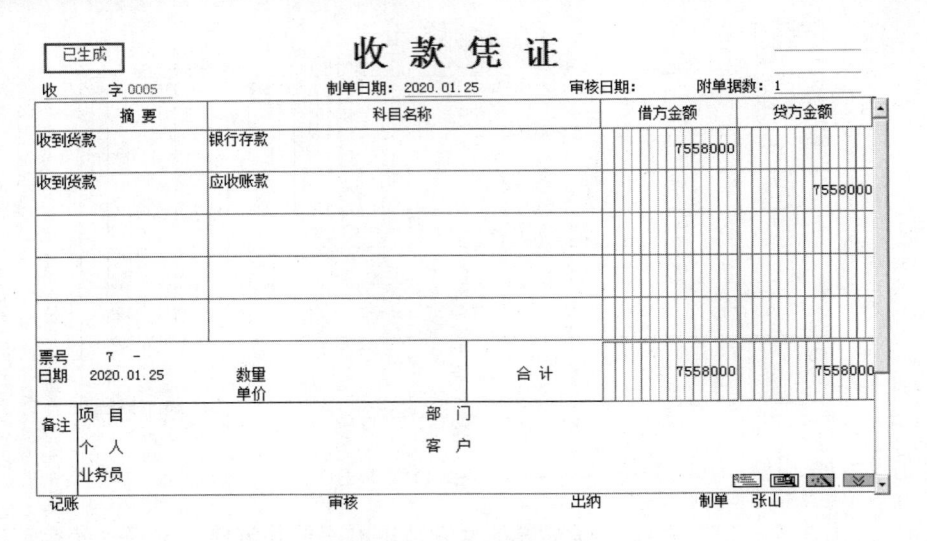

图 9-18 生成收款凭证

7. 1月25日，生产部门领用芯片40盒，单价1 590元；硬盘30盒，单价750元，用于产品生产。

业务处理7：录入材料出库单并审核、记账、生成记账凭证

（1）张山在库存管理系统录入材料出库单并进行审核：选择"库存管理"|"出库业务"|"材料出库单"选项，打开"材料出库单"窗口。单击"增加"按钮，输入相关信息，生成材料出库单并审核，如图9-19所示。

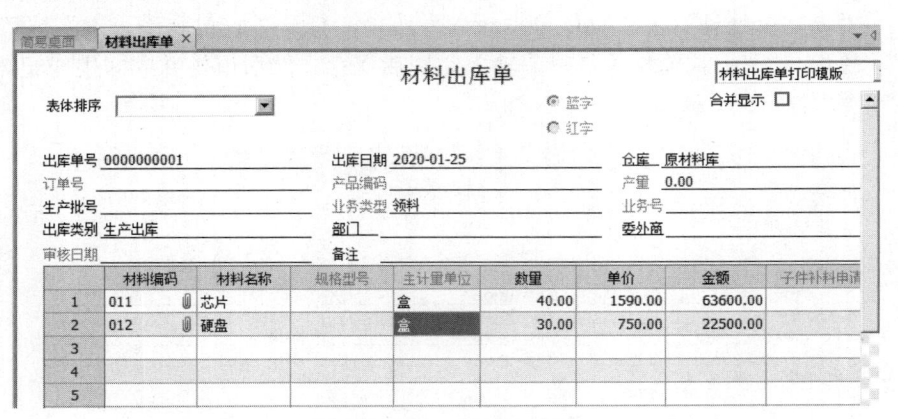

图 9-19 "材料出库单"窗口

（2）黄易在存货核算系统进行正常单据记账，然后在财务核算中生成记账凭证：选择"业务核算"|"正常单据记账"命令，打开"查询条件选择"窗口。选择"原材料库"，然后单击"确定"按钮，选择相应的单据，单击"记账"按钮，记账完成。选择"财务核算"|"生成凭证"选项，打开"生成凭证"窗口。单击"选择"按钮，打开"查询条件"窗口。选择"材料出库单"选项，单击"确定"按钮，打开"选择单据"窗口。选择相应的单据，单击"确定"按钮，返回"生成凭证"窗口，如图9-20所示。借方科

目选"生产成本",贷方科目选"原材料/芯片",然后单击"生成"按钮,生成凭证,如图 9-21 所示。

图 9-20 "生成凭证"窗口

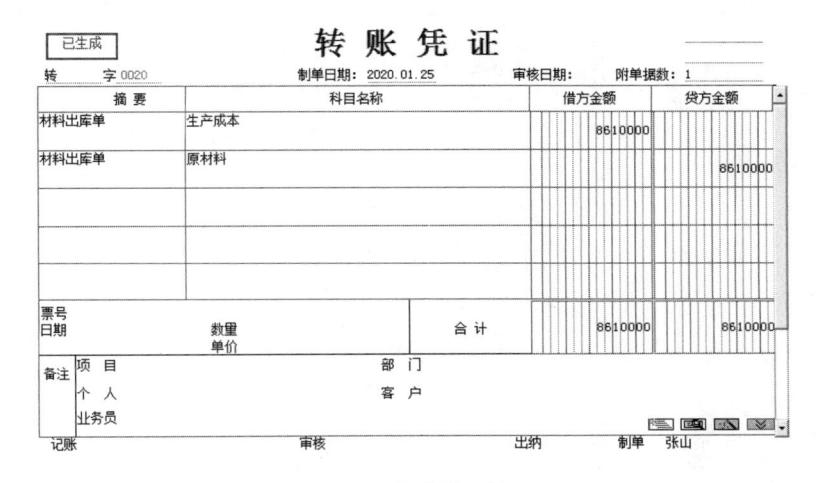

图 9-21 生成转账凭证

8. 1月25日,向下城公司订购芯片10盒,单价1 600元。

业务处理 8: 此业务为录入采购订单,保存后审核

刘浪在采购系统录入采购订单,保存后审核:选择"采购管理"|"采购订货"|"采购订单"选项,打开"采购订单"窗口。单击"增加"按钮,录入日期、存货编码"011"、数量"10"、原币单价"1 600"、供应商"下城公司"等信息,单击"保存"按钮,然后单击"审核"按钮,如图 9-22 所示。

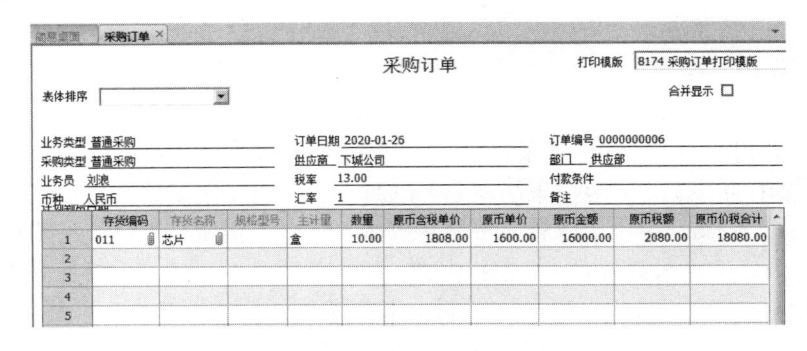

图 9-22 "采购订单"窗口

9. 1月26日，收到下城公司发来的10盒芯片，经验收无误入库。

业务处理9：参照订单生成采购到货单，参照到货单生成采购入库单

（1）刘浪在采购系统参照订单生成采购到货单：选择"采购管理"｜"采购到货"｜"到货单"选项，打开"到货单"窗口。单击"增加"按钮，输入日期"2020-01-26"、供应商"下城公司"、部门"供应部"，然后在"到货单"窗口任意位置右击，选择"拷贝采购订单"，选择相应的采购订单，生成采购到货单，如图9-23所示。

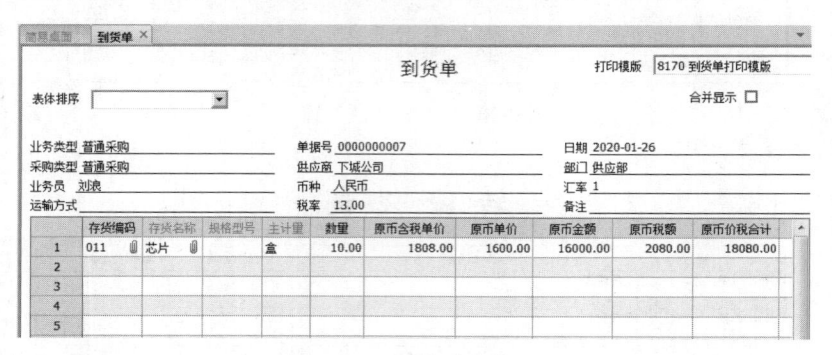

图9-23 "到货单"窗口

（2）张山在库存管理系统参照到货单生成采购入库单并审核：操作步骤同本任务实例业务处理3（2），审核完成，如图9-24所示。

图9-24 "采购入库单"窗口

10. 1月27日，收到下城公司开来的采购专用发票，货款当即以银行存款结清。金额：18 080元；结算方式：银行汇票；票据号：5168。

业务处理10：录入采购专用发票、现付结算；进行采购结算；单据记账，生成凭证处理

（1）刘浪开出专用发票，保存后进行现付处理，现付完成后进行结算：选择"采购管理"｜"采购发票"｜"专用采购发票"选项，打开"专用发票"窗口。单击"增加"按钮，输入发票信息，单击"保存"按钮。单击"现付"按钮，弹出"采购现付"窗口，如图9-25所示。设置结算方式"4-银行汇票"、结算金额"18 080"、票据号"5168"、银行账号等信息，单击"确定"按钮，采购专用发票窗口出现"已现付"标记。然后单击"结算"按钮，屏幕显示"已结算"标记，结算完成，如图9-26所示。

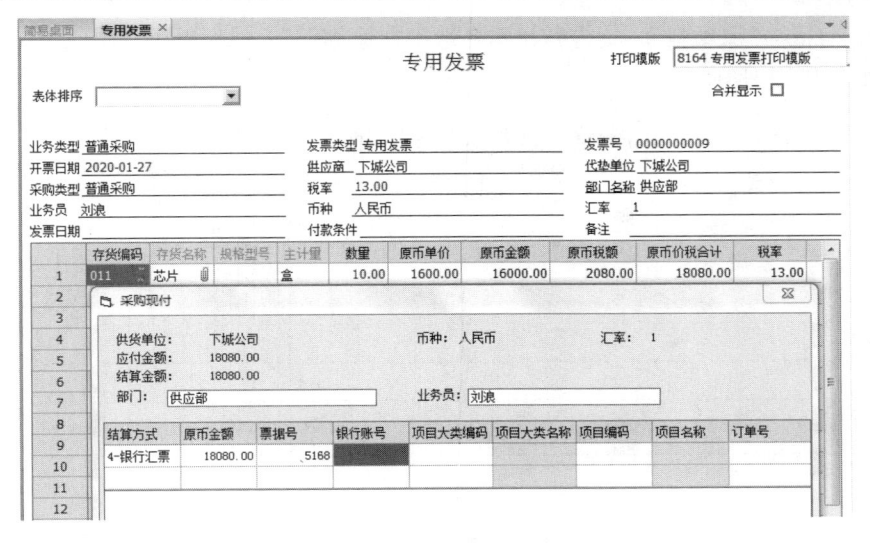

图 9-25 "采购现付"窗口

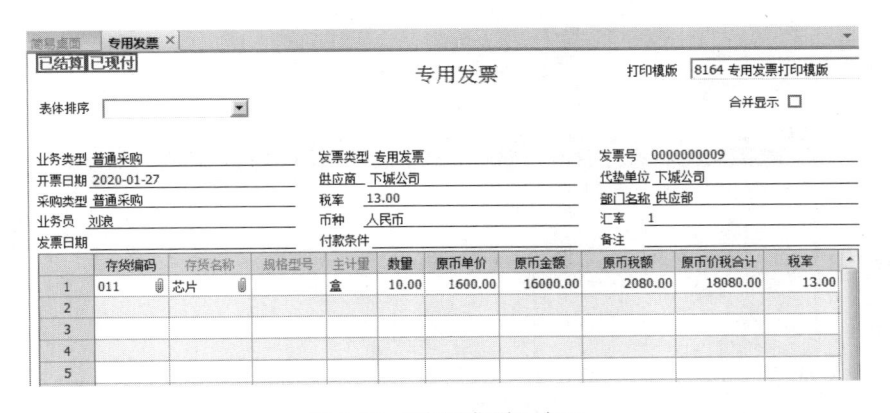

图 9-26 "专用发票"窗口

（2）黄易在应付款管理系统审核应付单据并进行现结制单：选择"应付款管理"｜"应付单据处理"｜"应付单据审核"选项，打开"应付单据查询条件"窗口。选择"包含已现结发票"复选框，单击"确定"按钮，打开"应付单据列表"窗口。双击相应的单据，打开"专用发票"窗口。单击"审核"按钮，系统弹出"是否立即制单？"信息提示窗口。单击"确定"按钮，打开"填制凭证"窗口。输入正确的凭证信息，单击"保存"按钮，凭证保存成功，如图 9-27 所示。

（3）黄易进入采购系统进行采购结算，操作步骤同本任务实例业务处理 3（4）。

（4）黄易在存货核算系统进行正常单据记账，然后在财务核算中生成记账凭证：选择"业务核算"｜"正常单据记账"选项，打开"查询条件选择"窗口。选择"原材料库"，然后单击"确定"按钮，选择相应的单据，单击"记账"按钮，记账完成，如图 9-28 所示。选择"财务核算"｜"生成凭证"选项，打开"生成凭证"窗口。单击"选择"按钮，打开"查询条件"窗口。选择"采购入库单"选项，单击"确定"按钮，打开"选择单据"窗口。选择相应的单据，单击"确定"按钮，返回"生成凭证"窗口。

借方科目名称选"原材料",贷方科目称名选"在途物资",然后单击"生成"按钮,生成凭证,如图 9-29 所示。

图 9-27 生成付款凭证

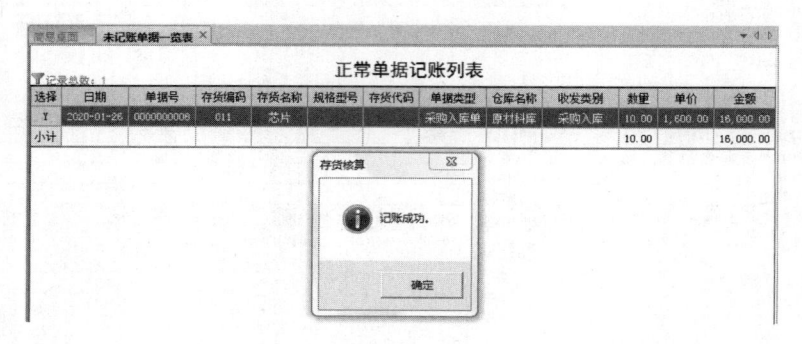

图 9-28 记账完成

图 9-29 生成转账凭证

> **提醒**
>
> 单货通行的业务,需要在采购发票与入库单结算后,再通过"存货核算"|"财务核算"生成记账凭证,否则系统会认为货到单未到,按照暂估入库处理。

11. 1月27日,金华公司订购联想计算机25台,协议单价5 700元。

业务处理11:录入销售订单并审核

周记在销售系统录入销售订单并审核:选择"销售订货"|"销售订单"选项,打开"销售订单"窗口。单击"增加"按钮,填入销售订单的相关信息,填制完成后保存并审核,如图9-30所示。

图9-30 "销售订单"窗口

12. 1月28日,金华公司自备车辆提货,由产成品库发货,并开出销售专用发票,货款142 500元,增值税18 525元,共计161 025元,收到银行汇票交存银行,票据号2196,按结存单价出库。

业务处理12:填制发货单、销售专用发票并审核,进行现结处理后复核、记账、生成记账凭证

(1) 周记在销售系统录入发货单并审核:选择"销售发货"|"发货单"选项,打开"发货单"窗口。单击"增加"按钮,打开"查询条件选择"窗口。单击"确定"按钮,打开"参照生单"窗口。单击"显示"按钮,选择销售给金华公司的订单,再选择存货"联想计算机",然后单击"确定"按钮,发货单填制完毕,然后保存并审核,如图9-31所示。

(2) 周记在销售系统填制销售专用发票,进行现结处理后复核:选择"销售发票"|"销售专用发票"选项,打开"销售专用发票"窗口。单击"增加"按钮,输入发票信息,单击"保存"按钮。然后单击"现结"按钮,打开"销售现结"窗口。输入结算方式"现金"、结算金额、票据号、银行账号等信息,单击"确定"按钮,然后单击"复核"按钮,(在销售专用发票窗口出现"已现收"标记后单击"结算"按钮,屏幕显示"现结"标记,结算完成),如图9-32所示。

图 9-31 "发货单"窗口

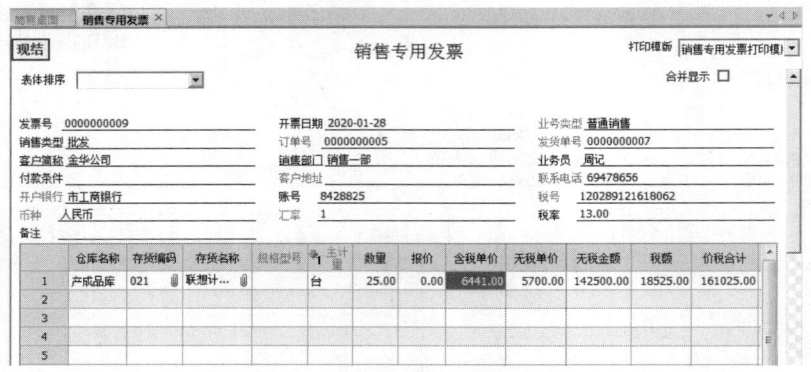

图 9-32 "销售专用发票"窗口

（3）夏天在应收款管理系统进行应收单据审核，查询时过滤条件应包括已现结发票，审核后立即制单：选择"应收款管理"｜"应收单据处理"｜"应收单据审核"选项，打开"应收单查询条件"窗口。选中"包含已现结发票"复选框，单击"确定"按钮，打开"应收单据列表"窗口，选择"销售普通发票"选项，打开"销售专用发票"窗口，单击"审核"按钮，系统弹出"是否立即制单？"信息提示窗口，单击"是"按钮，打开"填制凭证"窗口，生成凭证，如图9-33所示。

图 9-33 生成收款凭证

（4）张山在库存管理系统根据发货单生成销售出库单并审核：选择"库存管理"｜"库存业务"｜"销售出库单"选项，打开"销售出库单"窗口。单击"生单"按钮，选择相应的发货单，生成销售出库单并审核。

（5）黄易在存货核算系统对销售出库单进行记账：选择"业务核算"｜"正常单据记账"选项，打开"查询条件选择"窗口。选择"产成品库"，然后单击"确定"按钮，选择相应的单据，单击"记账"按钮，记账完成。

> **提醒**
>
> 因成品库的发出存货均按全月平均法计价，所以在存货核算系统中通过"业务核算"｜"期末处理"处理后才能生成结转销售成本的记账凭证。

13．1月29日，零售给丽水公司（编号"006"、税号"358263241567289"、开户行"市工商银行"、银行账号"4578962"，其他略）联想计算机8台，含税单价6 800元，激光打印机10台，含税单价2 580元，开出销售普通发票，货款均已收存银行，按结存单价出库（库存单价，联想计算机5 000元/台，激光打印机1 380元/台）。

业务处理13：填制发货单、销售专用发票并审核，进行现结处理后复核、记账、生成记账凭证

（1）在"基础设置"窗口，选择"基础档案"｜"客商信息""客户档案"选项，打开"客户档案"窗口。单击"增加"按钮，打开"增加客户档案"窗口，输入丽水公司的客户信息，如图9-34所示。

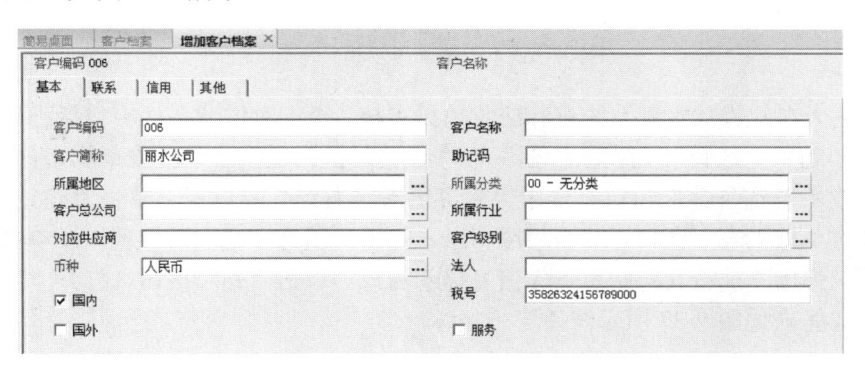

图9-34 "客户档案"窗口

（2）周记开出并审核发货单：选择"销售发货"｜"发货单"选项，打开"发货单"窗口。单击"增加"按钮，选择存货名称"联想计算机"，输入其他信息，单击"确定"按钮，发货单填制完毕，如图9-35所示，保存并审核后再到库存管理系统审核自动生成的销售出库单。

（3）周记填制普通销售发票，进行现结处理后复核：选择"业务"｜"销售开票"｜"销售普通发票"选项，打开"销售普通发票"窗口。单击"增加"按钮，输入普通发票相关信息。然后单击"现结"按钮，打开"销售现结"窗口。输入结算方式"现金"、结算金额、票据号、银行账号等信息，单击"确定"按钮，然后单击"复核"按钮，如图9-36所示。

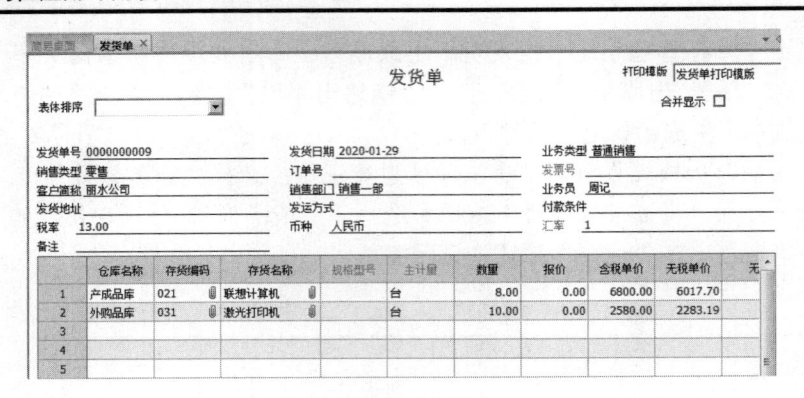

图 9-35 "发货单"窗口

图 9-36 "销售普通发票"窗口

（4）夏天在应收款管理系统进行应收单据审核，查询时过滤条件应包括已现结发票，审核后立即制单：选择"应收款管理"｜"应收单据处理"｜"应收单据审核"选项，打开"应收单查询条件"窗口。选中"包含已现结发票"复选框，单击"确定"按钮，打开"应收单据列表"窗口。双击相应记录，打开"销售普通发票"窗口。单击"审核"按钮，系统弹出"是否立即制单？"信息提示窗口。单击"是"按钮，打开"填制凭证"窗口，生成凭证如图 9-37 所示。

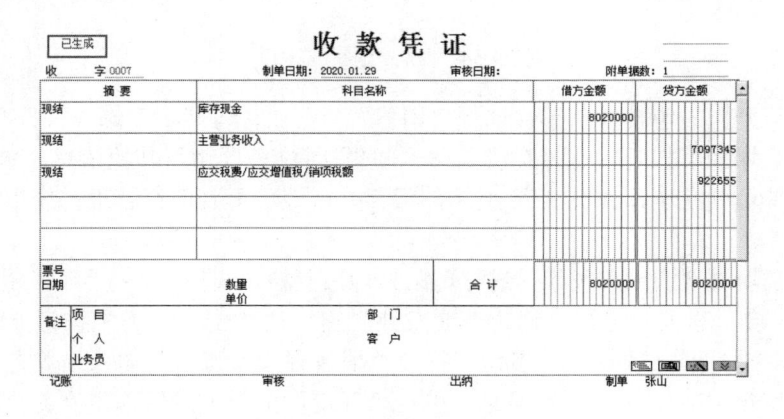

图 9-37 生成收款凭证

(5) 张山在库存管理系统根据发货单生成销售出库单并审核：选择"库存管理业务"｜"库存业务"｜"销售出库单"选项，打开"销售出库单"窗口。单击"生单"按钮，选择相应的发货单，生成销售出库单并审核，如图 9-38 所示和图 9-39 所示。

图 9-38 "销售出库单"窗口 1

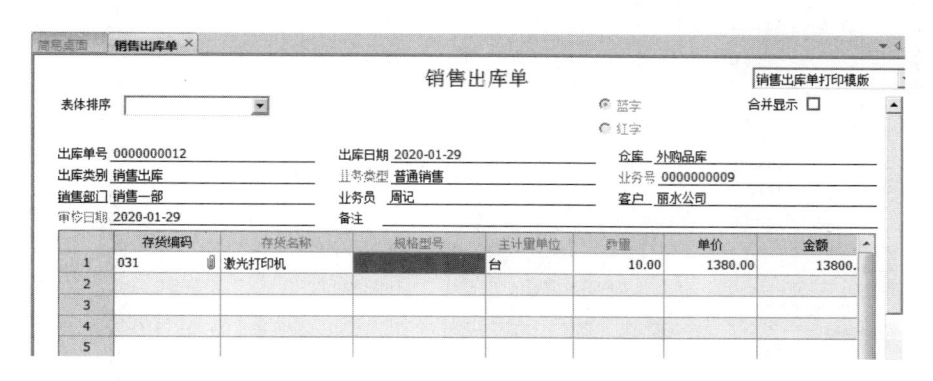

图 9-39 "销售出库单"窗口 2

(6) 黄易在存货核算系统对销售出库单进行记账：选择"业务核算"｜"正常单据记账"选项，打开"查询条件选择"窗口。选择"产成品库"，然后单击"确定"按钮，选择相应的单据，单击"记账"按钮，记账完成，如图 9-40 所示。

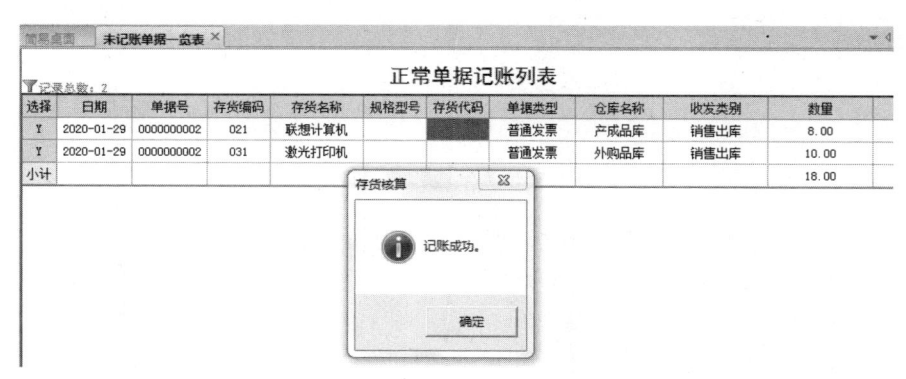

图 9-40 记账完成

14. 1月29日，收到温州公司汇来代销商品款 49 268 元。

业务处理 14：填制收款单，审核后制单并进行核销处理

（1）夏天在应收款管理系统录入收款单，审核后立即制单：选择"应收款管理"｜"收款单据处理"｜"收款单据录入"选项，打开"收款单据录入"窗口。单击"增加"按钮，录入日期、客户、结算方式、金额"49 268"，如图 9-41 所示。单击"保存"和"审核"按钮，系统弹出"是否立即制单？"信息提示窗口。单击"是"按钮，打开"填制凭证"窗口，生成收款凭证，如图 9-42 所示。

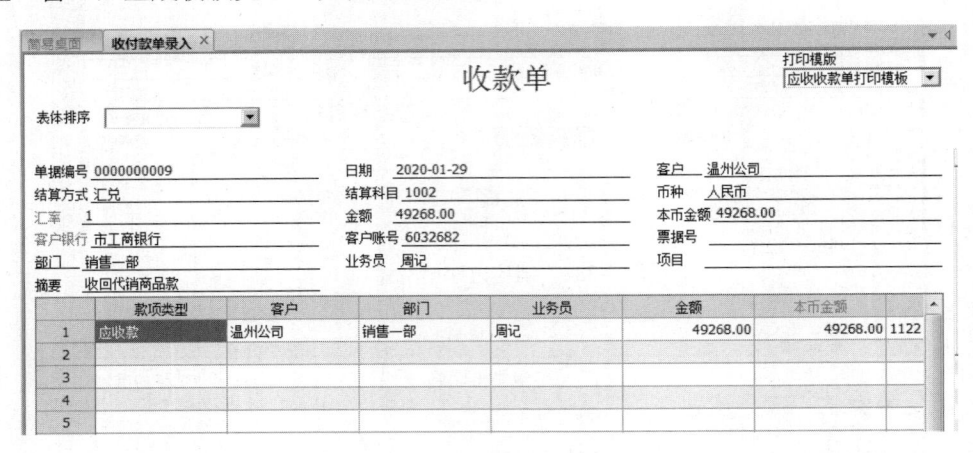

图 9-41 "收款单"窗口

图 9-42 生成收款凭证

（2）进行核销处理：选择"应收款管理"｜"核销处理"｜"自动核销"选项，打开"核销条件"窗口。选择客户"温州公司"，单击"确定"按钮，核销完成。

15. 1月30日，计提坏账准备。

业务处理 15：计提坏账准备并生成凭证

由夏天在应收款管理系统使用"计提坏账准备"功能并生成凭证：选择"应收款管理"｜"坏账处理"｜"计提坏账准备"选项，打开"计提坏账"窗口，单击"确

定"按钮,系统弹出"是否立即制单?"信息提示窗口,单击"是"按钮,生成凭证,如图 9-43 所示。

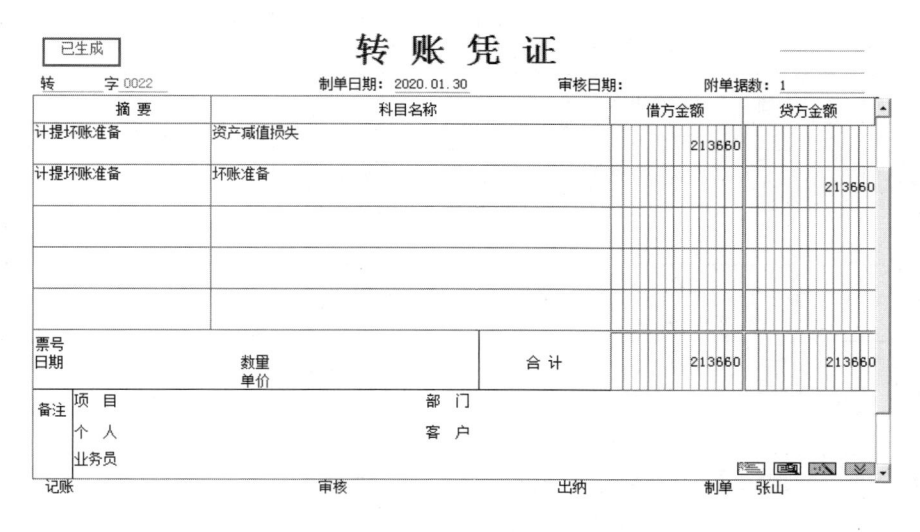

图 9-43 生成转账凭证

> **提醒**
> 如果坏账准备已计提成功,本年度将不能再次计提坏账准备。

任务测评

存货核算与库存管理系统生成的凭证如表 9.1 所示。

表 9.1 存货核算与库存管理系统生成凭证一览表

业务号	凭证类型	会计科目	借方金额/元	贷方金额/元	辅助信息
1	付	应付账款/下城公司	36 270.00		供应商往来
		银行存款		36 270.00	
3	转	在途物资/硬盘	22 500.00		
		应交税费/增值税/进项税	2 925.00		
		应付账款/下城公司		25 425.00	
4	转	原材料/硬盘	22 500.00		
		在途物资/硬盘		22 500.00	
5	付	应收账款/温州公司	1 200.00		客户往来
		银行存款		1 200.00	
5	转	应收账款/温州公司	98 310.00		客户往来
		主营业务收入		87 000.00	
		应交税金/增值税/销项税		11 310.00	

续表

业务号	凭证类型	会计科目	借方金额/元	贷方金额/元	辅助信息
6	收	银行存款 应收账款/绍兴公司	78 220.00	78 220.00	客户往来
7	转	生产成本 原材料/芯片	86 100.00	86 100.00	
10	付	在途物资/芯片 应交税费/增值税/进项税 银行存款	16 000.00 2 080.00	18 080.00	
10	转	原材料/芯片 在途物资/芯片	16 000.00	16 000.00	
12	收	银行存款 主营业务收入 应交税费/增值税/销项税	161 025.00	142 500.00 18 525.00	
13	收	银行存款 主营业务收入 应交税费/增值税/销项税	80 200.00	70 973.45 9 226.55	
14	收	银行存款 应收账款/温州公司	5 1012	51 012	
15	转	资产减值损失 坏账准备	2 335.11	2 335.11	
月末处理（4）	转	主营业务成本 库存商品/激光打印机	41 400.00	41 400.00	
		主营业务成本 库存商品/联想计算机	50 00.000	50 000.00	
		主营业务成本 库存商品/联想计算机 /激光打印机	52 600.00	25 000.00 27 600.00	
		主营业务成本 发出商品/激光打印机	27 600.00	27 600.00	
		主营业务成本 库存商品/联想计算机	75 000.00	75 000.00	
		主营业务成本 库存商品/联想计算机	15 000.00	15 000.00	
		主营业务成本 库存商品/联想计算机	75 000.00	75 000.00	
		主营业务成本 库存商品/联想计算机	125 000.00	125 000.00	
		主营业务成本 库存商品/联想计算机 /激光打印机	53 800.00	40 000.00 13 800.00	

学习任务10

各系统月末结账

10.1 供应链系统月末结账

在月末时，需要将各功能模块进行月末结账，月末结账后，上月业务即被封存，只能查询不能修改，如果要修改，则需要取消月末结账。如果功能模块中当月有未执行完成的业务，系统会给出提示，指出当月不能结账。

10.1.1 采购与销售系统月末结账

月末结账是指逐月将每月的单据数据封存，并将当月的采购、销售数据记入有关账表中。采购与销售系统月末结账可以连续对多个月的单据进行结账，但不允许跨月结账。月末结账后，该月的凭证将不能被修改、删除。采购与销售系统结账后可以通过应收款管理系统进行结账工作。

业务处理：

（1）刘浪进入采购系统进行月末结账：单击"采购管理"|"月末结账"命令，打开"结账"窗口，选择待结账月份，单击"结账"按钮，结账完成，如图10-1所示。

（2）周记进入销售系统进行月末结账：操作步骤同采购系统。

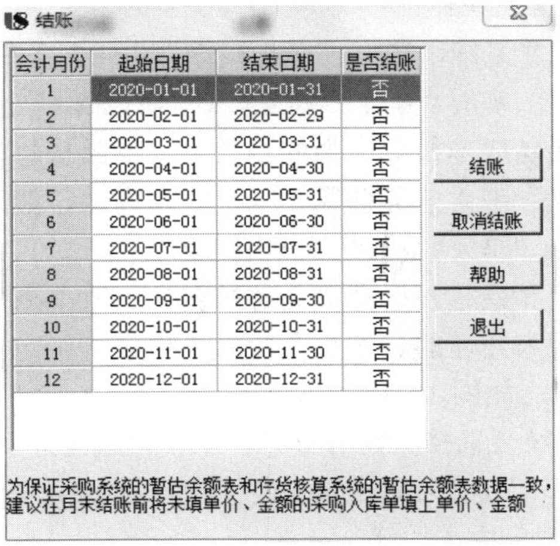

图10-1 "结账"窗口

10.1.2　库存管理与存货核算系统月末结账

1. 月末处理

只有采购与销售系统月末结账后，才能进行库存管理和存货核算的月末处理；如果采购或销售系统要取消月末处理，必须先通知库存管理与存货核算系统取消月末结账。如果库存管理与存货核算系统的任何一个单元都不能取消月末结账，那么就不能取消采购或销售系统的月末结账。要先对库存管理系统进行结账，然后再对存货核算系统进行结账。

存货核算系统的期末处理工作包括月末处理、与总账系统对账和月末结账三个部分。当存货核算系统日常业务全部处理完成后，进行月末处理，系统自动计算全月平均单价及本会计月出库成本，自动计算差异（差价率）及本会计月的分摊差异/差价，并对已完成日常业务的仓库/部门做处理标志。

2. 与总账系统对账

为保证业务与财务数据的一致性，需要进行对账，即对存货核算系统记录的存货明细账与总账系统存货科目和差异科目的结存金额和数量进行核对。

3. 月末结账

存货核算系统期末处理完成后，就可以进行月末结账了。如果是集成应用模式，必须等采购系统、销售系统、库存管理系统全部结账后，存货核算系统才能结账。

业务处理1：库存管理系统结账

周记或刘浪进入库存管理系统进行结账，操作步骤同采购或销售系统结账步骤。

业务处理2：存货核算系统结账

（1）黄易进入存货核算系统，选择"存货核算"｜"业务核算"｜"正常单据记账"选项，全选未记账单据后，单击"确定"按钮。（平时已做则此处不用再做）

（2）如果委托代销商品成本核算选择的是按发出商品核算，还需要周记进入存货核算系统，选择"存货核算"｜"业务核算"｜"发出商品记账"选项，全选未记账单据后，单击"确定"按钮。（平时已做则此处不用再做）

（3）黄易进入存货核算系统，选择"业务核算"｜"期末处理"选项，打开"期末处理"窗口，勾选需要期末处理的仓库和存货后，单击"确定"按钮，系统弹出"期末处理完毕"提示信息窗口，如图10-2所示。

（4）进入存货核算系统，选择"财务核算"｜"生成凭证"选项，打开"生成凭证"窗口，选择"转账凭证"｜"选择"｜"确定"｜"未生成凭证一览表"选项，最后单击"生成"按钮，生成结转销售成本凭证。

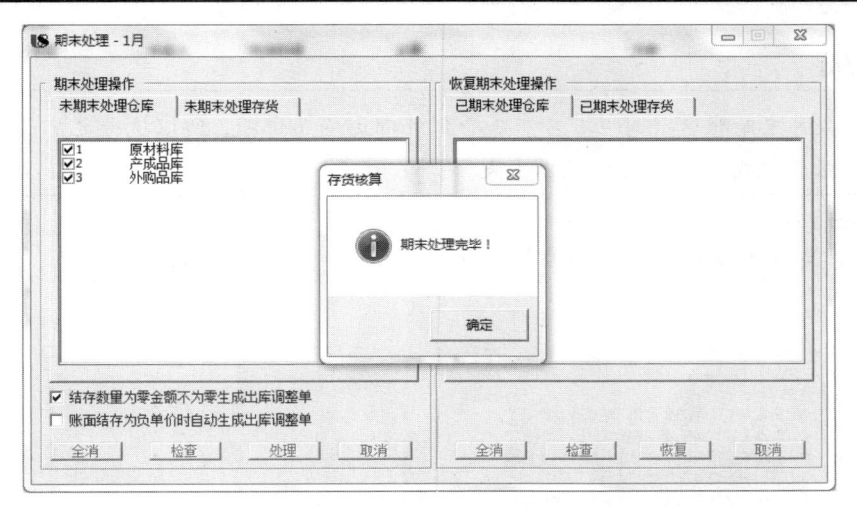

图 10-2 "期末处理"窗口

4. 取消结账（可选做）

在执行了月末结账后，如果发现该月还需要处理有关业务，可以对采购系统和销售系统取消结账。只用在月末结账窗口中，单击"取消结账"按钮即可。

> **提醒**
> - 如果上月没有结账，则本月不能结账。
> - 本月的单据在结账前应该全部审核；本月的结算单据在结账前应全部核销。

10.2 财务管理系统月末结账

月末结账时，总账系统需要在各功能模块都结账后才能结账，如果要取消月末结账，需要先取消总账系统的结账，然后才能取消各功能模块的结账。报表不需要执行月末结账。上月未结账时，薪资管理和固定资产系统都不能进行下一个月的业务处理。总账、应收款管理、应付款管理和存货核算系统可以进行下一个月的单据录入和审核，但是不能记账。

10.2.1 薪资管理系统月末结账

1. 月末结转

月末结转是将当月工资数据经过处理后结转至下月。每个月的工资数据处理完毕后均可进行月末结转。由于在工资项目中，有的项目是变动的，即每个月的数据均不相同，在每个月进行工资处理时，均需要将其数据清为 0，然后输入当月的数据，此类项目即为清零项目。

> **提醒**
>
> ● 在月末结账运行时,有可能会受到外部影响而中断,所以执行之前最好备份账套数据,从而避免数据丢失。

业务处理:

(1)选择"业务处理"|"月末处理"选项,打开"月末处理"窗口,如图10-3所示。

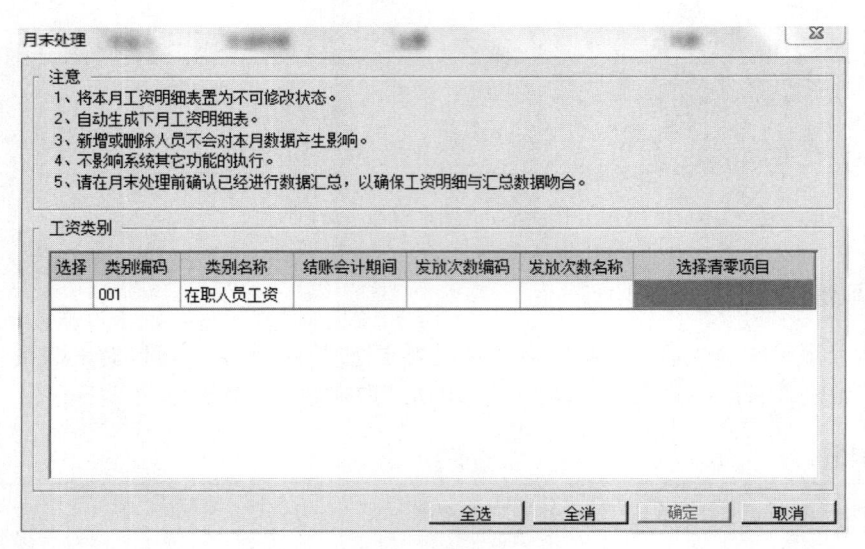

图10-3 "月末处理"窗口

(2)选择工资类别,单击"确定"按钮,系统弹出"是否确认月结,所选清零工资项目将清零?"信息提示窗口,如图10-4所示,单击"是"按钮。

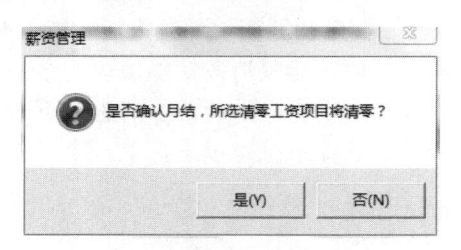

图10-4 信息提示窗口

(3)系统继续弹出"是否选择清零项?"信息提示窗口,月末结转本月工资数据到下个月,不进行清零处理,所以单击"否"按钮,系统提示月末结账成功完成。

2. 取消结账(可选做)

在薪资管理系统结账后,若发现还有一些业务或其他事项需要在已结账月进行账务处理,此时需要使用反结账功能,取消已结账标记。

在薪资管理系统中，选择"业务处理"|"取消结账"选项，选择要反结账的工资类别，确认后即可完成反结账的操作。

> **提醒**
>
> 有下列情况之一不允许反结账：
> - 总账系统已结账；汇总工资类别的会计月份与反结账的会计月份相同，并且包括反结账的工资类别。
> - 本月工资分摊、计提凭证传输到总账系统，如果总账系统已审核并记账，需做红字冲销后，才能反结账；如果总账系统未做任何操作，删除此凭证即可；如果凭证已由出纳签字或主管签字，应在取消出纳签字或主管签字，并删除该张凭证后才能反结账。

10.2.2 固定资产系统月末结账

固定资产系统生成凭证并传递到总账系统后，凭证在总账系统中经出纳签字、审核和科目汇总、记账，之后就可以在固定资产系统中进行对账。如果对账平衡，月底时则可以进行固定资产的月末结账。

1. 对账

在系统运行过程中，应保证本系统管理的固定资产的价值和账务系统中固定资产科目的数值相等，而两个系统的资产价值是否相等，应通过执行固定资产系统提供的对账功能实现。对账操作不限制执行的时间，任何时候都可以进行对账。系统在执行月末结账时自动对账一次，给出对账结果，并根据初始化或选项的判断确定不平衡账情况下是否允许结账。

只有在系统初始化或选项中选择了"与账务对账"参数，才可以进行对账操作。对账操作是在"处理"菜单的"对账"功能中完成的。在选择对账功能后，系统会自动完成对账并给出对账结果。

2. 结账

当固定资产系统完成了本月全部制单业务后，可以进行月末结账。月末结账每月进行一次，结账后当期数据不能修改。在对账不平的情况下是否可以执行月末结账，需要查看在固定资产系统的选项设置中，是否勾选"在对账不平的情况下允许固定资产月末结账"项。结账的操作是在"处理"菜单的"月末结账"功能中完成的。

结账后如果发现有本月末未处理的业务或需要修改的事项，可以通过系统提供的"恢复月末结账前状态"功能进行反结账。

业务处理

（1）选择"处理"|"对账"选项，系统弹出"与账务对账结果"信息提示窗口，如图10-5所示。

图 10-5 "与账务对账结果"窗口

> **提醒**
> - 总账系统记账完毕，固定资产系统才可以进行对账。对账平衡后，开始月末结账。
> - 如果在初始设置时选择了"与账务系统对账"功能，则对账的操作不限制执行时间，任何时候都可以进行对账。
> - 若在账务接口中选中"在对账不平情况下允许固定资产月末结账"复选框，则可以直接进行月末结账。

（2）选择"处理"|"月末结账"选项，弹出"月末结账"窗口，如图 10-6 所示。

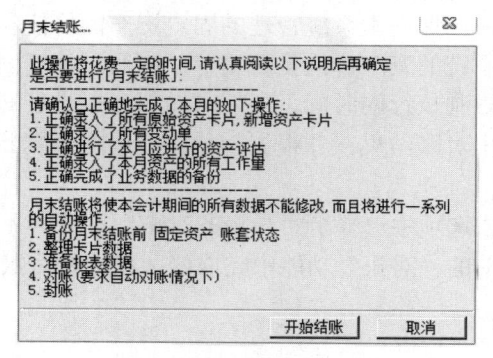

图 10-6 "月末结账"窗口

（3）单击"开始结账"按钮，系统弹出"月末结账成功完成！"信息提示窗口，如图 10-7 所示。

图 10-7 结账完成

> **提醒**
> - 本会计期间做完月末结账工作后,所有数据资料将不能再进行修改。
> - 本会计期间不做完月末结账工作,系统将不允许处理下一个会计期间的数据。
> - 月末结账前一定要进行数据备份,否则数据一旦丢失,将造成无法挽回的后果。

3. 取消结账(可选做)

业务处理

(1)选择"处理"|"恢复月末结账前状态"选项,系统弹出"是否继续?"信息提示窗口。

(2)单击"是"按钮,系统弹出"成功恢复月末结账前状态!"信息提示窗口。

(3)单击"确定"按钮。

> **提醒**
> - 如果在结账后发现结账前的操作有误,必须修改结账前的数据,则可以使用"恢复结账前状态"功能,又称"反结账",即将数据恢复到月末结账前状态,结账时所做的所有工作都被无痕迹删除。
> - 总账系统未进行月末结账时,才可以使用"恢复结账前状态"功能。
> - 一旦成本系统提取了某期的数据,该期不能反结账。如果当前的账套已经做了年末处理,那么就不允许再执行"恢复月初状态"功能。
> - 演示版软件因不能进行结转,故无法进行下月业务。正式版软件在进行了年度结转后,可进行下月业务处理。

10.2.3 应付与应收款管理系统月末结账

1. 结账

业务处理

(1)黄易进入应付款管理系统进行月末结账:选择"应收账款管理"|"月末结账"选项,打开"月末处理"窗口,选中月份打上结账标志"Y",如图10-8所示。

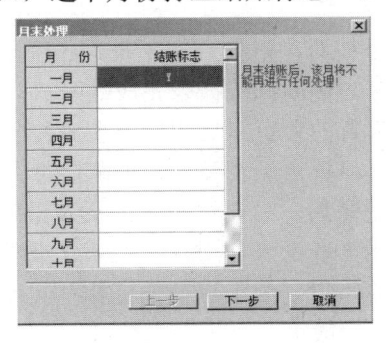

图10-8 "月末处理—月份"窗口

（2）单击"下一步"按钮，出现"处理情况"窗口，系统弹出"1月份结账成功"窗口，如图10-9所示。单击"确定"按钮，完成应付款管理系统的结账。应收款管理系统结账以此类推。

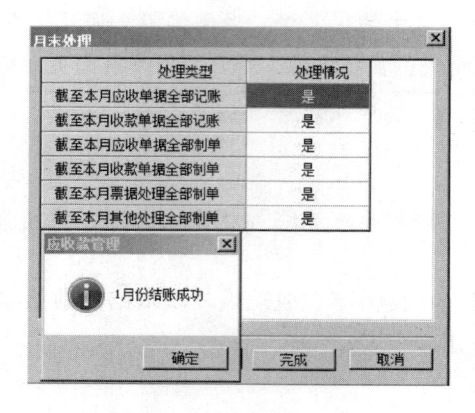

图10-9 "月末处理—结账"窗口

2. 取消结账（可选做）

> **提醒**
> - 采购与应付款管理系统、应收款管理系统与销售系统集成使用，在采购、销售系统结账后，才能对应付款、应收款管理系统进行结账处理。
> - 如果结账期间是本年度最后一个期间，则本年度进行的所有核销、坏账、转账等处理必须制单，否则不能向下一个年度结转，而且对于本年度外币余额为0的单据，必须将本币余额结转为0，即必须执行汇兑损益。
> - 只有应付、应收款管理系统结账后，总账系统才能结账。

10.2.4 总账系统月末结账

1. 对账

对账是指对账簿数据进行核对，以检查记账是否正确，以及账簿是否平衡。它主要通过核对总账与明细账、总账与辅助账数据来完成账账核对。

试算平衡就是将系统中设置的所有科目的期末余额按会计平衡公式"借方余额=贷方余额"进行平衡检验，并输出科目余额表及是否平衡信息。

一般来说，实行计算机记账后，只要记账凭证录入正确，计算机自动记账后各种账簿都应是正确、平衡的，但由于非法操作或计算机病毒或其他原因，有时可能会造成某些数据被破坏，因而引起账账不符。为了保证账证相符、账账相符，应经常使用本功能进行对账，至少一个月一次，一般可在月末结账前进行。

业务处理 1：对账

以"张山"的身份进入总账系统，对各系统传递到总账系统的凭证进行审核、记账。

2. 结账

每月月底都要进行结账处理。结账实际上就是计算和结转各账簿的本期发生额和期末余额，并终止本期的账务处理工作。

在电算化方式下，结账工作与手工相比简单多了。结账是一种成批数据的处理过程，每个月只结账一次，主要是对当月日常处理的限制和对下月账簿的初始化，由计算机自动完成。

¥ 注意

在结账前要进行下列检查。
- 检查本月业务是否全部记账，若有未记账凭证则不能结账。
- 月末结转必须全部生成并记账，否则本月不能结账。
- 检查上月是否已结账，若上月未结账，则本月不能记账。
- 核对总账与明细账、主体账与辅助账、总账系统与其他子系统数据是否一致，不一致的不能结账。
- 损益类账户是否全部结转完毕，否则本月不能结账。
- 若与其他子系统联合使用，其他子系统需要已结账；若没有，则本月不能结账。

结账前要进行数据备份，结账后不得再录入本月凭证，并终止各账户的记账工作；计算本月各账户发生额合计和本月账户期末余额，并将余额结转至下月月初。

如果结账以后发现结账错误，可以进行"反结账"操作，取消结账标记，然后进行修正，再进行结账工作。

业务处理 2：结账

（1）选择"期末"｜"结账"选项，打开"结账"对话框，如图 10-10 所示

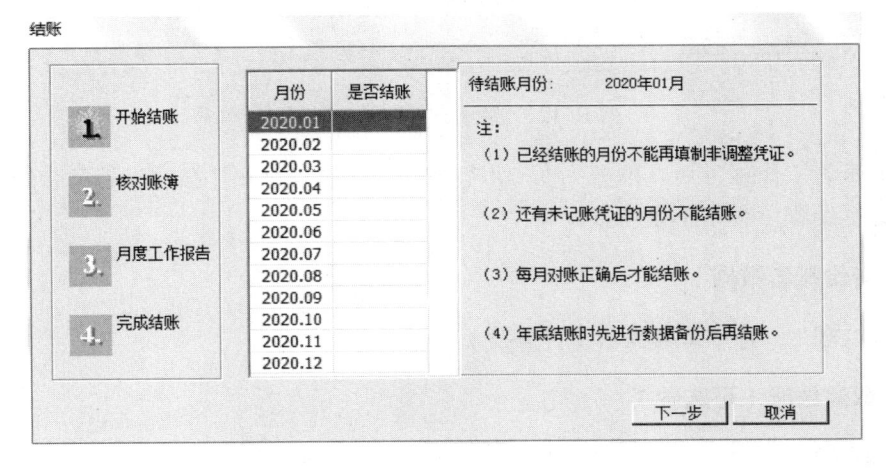

图 10-10 "结账—月份"窗口

(2)单击要结账的月份,单击"下一步"按钮。

(3)单击"对账"按钮,系统对要结账的月份进行账账核对,提示对账完毕,如图 10-11 所示。

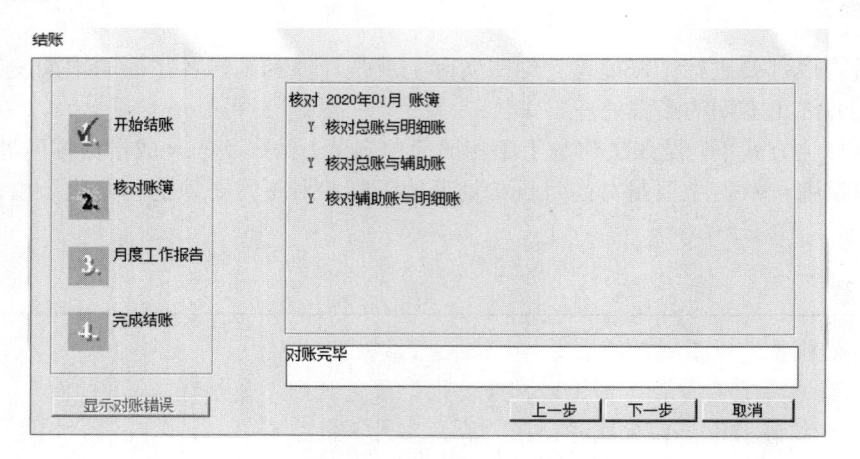

图 10-11 对账完毕

(4)单击"下一步"按钮,系统显示"2020年1月工作报告",如图 10-12 所示。

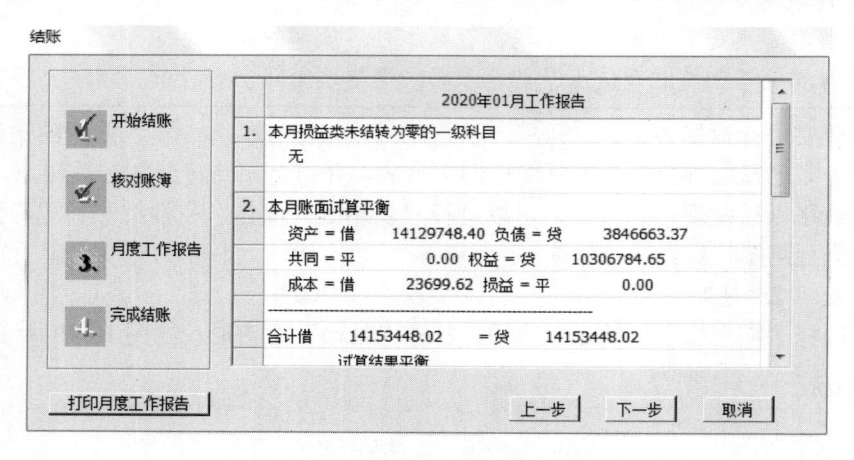

图 10-12 "结账—工作报告"窗口

(5)查看工作报告后,单击"下一步"按钮,单击"结账"按钮。若符合结账要求,系统将进行结账,否则不予结账。

3. 备份账套数据

业务处理 3:将账套数据输出(备份)

4. 取消结账(可选做)

业务处理 4:

(1)选择"期末"|"结账"选项,打开"结账"窗口。

（2）选择要取消结账的月份。
（3）按 Ctrl+Shift+F6 组合键激活"取消结账"功能。
（4）输入口令"1"，单击"确定"按钮，系统弹出"取消结账成功！"信息提示窗口。当月结账标记即被取消。

> **提醒**
>
> 取消结账后，必须重新结账；如果当月总账系统已经结账，则其他系统不能取消结账。

华信SPOC官方公众号

欢迎广大院校师生 **免费** 注册应用

www.hxspoc.cn

华信SPOC在线学习平台
专注教学

- 数百门精品课 数万种教学资源
- 教学课件 师生实时同步
- 多种在线工具 轻松翻转课堂
- 电脑端和手机端（微信）使用
- 测试、讨论、投票、弹幕…… 互动手段多样
- 一键引用，快捷开课 自主上传，个性建课
- 教学数据全记录 专业分析，便捷导出

登录 www.hxspoc.cn 检索 华信SPOC 使用教程 获取更多

华信SPOC宣传片

教学服务QQ群：1042940196
教学服务电话：010-88254578/010-88254481
教学服务邮箱：hxspoc@phei.com.cn

电子工业出版社　华信教育研究所